La Literatura
hispanoamericana
en 100 preguntas

La Literatura hispanoamericana en 100 preguntas

Enrique Ortiz Aguirre

nowtilus

Colección: 100 preguntas esenciales
www.100Preguntas.com
www.nowtilus.com

Título: *La Literatura hispanoamericana en 100 preguntas*
Autor: © Enrique Ortiz Aguirre
Director de la colección: Luis E. Íñigo Fernández

Copyright de la presente edición: © 2017 Ediciones Nowtilus, S.L.
Doña Juana I de Castilla 44, 3° C, 28027 Madrid
www.nowtilus.com

Elaboración de textos: Santos Rodríguez

Diseño de cubierta: eXpresio estudio creativo
Imagen de portada: Composición a partir de retratos de Mario Vargas Llosa, Pablo Neruda, Juan Rulfo, Jorge Luis Borges, Elena Poniatowska, Roberto Bolaño, Gabriela Mistral, Alejandra Pizarnik y Julio Cortázar

ISBN Papel: 978-84-9967-868-9
ISBN Impresión bajo demanda: 978-84-9967-869-6
ISBN Digital: 978-84-9967-870-2
Fecha de publicación: octubre 2017

Impreso en España
Imprime:
Depósito legal: M-25057-2017

A Pilar, tabla de todos mis naufragios; a Kike, Ariadna, Nereida, Penélope, Luna y Dánae, zozobra e impulso permanentes durante la singladura.

A mis padres y hermanos, por comprender que faltara tantas veces.

A la literatura, ese aliento constante para salir a batallar a sabiendas de que se saldrá derrotado.

A la editorial Nowtilus, por esa capacidad de convertir en vida lo que surgió como sueño que arañaba fantasmas.

A mis alumnos, motivación natural para el diálogo, tan afectuoso como fructífero. Gracias por todo lo que aprendo de vosotros.

Índice

III. Cuestionando las ideas preconcebidas

IV. Relaciones entre la literatura hispanoamericana
y otras artes

VI. Erotismo y literatura

X. Movimientos estéticos en la literatura hispanoamericana

INTRODUCCIÓN

Siempre suele acontecer, y es bueno que ocurra así, que la presentación de un libro, el apartado que se encuentra en primer lugar el lector, se escriba —paradójicamente— al final de todo el proceso. Este extremo no hace sino contribuir a que la introducción haga las veces también, de algún modo, de conclusión. Este volumen que el lector tiene entre sus manos responde tanto a una necesidad de acomodar el conocimiento a los nuevos tiempos como a la inclinación de atender las enseñanzas que el propio conocimiento ha ido adquiriendo desde la Antigüedad. Es por ese motivo por el que esta obra se plantea de manera dialógica, formulando preguntas, inquiriendo e indagando en las posibles respuestas. Este planteamiento se acomoda mucho mejor a los retos que nos plantea la sociedad actual; se hace necesario fomentar ciertas competencias que antaño no se nos antojaban tan relevantes. Hoy en día, ante la sobreabundancia informativa, se demanda un afán crítico, una capacidad de dialogar con el conocimiento y de aplicar filtros. En este sentido, formular esta obra de manera dialógica supone dinamizar el conocimiento y enraizarlo en los más actuales hallazgos del aprendizaje dialógico, en contraposición al tradicional, de tipo intrapsicológico. Pero es que, además, esta enseñanza de que se construye conocimiento a partir de la interacción, del diálogo abierto y participativo, se remonta al pasado. En concreto, a la época de Sócrates, quien demostró que se alcanza la virtud y la sabiduría mediante el diálogo, precisamente. Tanto es así que no escribió ni una línea, ya que toda su sabiduría la vehiculó a través de la oralidad y de la interacción comunicativa (lo que nos ha llegado sobre su pensamiento es gracias a las notas que recoge Platón, discípulo modélico). Es, pues, este modelo antiquísimamente actual el que inspira el enfoque de esta obra, estableciendo un diálogo permanente con el lector y con las fuentes (tanto las primarias, es decir, las obras literarias, como las secundarias —nuestra deuda con los innumerables estudios críticos—, que intentaremos listar al final, en la bibliografía), para ofrecer una panoplia polifónica, una red de voces que no hacen sino enriquecer el contenido de este volumen.

Inevitablemente, toda selección resulta incompleta, de suerte que puede entenderse que faltan algunas cuestiones y que otras pudieran estar de sobra. Asumimos todas las imperfecciones en aras de plantear las que, a nuestro juicio, resultan esenciales para una mejor comprensión y disfrute de una literatura apasionante, riquísima, proteica, diversa y digna de constante reivindicación. Además, no podemos olvidar que un conocimiento riguroso de la literatura escrita en lengua castellana o española no puede prescindir en ningún caso de acercarse a la literatura hispanoamericana, cultivada en diecinueve países hispanohablantes. De esta manera, los conocedores de la lengua castellana o española tienen la magnífica ocasión de disfrutar de innumerables obras maestras en su lengua original, enriquecida por sus múltiples variedades. Asimismo, a lo largo del volumen se reproducen fragmentos de la propia literatura hispanoamericana que ejemplifican las exposiciones, facilitan el aprendizaje y fomentan la consideración de la literatura como fuente de placer y de enriquecimiento. Si la clave de la literatura hispanoamericana reside en que la unidad habite en la diversidad, parece que la clave de una lengua castellana fuerte y representativa responde a ese mismo criterio.

Es un auténtico placer para mí y un profundísimo orgullo ofrecer este volumen a los lectores, cuyo mérito no es otro que el de dar voz a un conjunto de escritores que consiguen, al menos durante unas páginas, que nuestra naturaleza precaria disfrute de un pedacito de inmortalidad. Autores como Mario Vargas Llosa, Carlos Fuentes, Julio Cortázar, Jorge Luis Borges, Pablo Neruda, Octavio Paz, César Vallejo, Adolfo Bioy Casares, Horacio

Quiroga, Alejo Carpentier, Vicente Huidobro, Nicanor Parra, Elena Poniatowska, Isabel Allende, Alejandra Pizarnik, miembros ya de la literatura universal, entre otros muchos, no necesitan ninguna presentación ni elogio. Sus obras les bastan, sobradamente. Le deseo al lector al menos la mitad del disfrute que he obtenido escribiéndolo; será recompensa más que suficiente.

Por lo demás, se presenta un viaje trepidante a través de cien preguntas concernientes a la literatura hispanoamericana que se vertebran en diez bloques de contenidos:

- Orígenes y convicciones
- Géneros literarios
- Cuestionando las ideas preconcebidas
- Relaciones entre la literatura hispanoamericana y otras artes
- Mujeres en la literatura hispanoamericana
- Erotismo y literatura
- Algunas cuestiones difíciles de resolver
- Historia y literatura hispanoamericanas
- Cuentistas
- Movimientos estéticos en la literatura hispanoamericana

En definitiva, emprendemos una aventura lectora sumamente sugestiva, que desdeña enfoques trasnochados y caducos de mostrar el conocimiento y, con las limitaciones que se le suponen, promueve un aprendizaje participativo, ameno y muy provechoso sin renunciar al rigor, pero sin abrumar al lector con disquisiciones paralizantes. La novedad del volumen, pues, consiste en la forma de presentar sus contenidos (que ineludiblemente conduce a ciertas reiteraciones) y en el objetivo constante de trasmitir el enorme placer de la literatura mediante el contagio, la única manera de fomentar tan maravillosa epidemia.

Tal y como decía el lucidísimo Borges, cuyo retrato ilustra la cubierta, «la literatura no es otra cosa que un sueño dirigido». Ya nos ocupamos, más o menos, de lo que somos (lo vestimos, le buscamos un trabajo, un amor, unas aficiones, un lugar donde vivir…), pero a menudo olvidamos que también somos nuestros sueños, nuestro deseos, nuestros anhelos. El arte, en todas sus manifestaciones y singularmente la literatura, rellenan ese olvido nuestro tan diario como imperdonable.

Soñemos…

I

ORÍGENES Y CONVICCIONES

1

¿EXISTE LA LITERATURA HISPANOAMERICANA?

La realidad de este mismo volumen parece dejar claro que existe una literatura hispanoamericana, sin embargo, no hay unanimidad en cuanto al concepto en sí, y hemos de admitir cierta confusión en la denominación de esta literatura, a la que venimos refiriéndonos con distintas nomenclaturas que imprimen diferencias significativas, de suerte que no podríamos hablar tanto de términos sinónimos cuanto de modificativos: literatura hispanoamericana (los diecinueve países americanos en los que el español o castellano es lengua oficial), iberoamericana (supondría aludir a los países que fueron colonizados por la península ibérica —España y Portugal— y, por lo tanto, añadiríamos Brasil), y la latinoamericana (que es de origen francés y el término más amplio, ya que incluye: Haití, Guadalupe, Martinica, la zona francófona de Canadá y Brasil a la nómina de los países hispanoamericanos; según la acepción comúnmente aceptada de que designaría los países colonizados por países latinos —España, Francia y Portugal—). En el caso de este volumen, utilizaremos el término de literatura hispanoamericana sin prejuicios ideológicos ni colonialistas, sino como la literatura escrita en una misma lengua (el castellano o español) en los países americanos en los que esta es la lengua oficial o, en su defecto, es la mayoritaria o goza de una especial consideración por cuestiones de índole histórica.

Se ha acuñado el término de literatura hispanoamericana de manera tardía y, en un principio, como una literatura apéndice de la española. Del mismo modo, se ha establecido el momento de inicio tanto a finales del siglo XIX, en convivencia con el fenómeno independentista, y del modernismo (y en consonancia con la creación del concepto de «Hispanoamérica», surgido a principios del siglo XIX), como coincidente con las manifestaciones indígenas ágrafas precolombinas (con la excepción de la escritura maya).

En la actualidad, nadie dudaría de la idiosincrasia de la literatura hispanoamericana, que —si bien comparte el instrumento lingüístico con la española— presenta rasgos propios, singulares, que la caracterizan y la definen, aunque no debemos obviar las voces que defienden el hecho de que se trata de diferentes literaturas nacionales que se comunican en una misma lengua.

Por otra parte, esgrimiremos un concepto de literatura hispanoamericana abarcador, actual, flexible y conciliador. Así, podemos entender que la literatura hispanoamericana surge ligada a la realidad de Hispanoamérica, cuyas raíces pueden rastrearse en las culturas precolombinas, al margen del surgimiento del concepto como tal.

Asimismo, nos avenimos a caracterizar la literatura hispanoamericana como aquella unidad que encuentra su carta de naturaleza en la diversidad, puesto que da cuenta de realidades nacionales e históricas que, a pesar de sus concomitancias, presentan evidentes diferencias. De hecho, en múltiples ocasiones se ha venido comparando la realidad hispanoamericana, y con ello sus manifestaciones literarias, con unas raíces comunes y unas hojas y unos frutos diferentes. A pesar de las evidentes diferencias, pueden establecerse determinados bloques de coherencia cultural que conforman la riqueza proteica de la literatura hispanoamericana, que encuentra en su sedimento una identificación propia. Estos bloques podrían ser los siguientes, a saber: bloque del río de la Plata (que comprendería los países de Argentina y Uruguay); bloque andino (Ecuador, Perú, Chile y Bolivia); un bloque intermedio entre los anteriores (conformado por Paraguay) y uno entre el andino y el caribeño, constituido por Colombia; bloque caribeño (Cuba y las Antillas); Venezuela como un bloque intermedio entre el caribeño

El hispanoamericanista español Luis Sáinz de Medrano, excatedrático de Literatura hispanoamericana de la Universidad Complutense de Madrid, fallecido en el año 2012, fue uno de los pioneros en los estudios de la literatura hispanoamericana en España. A partir de sus trabajos, proliferaron en España los estudios que se interesaron por la literatura hispanoamericana. En la imagen, uno de sus fantásticos trabajos, publicado en el año 1976.

y el centroamericano; el propio bloque centroamericano (Belice, Honduras, El Salvador, Nicaragua, Costa Rica y Panamá); el bloque mexicano y, finalmente, entre estos dos últimos, un bloque correspondiente a Guatemala. Dos consideraciones se nos antojan fundamentales respecto a esta clasificación: por una parte, no debemos olvidar que la literatura no se circunscribe a unos límites geográficos, sino de índole cultural y, por lo tanto, flexibles, porosos, lábiles y difíciles de determinar y, por otra, que estos bloques podrían encontrar sus diferencias en cuestiones temáticas (en un bloque puede abordarse la vida de los negros y su origen africano y en otro la figura del gaucho), pero que se encuentran superadas por una literatura transnacional que, mediante una misma lengua, confluye en una literatura global que presenta claros paralelismos entre las distintas literaturas nacionales y que podríamos denominar «literatura hispanoamericana» (apoyada en su existencia por los escritores que gozan de mayor reconocimiento, desde Andrés Bello hasta Octavio Paz).

En este sentido, para responder a la pregunta de si existe una literatura hispanoamericana, se han dado explicaciones geográficas, genéticas o temáticas. De esta manera, se podría considerar como tal aquella que se escribía en Hispanoamérica como lugar físico, aquella que estaba escrita por autores hispanoamericanos (sin importar dónde se encontrasen geográficamente) o, por último, aquella que respondía al tema de Hispanoamérica, al margen de que se tratase de una literatura compuesta geográficamente allí o que estuviese escrita por autores nacidos en algún país hispanoamericano). Pues bien, a nuestro juicio, la literatura hispanoamericana existe tanto en las raíces comunes que comparten países tan diferentes como en una consideración flexible y totalizadora de los tres criterios expuestos con anterioridad; así, existirá literatura hispanoamericana allá donde se refleje ese fondo común, ese sedimento compartido, responda o no a los criterios geográficos, de procedencia o temáticos, ya sea separadamente, en conjunto o en ausencia de todos ellos; sin olvidar que la existencia misma de esta literatura viene dada tanto por los reconocimientos internacionales del más alto nivel (Premios Nobel) como por el hecho incontestable de la influencia que la literatura hispanoamericana ejerce en el panorama mundial. No en vano los grandes novelistas hispanoamericanos no son conocidos e imitados exclusivamente en Occidente, sino en todo el mundo (recuérdense al respecto los interesantes trabajos que abordan, verbigracia, las indiscutibles influencias de los novelistas hispanoamericanos en los narradores chinos). Parece, pues, indiscutible el hecho de que exista una literatura hispanoamericana como categoría con coherencia propia y amplio predicamento; incluso, podemos afirmar que los que defienden su inexistencia actual (cuya eclosión como voces habría que señalar como relevante a partir de 2009, aproximadamente, de la mano de fenómenos como el constituido por los grupos el Crack o McOndo y de figuras como la del narrador Jorge Volpi) asumen la desaparición de esta literatura como conjunto en las postrimerías del siglo xx. A este hecho le sobrevienen, a su parecer, las raquíticas, cuando no inexistentes relaciones entre los diferentes países hispanoamericanos, la fragmentación de los mercados, la sobreabundancia editorial, las cuestiones de estilo —aunque debemos admitir que supone la identificación del realismo mágico con la literatura hispanoamericana desde una perspectiva quizá algo reduccionista— y el fin de ciertos mitos revolucionarios que conciten idea de conjunto). Todo esto, proponiendo como epítome y cierre categorial a un narrador tan actual como Roberto Bolaño, fatalmente desaparecido en 2003, con lo que reconocen, al menos, la existencia anterior de la literatura hispanoamericana —cuya vigencia muchas otras voces siguen defendiendo hogaño— como una en su diversidad. Además, si admitimos que la tradición se forja mediante las obras consideradas como más importantes, podremos asumir la existencia de una literatura hispanoamericana única, con sus particularidades.

2

¿LA LITERATURA COLONIAL PERTENECE A LA LITERATURA HISPANOAMERICANA O A LA ESPAÑOLA?

De alguna manera, esta cuestión iría ligada a la anterior, ya que indagar en la literatura colonial supone sumergirse en las raíces mismas de la literatura hispanoamericana en un esfuerzo por abrazar una literatura continental en el momento en el que la unidad de la América española parecía indiscutible. En este sentido, el auge de los estudios dedicados a una literatura colonial, poco frecuentada en el pasado y reservada a un puñado de especialistas, se entendería en el marco de la asunción de una literatura hispanoamericana común. Este mismo incremento puede comprobarse en los programas, simposios y cursos que tanto las universidades como diversas instituciones académicas dedican a figuras como las de sor Juana Inés de la Cruz (en la cuestión 4 se la tratará de manera monográfica), Bernal Díaz del Castillo o el Inca Garcilaso de la Vega; asimismo, el auge al que nos referimos viene refrendado por el interés sin precedentes que la literatura colonial ha despertado en autores hispanoamericanos de primera fila, quienes han descubierto en este período el inicio de su tradición literaria, lo que explica que Octavio Paz, Alejo Carpentier, Gabriel García Márquez o Pablo Neruda se hayan ocupado de autores del período colonial al mismo tiempo que expresaban la deuda pendiente con ellos.

Sin obviar la legítima controversia en torno a la adscripción de la literatura colonial a la literatura hispanoamericana o a la española, merece la pena recordar el hecho que pone de manifiesto una de las primeras historias de la literatura hispanoamericana, la publicada por Alfred Coester en 1916, que comienza precisamente con la literatura colonial y termina en el modernismo. De la misma manera, resulta esencial aceptar que la literatura colonial, incardinada en la etapa fundacional de la literatura hispanoamericana, nos obliga a considerar de manera más amplia y flexible, incluso híbrida, el concepto mismo de literatura que, desde los años setenta del pasado siglo prefiere sustituirse por el de «discurso colonial», caracterizado más por su referente que por sus autores. Ello nos permite incorporar al hecho literario las crónicas del descubrimiento y de la conquista que, por otra parte, no se deben tanto a los datos objetivos historiográficos o naturales —muchas veces contradictorios— cuanto a una particular originalidad en el manejo del idioma, inspirada por el carácter introspectivo, imaginativo y creativo (además, tanto Pedro Henríquez Ureña como Alfonso Reyes defendieron y demostraron la vocación literaria de los escritos históricos del descubrimiento); a lo que podríamos añadir que el eclecticismo en la concepción literaria del período colonial permanece en la literatura hispanoamericana del siglo XIX y que aquellos elementos utópicos y legendarios que gobiernan las narraciones coloniales encuentran su reflejo en la ficción hispanoamericana moderna.

Quede, pues, de manifiesto que entenderíamos por literatura colonial la que se ocupa del denominado Nuevo Mundo desde la llegada de la Corona española a finales del siglo XV hasta el siglo XVIII incluido (es decir, los tres siglos durante los cuales la América española fue parte del imperio colonial español, que desde 1533 hasta finales del siglo XVIII se dividió en dos grandes virreinatos: el de Nueva España —comprendía desde California hasta Panamá, aproximadamente, junto con las islas del Caribe, y tenía su capital en México— y el de Perú —toda Sudamérica, con capital en Lima—, sometidos por la autoridad del Consejo de Indias, organismo supremo). El siglo XIX supone, precisamente, la independencia misma de las colonias respecto de la metrópoli en búsqueda de su propia autenticidad.

En todo caso, se trataría de una literatura del mestizaje personificada en las figuras de los criollos, nacidos ya en la América española, y de los mestizos, provenientes de la fusión entre razas. Mediante esta literatura se vehicularían las interrelaciones mutuas y no la visión única, ni de los españoles (influidos por un territorio, desconocido hasta entonces para Europa, y por toda la cultura y costumbres de las civilizaciones indígenas americanas) ni de los indígenas americanos (violentados por la imposición de la civilización de los conquistadores, basada en la institucionalización de la vida política y religiosa de los habitantes de aquellas tierras y en la temprana censura, especialmente la que llevó a cabo la Inquisición en el Nuevo Mundo). Se trata, pues, de una literatura, ya escrita en los Virreinatos, ya en España, caracterizada por la impronta novohispana.

En este contacto entre culturas es innegable la controversia y la situación de dominio de la cultura española sobre la de los oriundos americanos, aunque tampoco debemos olvidar que, además de la imposición y la destrucción, cupieron también actitudes comprensivas o paternalistas. Como muestra de esta actitud, piénsese en la protesta del fraile dominico Bartolomé de Las Casas contra el trato que recibían los indios. De hecho, lo reflejó en su célebre *Brevísima relación de la destrucción de las Indias* (1552), considerada por muchos como acicate de la leyenda negra española, y en el famoso debate vallisoletano, mantenido con Juan Ginés de Sepúlveda, acerca de la condición humana y racional de los indios, quienes deberían ser convertidos pacíficamente y no sometidos a tareas de esclavitud, ya que para esclavos, parecía defender el padre de Las Casas, insólita e inexplicablemente, se disponía de las personas de raza negra provenientes de África. Este extremo, conviene recordarlo, ha sido discutido, cuando no negado en su totalidad, por trabajos como el del padre Isacio Pérez, considerado internacionalmente como un especialista en la figura que nos ocupa.

En este escenario de colonización, parece evidente que el talento por parte de los escritores hispanoamericanos se encuentra asordinado, sin olvidar que, en un proceso como el que nos ocupa, la imaginación de estos potenciales creadores de alguna manera también habría de ser colonizada. Por otra parte, el afán religioso soterró el cultivo de la ficción novelesca, sospechosa de generar heréticas fantasías de todo orden. Esta concepción explica que no podamos hablar prácticamente de una novela colonial hispanoamericana, a pesar del predicamento del que gozó el modo narrativo y de honrosísimas excepciones como la de *Los infortunios de Alonso Ramírez* (cuyo carácter ficcional, por cierto, ha sido puesto en entredicho recientemente, por lo que tendríamos que esperar a 1816, publicación de *El periquillo Sarniento* de Fernández de Lizardi, para encontrar la primera obra de género puramente novelístico en la literatura hispanoamericana) de Carlos de Sigüenza y Góngora, sabio polímata nacido ya en el Virreinato de Nueva España y emparentado con el inmenso poeta Barroco español Luis de Góngora y Argote; ni tampoco de un teatro colonial propiamente dicho, puesto que se concibió más como medio de adoctrinamiento que como expresión artística. Sin embargo, a pesar de ello, nos queda la figura del autor hispanoamericano Ruiz de Alarcón, que encontraría su fama en España y que pasa por ser uno de los dramaturgos hispanoamericanos más importantes de todos los tiempos.

Monumento a Caupolicán hecho por José Troncoso en 1985; esta escultura se encuentra en Chile.

La forma poética fue la más cultivada, sobre todo en su vertiente épica, dado su carácter narrativo. La obra del criollo Bernardo de Balbuena o, por antonomasia, del español Alonso de Ercilla con *La Araucana* —en la que resulta imposible no destacar la figura de Caupolicán, aguerrido jefe de los indios araucanos de Chile contra los conquistadores, que será recuperado magistralmente por un soneto modernista de Rubén Darío unos siglos después— son tan ilustrativas al respecto como representativas de un intento, más de celebración de las victorias de los conquistadores que de justificación de los indios.

Dentro del discurso colonial que conforma los inicios de la literatura hispanoamericana, podemos señalar dos elementos fundamentales que devendrán identificativos de esta literatura: la idea de búsqueda y de viaje que predomina en los textos coloniales, por una parte, y el estilo Barroco característico de este período, por otra. En cuanto al primer elemento, no podemos olvidar los textos coloniales que pretenden dar cuenta de lo desconocido y cuyos jalones más significativos podrían ser el de Colón y sus *Diarios de navegación*, Hernán Cortés y las *Cartas de relación*, Bernal Díaz del Castillo y la *Historia verdadera de la conquista de la Nueva España* (la más famosa crónica de la conquista), fray Toribio de Benavente y su *Historia de los Indios de la Nueva España* (repleta de milagrerías y obsesivas apariciones del demonio) o Los *Naufragios y comentarios* de Álvar Núñez de Vaca, sin olvidar los testimonios de los vencidos ni las obras criollas del máximo interés, como los *Comentarios reales* del Inca Garcilaso de la Vega, documento excepcional para la comprensión del imperio inca en Sudamérica.

En definitiva, podríamos considerar la literatura colonial como literatura hispanoamericana, en aras de un posicionamiento que se aleje tanto del extremo que considera que la literatura colonial es una mera extensión de la literatura española como del que pretende desvincularla totalmente de su ineludible origen, y en virtud de la idea, que algunos críticos defienden y que compartimos, de que el descubrimiento de lo ajeno conlleva una indagación nueva en lo propio y, por ende, una manera de enriquecerlo. Asimismo, parece difícilmente discutible el hecho de que la lengua y la tradición españolas constituyan los cimientos de la literatura hispanoamericana y, con ello, que la literatura colonial forme parte de una literatura hispanoamericana que habría de emprender la compleja liberación de una cosmovisión colonizada, para encontrar su propia voz.

3

¿Cuál puede ser el punto de partida de una novela singularmente hispanoamericana?

Nuevamente, nos enfrentamos al espinoso problema de los orígenes; en esta ocasión, respecto a la novela hispanoamericana. Para obtener una visión de conjunto de la narrativa hispanoamericana del período colonial, se puede acudir a la cuestión anterior, incluso para ilustrarse sobre la novela en verso constituida por la épica. Aquí, bastará con remarcar la importancia de la narrativa colonial hispanoamericana, sobre todo del Barroco colonial. De hecho, parece que la desaparición a finales del siglo XVII de tres de las grandes figuras de este movimiento estético —sor Juana Inés de la Cruz, Juan del Valle y Caviedes, y Carlos de Sigüenza y Góngora— haya ensombrecido, ante la crítica y los lectores, la producción literaria colonial del siglo XVIII. Sin embargo, aunque se trata de una tendencia general (para muchos, el siglo XVIII es un vacío entre el Barroco colonial y el Romanticismo; entre ellos, para el agudo crítico, poeta, ensayista y narrador cubano José Lezama Lima), no queremos dejar de reconocer que algunos de estos autores considerados menores a nivel general son ensalzados por sus países como iniciadores de una cultura nacional.

En todo caso, nos centraremos en la narrativa ficcional en prosa surgida en torno a los albores de las gestas independentistas de los países hispanoamericanos, es decir, en la primera mitad del siglo XIX. Para ello, nos basamos en el enunciado mismo de la cuestión, ya que la expresión de una novelística singularmente hispanoamericana vendría a coincidir en sus orígenes con el fenómeno de la Independencia y con la forma narrativa en prosa. Precisamente, si salvamos *Los infortunios de Alonso Ramírez*, dado su cuestionadísimo carácter ficcional, novelesco —tal y como abordamos en la cuestión n.º 2—, nos encontramos con *El Periquillo Sarniento* de Fernández de Lizardi, publicada entre 1816 y 1831, claro ejemplo de las transformaciones que se producían del sentir colonial al de país independiente (en este caso, México), y origen de la novela moderna hispanoamericana.

Desde el punto de vista estético, este origen, este punto de partida coincidiría con el Romanticismo, que canalizó cierto nacionalismo y regionalismo que no coadyuvaría a un espíritu universalista de la literatura que nos ocupa y que conduciría a la novela, casi de manera natural, hacia concepciones realistas y naturalistas que no abandonaría hasta pasados los casi primeros cincuenta años del siglo XX. Además, el hibridismo, el carácter heteróclito y proteico de los discursos, nos propone un origen mestizo de la concepción novelística (una especie de Pangea romántica novelesca que aúna el relato ficcional con el costumbrismo, la reflexión, la historia, el descriptivismo, la autobiografía, el relato testimonial, la indagación y propuesta de un espíritu fundacional de nación). Ello hace que para asistir a la eclosión de una novela hispanoamericana moderna, conjunta, compacta —en la medida en que puede serlo— y de resonancia universal tengamos que esperar, en puridad, a la llegada del siglo XX, por lo que podemos aseverar que la novela singularmente hispanoamericana como discurso más o menos unitario es tardía. Hasta entonces, se hacen textos que se interfieren genéricamente, inspirados por la concepción barroca de la mezcla de géneros literarios y ahondados por esta misma actitud romántica pasada, algo más tarde, por el tamiz realista/naturalista.

Entre los narradores del siglo XIX conviene destacar a los creadores de una narrativa fundacional de la literatura argentina. Domingo Faustino Sarmiento, cuya reflexión en torno a los conceptos de civilización y barbarie, ya mítica, se abordará en otra cuestión específicamente; baste recordar aquí su célebre *Facundo* y, en la línea de la civilización, la interpretación cristiana, de defensa del indio sin idealizarlo y de reivindicación moral del autor Lucio V. Mansilla. José Mármol, conocido por abordar una historia amorosa durante el régimen de Rosas en su novela romántica *Amalia* —en esta misma dirección, la «anti-Rosas»—, se podría incluir *La novia del hereje* de Vicente Fidel López, considerada como la primera novela histórica de la literatura hispanoamericana abierta al espíritu cosmopolita. José Hernández, cuyo poema *Martín Fierro*, puro potencial de oralidad, instaura el tema gauchesco y se asimila a lo novelístico, en opinión de Jorge Luis Borges; se trata de una obra compuesta por *La Ida* y por *La Vuelta,* aún más extensa, pues aumenta el número de cantos con respecto a la primera parte, menos agresiva en cuanto a la influencia europea y con un Martín Fierro mucho más reflexivo. Esteban Echeverría, cuyo reflejo de la impotencia ante la desmesurada violencia se hará premonitorio de uno de los *leitmotiv* de la literatura hispanoamericana; recuérdese, por antonomasia, el cuento titulado *El matadero.* Eugenio Cambaceres, ejemplo de novelista del naturalismo cuya obra *Sin rumbo* deja entrever cierto espíritu finisecular en cuanto al tejido filosófico schopenhaueriano. Hilario Ascasubi, otro de los forjadores de la literatura gauchesca. Cané o Mitre, cultivadores de una novela amorosa.

También conviene recordar a los mexicanos Eligio Ancona, Ignacio M. Altamirano (cuya apuesta por un héroe como el de *El Zarco* o *Clemencia* supone una independencia respecto a los modelos europeos) o Payno (considerado como el fundador de la novela moderna mexicana, ya que incorpora lo popular y lo bárbaro que latía en la sociedad civil mexicana). A la gran escritora cubana Gertrudis Gómez de Avellaneda (con su novela *Sab*, una de las primeras obras que se opuso a la esclavitud junto a *Francisco* —del también cubano Anselmo Suárez y Romero—, y *Guatimozín, último emperador de México*, novela romántica sobre la conquista, entre otras) y a Cirilo Villaverde (autor de una de las mejores novelas sentimentales, *Cecilia Valdés,* que narra las vicisitudes y los amores contrariados de una mulata como síntoma de una identidad contravenida por el exterior). Al puertorriqueño Manuel Zeno y su hálito naturalista. Al venezolano Gonzalo Picón, de corte histórico. Al dominicano Manuel de Jesús Galván, que con su única obra *Enriquillo, leyenda histórica dominicana* lleva al éxito la novela histórica indianista). Al boliviano Nataniel Aguirre, cuya novela *Juan de la Rosa* constituye una de las mejores obras de la literatura boliviana al decir de los críticos. Al uruguayo Acevedo Díaz y sus novelas históricas. A los ecuatorianos Juan León Mera (y su *Cumandá*, protagonizada por una joven criolla de este mismo nombre, nacida entre indios) y Tomás Carrasquilla (cuya obra se produce sobre todo ya en el siglo xx y se caracteriza por el reflejo fiel del habla del mulato. A los colombianos Jorge Isaacs (y su paradigmática *María*, novela romántica prototípica cuyo autor reelaboró en varias ocasiones) y Juan José Nieto (cuya *Yngermina o la hija de Calamar*, además de novela histórica, es considerada como la primera novela nacional del país. Al chileno Blest Gana (a pesar de que la crítica suele señalar que su lenguaje literario adolece de falta de riqueza y de matices, no podemos olvidar que es el primer autor hispanoamericano que se propuso realizar una obra realista. A los peruanos Ricardo Palma (autor de novelas cortas mundialmente conocido por su costumbrismo) y Clorinda Matto de Turner (sus *Aves sin nido* constituyen un ejemplo único de novela indigenista anterior al siglo xx). Existen algunos otros autores, pero por cuestiones de extensión no podemos abordarlos aquí.

Si hay un siglo en el que la novela hispanoamericana encuentra su singularidad, su propia voz para hacerse oír internacionalmente, es el siglo pasado. El hecho de que la novela singularmente hispanoamericana surja en el siglo xx, la hace coincidir con un momento de crisis genérica. Mientras que en Europa se indagaba en la técnica novelística en cuanto tal (Kafka, Joyce, Proust, Thomas Mann), la novela hispanoamericana se mantiene en una interpretación realista de la literatura (o en su concepción extrema del naturalismo), por mor de la trascendencia que para el escritor hispanoamericano tiene la realidad histórica, y que marcará su narrativa de forma personalísima. De ahí la repercusión que en esta novela, incluso hogaño, tendrán tanto la tendencia de la novela del dictador como la de la legitimación (piénsese en novelas actuales de un Vargas Llosa, de un Carlos Fuentes —fallecido en mayo de 2012— o de un García Márquez —nos dejó en abril de 2014—, por nombrar a algunos de los autores más conocidos). Son las novelas de los primeros cuarenta y cinco años del siglo pasado las que, a pesar de mantener el tono realista/naturalista de la novela decimonónica hispanoamericana, conforman los primeros intentos notables de renovación y de propuesta singular al poner en marcha una reforma tanto en el lenguaje novelesco (impelidos por el torbellino verbal y preciosista del lenguaje del modernismo, piénsese en la narrativa modernista de un Enrique

Larreta) como en la temática misma, más arraigada en la problemática americana actual. En este sentido, resulta muy elocuente abordar, aunque tenga que ser de manera sucinta, las diferentes tendencias novelísticas. La llamada novela de la tierra, donde, en una reivindicación de lo autóctono frente a lo foráneo y con el paisaje como protagonista, cargado de un profundo carácter simbólico, nos encontramos con el boliviano Alcides Arguedas y su novela más célebre, *Raza de bronce*, en la que su protagonista es tratada brutalmente; con Rómulo Gallegos, autor venezolano del que destaca su trilogía de la tierra, sobre todo *Doña Bárbara*, que retoma tanto el asunto de la civilización y el progreso como el del poder de lo telúrico; con José Eustasio Rivera, cuya fama resulta inseparable de *La vorágine*, que relata la vida de los caucheros en la selva colombiana; o con Ricardo Güiraldes, cuyo *Don Segundo Sombra* se considera todo un símbolo del alma argentina. La novela de la revolución, motivada por la realidad mexicana, una de las protagonistas de la historia de Hispanoamérica a principios de siglo e inaugurada por Mariano Azuela, uno de los mejores retratistas de la violencia revolucionaria, con *Los de abajo,* y continuada por Martín Luis Guzmán y otros muchos escritores. Finalmente, la novela indigenista, con Arguedas e Icaza, en la que se reivindica el indigenismo y se denuncia su discriminación.

Nos detenemos en torno al año 45 porque es cuando se da el realismo mágico en la narrativa, un paso evolutivo que nos aleja de los orígenes, del punto de partida de una novelística singularmente hispanoamericana, y nos acerca a una concepción novelística hispanoamericana moderna, muy cercana ya a la actual.

4

¿Qué encuentra sor Juana Inés de la Cruz tanto en los hábitos como en el lenguaje Barroco?

A pesar de que la repentina decisión de hacerse monja, por parte de la poeta que nos ocupa, ha resultado siempre difícil de explicar —y se han aducido todo tipo de peregrinas razones, desde su condición de hija natural, hasta quién sabe qué comprometidos amores—, no podemos olvidar que, no solo en América, sino también en la España de los Siglos de Oro, profesar como religiosa constituía para la mujer la única manera de obtener la independencia necesaria para dedicarse al estudio, tarea imposible para la mujer casada de aquel entonces y extremo reconocido como causa por la propia monja mexicana, por no hablar de una vocación religiosa que parece indiscutible. Así, la escritora más importante del Barroco americano, Juana Inés de Asbaje y Ramírez de Santillana —precoz en la lectura y escritura, inteligente y bella—, adoptó los hábitos (primero en las carmelitas descalzas; después, en las jerónimas), abandonó su vida ligada a la corte y pasó a ser, para hacerse celebérrima, sor Juana Inés de la Cruz, conocida también como «la décima musa», debido a sus vastísimos conocimientos.

Antes de que se la llevase irreversiblemente la peste, en abril de 1695, surgieron, sin embargo, contratiempos a su dedicación intelectual y de escritura en torno a la temática profana. Por una parte, los hábitos facilitaban la tarea intelectual, pero, por otra, suponían serias restricciones. De hecho, el obispo de Puebla protagonizó una campaña —mediante el personaje ficticio de sor Filotea de la Cruz, al que ya había acudido en circunstancias similares en otras ocasiones— en la que instaba a sor Juana a una mayor devoción cristiana y una menor dedicación a asuntos que no competían a su ministerio. Si bien hemos de admitir la actitud de encendida y lúcida defensa de la labor intelectual y de la reivindicación formativa de las letras profanas en la formación de una mujer (en su aclamada *Respuesta a sor Filotea de la Cruz*), lo cierto y verdad es que, a la postre, venció el espíritu reaccionario. Se fue aplacando la pasión estudiosa de sor Juana y transformando en dedicación ascética, hasta el punto de que llegó a vender su biblioteca (se ha llegado a decir que conformada por cuatro mil volúmenes).

El lenguaje Barroco llega a América a través, singularmente, de las figuras poéticas de Luis de Góngora y de Calderón de la Barca (sin olvidar las de Lope y Quevedo, aunque de menor influencia en el Barroco novohispano). A una persona inteligente, ansiosa de conocimiento, como es el caso de sor Juana Inés, hubo de causarle una magnífica impresión la poesía barroca gongorina. Ese lenguaje brillante, complejo, que apela a la erudición del lector, pronto tentaría a nuestra escritora. El reto del artificio, el despliegue preciosista del célebre cordobés, la pura poesía —en contraste con la poesía pura posterior, cuya naturaleza se encontrará en el prurito

Casa de sor Juana Inés de la Cruz,
en Puebla (México).

permanente de depuración poética—, la complejidad intelectual, el lenguaje Barroco como búsqueda de la sublimidad, como impulso trascendente, como canal para la temática amorosa, natural y mitológica justificarían el hecho de que sor Juana encontrase en el discurso Barroco el lenguaje poético por excelencia. El ansia de trascendencia de la poeta mexicana casa a la perfección con el lenguaje Barroco, vehículo hacia lo sublime. Por otro lado, no podemos olvidar que la mayoría de los críticos asocian la esencia hispanoamericana con el laberinto Barroco, del que no escaparía la literatura hispanoamericana a pesar de los dos siglos de enciclopedismo posteriores (piénsese, verbigracia, en Mariano Picón-Salas, venezolano que se caracteriza por su agudeza crítica). Este «barroquismo congénito» (se ha visto una identificación entre la extrañeza ínsita a lo criollo y la que habita en lo Barroco, al tiempo que se ha desmitificado la supuesta relación del lenguaje Barroco con la exuberancia de la vegetación americana —en este sentido, el gran Octavio Paz recuerda la sobriedad paisajística de México—), si se quiere, no debería extrañarnos en una escritora novohispana cuya impronta adquiere un relieve tal, que se convertirá en el germen de lo genuinamente hispanoamericano.

Precisamente, esta indiscutible tendencia barroca explica que la poesía haya sido el género por excelencia de sor Juana, sin olvidar sus lúcidos escritos en prosa ni sus producciones teatrales, por supuesto. En el género lírico, habría que destacar su producción de poesía tradicional (redondillas, coplas, romances, villancicos) y su primera, mitológica, barroca, autoindagatoria y enigmática obra —*Neptuno alegórico*—, aunque se hizo conspicua tanto como sonetista (de corte conceptista y genial factura) como por ser la autora de *Primero sueño*, poema de madurez de la monja virreinal compuesto por 975 versos organizados en silvas, la única obra que dijo haber escrito por auténtico gusto, que narra el viaje supralunar del alma mientras el cuerpo duerme. Esta temática abstracta, además de identificar la imaginería onírica con el lenguaje Barroco, un éxito clamoroso, reivindica lo intelectual, el ansia de conocimiento, como fin en sí mismo y como medio; es la aspiración a la luz:

> Que como sube en piramidal punta
> al Cielo la ambiciosa llama ardiente,
> así la humana mente
> su figura trasunta,
> y a la Causa Primera siempre aspira
> —céntrico punto donde recta tira
> la línea, si ya no circunferencia,
> que contiene, infinita, toda esencia—.

En gran medida, tras el lenguaje gongorino —de imitación de las *Soledades*— late una concepción neoplatónica renacentista que se enraíza en la poesía ascética y mística de un fray Luis de León o de un san Juan de la Cruz. Se trata de un poema que constituye la fundación de la poesía moderna mexicana y que identifica la pasión intelectual con la atracción hacia la gloria; es el conocimiento, el viaje intelectual, como medio de trascendencia humana para encontrar nuestra verdadera esencia. Las repercusiones de esta obra de la literatura hispanoamericana, un auténtico clásico, llegan hasta la actualidad.

No solo su poesía, sino también su teatro (*Los empeños de una casa*, que recuerda a las comedias lopescas, *Amor es más laberinto* y varios autos sacramentales) o sus escritos en prosa (*Respuesta a sor Filotea de la Cruz* o la *Carta Atenagórica*, atrevida réplica de nuestra autora en torno a la naturaleza del amor cristiano) plantean esta fusión entre emoción y conocimiento, trasunto de la dualidad misma de la autora novohispana:

> En dos partes dividida
> tengo el alma en confusión:
> una, esclava a la pasión,
> y otra, a la razón medida.

En definitiva, sor Juana encuentra en los hábitos y en el lenguaje Barroco los vehículos esenciales, tanto para la independencia intelectual como para la extrañeza originaria que la habita, en una propuesta reivindicativa modernísima de la igualdad de sexos que carga la obra de la monja mexicana de una actualidad permanente:

> Hombres necios que acusáis
> a la mujer sin razón,
> sin ver que sois la ocasión
> de lo mismo que culpáis.

La figura de sor Juana ha ido concitando cada vez un mayor interés, hasta el punto de que se ha convertido en una autora insoslayable en la literatura hispanoamericana; entre los sorjuanistas, se pueden destacar las figuras de Octavio Paz (y su clásico, voluminoso y de cierto tamiz surrealista *Sor Juana Inés de la Cruz o las trampas de la fe*), Georgina Sabat-Rivers, Luis Leal, Antonio Alatorre o José Pascual Buxó.

5

¿A QUÉ POSIBLES DESTINOS SE ENFRENTA EL ESCRITOR HISPANOAMERICANO RESPECTO A SU PAÍS DE ORIGEN?

El lema de «destierro, encierro o entierro», atribuido a diversas personalidades, resumiría de manera elocuente los tres posibles destinos a los que se enfrenta el escritor hispanoamericano.

Por lo que parece, podríamos asignarle la autoría al poeta guatemalteco Alfonso Orantes, a pesar de que después se ha asociado a un compatriota suyo (al iconoclasta Augusto Monterroso, que, no en vano, llegó a sostener en un texto cercano al ensayo, incluido en *La palabra mágica,* titulado «Llorar orillas del río Mapocho»: «El destino de [cualquier autor hispanoamericano, por extensión, al que] se le ocurra dedicar una parte de su tiempo a leer y de ahí a pensar y de ahí a escribir está en una de las tres famosas posibilidades: destierro, encierro o entierro») o a personalidades de perfil histórico o político, entre otros, quienes seguramente vinieron a darle su interpretación propia.

Esta tríada opcional, ante la que se enfrenta inevitablemente el escritor hispanoamericano, ha sido planteada en otros términos por el genial escritor argentino Julio Cortázar, quien llegó a afirmar que los destinos del autor en Hispanoamérica, cuando decide no someterse al poder, pueden reducirse a tres: persecución, censura o silencio. Estos conceptos casan con los expresados con anterioridad, ya que podríamos asociar la persecución con el destierro, la censura con el encierro (con la amputación de una visión abierta, cosmopolita, crítica, variada) y, finalmente, el silencio con el entierro.

Ello provoca que el destierro/exilio se convierta en moneda corriente entre intelectuales que se resisten a perder una actitud crítica ante los acontecimientos. Es más, parece que la literatura hispanoamericana estuviera signada desde sus inicios por el exilio. Desde luego, el trasiego de los autores hispanoamericanos parece interminable; no solo se ha cumplido la admonición de Alfonso Orantes, sino que también parece acontecer la «tradición del exilio» que Torres Fierro asociaba a la literatura hispanoamericana, en su trabajo mítico de *Los territorios del exilio*.

Las palabras del nobel García Márquez, precisamente en la ceremonia de entrega del premio más prestigioso, son elucidadoras a este respecto: «El país que se pudiera hacer con todos los exiliados y emigrados forzosos de América Latina tendría una población más numerosa que Noruega».

De hecho, el argentino Julio Cortázar llegó a asegurar que sería necesario un capítulo del exilio para abordar la literatura hispanoamericana, constatando que se trata de un fenómeno definidor de la literatura que nos ocupa en este volumen. Y es que la realidad del exilio ha acompañado al continente americano desde el fenómeno de la independencia misma; es evidente que una parte importante de las producciones literarias hispanoamericanas ha sido escrita desde el exilio, como también lo es el hecho de que las novelas más hispanoamericanas de los últimos tiempos fueron las elaboradas desde fuera de las fronteras del país de origen de los escritores (como sostiene, por ejemplo, el insigne narrador argentino Juan José Saer).

En este sentido, podríamos hablar del exilio argentino, por antonomasia (desde Héctor Bianciotti, Arnaldo Calveyra o Julio Cortázar hasta Juan José Saer, Manuel Puig, Saúl Yurkievich o

Tomás Eloy Martínez). Sin embargo, afectó también a otros países: Mario Benedetti, Carlos Rama, Eduardo Galeano, Juan Carlos Onetti o Cristina Peri Rossi, en el caso de Uruguay; José Donoso, Jorge Edwards, Antonio Skármeta, Luis Sepúlveda o Isabel Allende, en Chile; los paraguayos Rubén Bareiro Saguier o Augusto Roa Bastos; los peruanos Alfredo Bryce Echenique, Manuel Scorza o el premio nobel Mario Vargas Llosa; Gabriel García Márquez tiene la peculiaridad de haber pasado largas temporadas fuera de Colombia; caso parecido al del guatemalteco Augusto Monterroso, que desarrolla la casi totalidad de su obra en México; los cubanos Reynaldo Arenas, Heberto Padilla, Armando Valladares, Jorge Valls, Guillermo Cabrera Infante o Severo Sarduy, plástico neobarroco natural de Camagüey. Como puede comprobarse, la lista es larga, y por razones obvias omitimos autores de Nicaragua, El Salvador, Honduras, Venezuela... En definitiva, se trata de un extremo que afecta prácticamente a todos los países hispanoamericanos.

En este panorama, resulta fundamental atender dos consideraciones: por una parte, que dentro del espectro significativo del término «exilio» caben posibilidades variadas (exilio exterior o clásico, exilio interior, exilio político, exilio cultural, exilio económico, exilio voluntario, exilio impuesto, etc.) y, por otra, que un número nada desdeñable de autores ostentaron cargos diplomáticos que, *de facto*, los convirtieron en exiliados de sus respectivos países (piénsese en casos como el de los argentinos Abel Posse o César Fernández Moreno y el del peruano Julio Ramón Ribeyro, entre otros muchísimos).

De esta manera, asistimos a la relación directa entre la maldición a la que aludía Orantes, destierro, encierro o entierro, y la realidad del exilio como tradición en las letras hispanoamericanas. Este exilio ha podido comprenderse más desde esferas destructivas y hondamente negativas o como una oportunidad, a pesar de los pesares, para oxigenar la literatura hispanoamericana y dotarla de una mayor universalidad sin renunciar a la visión crítica propia de la realidad hispanoamericana, pero resulta innegable que esta relación forma parte de la esencia misma de la literatura hispanoamericana.

6

¿Cuándo se produce la auténtica independencia de la literatura hispanoamericana?

En realidad, desde los inicios de la literatura hispanoamericana podemos hablar de un seguimiento de las tendencias europeas. Así, a pesar de los rasgos de interpretación propia, nos encontramos con un Barroco, un romanticismo, un realismo y un naturalismo hispanoamericanos inspirados directamente en sus orígenes radicados en Europa. Por lo tanto, hasta la estética naturalista incluida, la literatura hispanoamericana no hace sino seguir una tendencia impuesta. En este sentido, asistiríamos a una dependencia literaria hasta finales del siglo xix.

Para la mayoría de los estudiosos, el espíritu de fin de siglo, coincidente con el modernismo hispanoamericano, supone la auténtica independencia de la literatura hispanoamericana, ya que constituye una iniciativa cultural inédita respecto al monopolio dominante europeo a este respecto. Ciertamente, el modernismo hispanoamericano nos resultaría incomprensible sin el parnasianismo ni el simbolismo franceses, así como si lo descontextualizamos de otros movimientos similares como el decadentismo, el *art nouveau*, el *jugendstil*, el *modern style* u otras manifestaciones artísticas surgidas en Europa. Por otra parte, aunque resulta indiscutible la influencia del modernismo hispanoamericano en la literatura española, también parece poco cuestionable el hecho de que la literatura española, para iniciarse en la cosmovisión modernista, hubiera de esperar exclusivamente a las producciones literarias hispanoamericanas, sobre todo si tomamos en consideración que el modernismo bebe directamente de la literatura francesa, una literatura muy conocida y frecuentada, además de vecina, por los escritores españoles. En todo caso, si es innegable el hecho de que la literatura en España reinterpretó a su manera la literatura francesa de aquel entonces, también lo es que la literatura hispanoamericana modernista ejerce en la literatura española una influencia sin precedentes; la figura de Rubén Darío y sus repercusiones indiscutibles en autores como Juan Ramón Jiménez, los hermanos Machado, Francisco Villaespesa, Eduardo Marquina, entre otros muchos (cuyo contenido pertenece a otra cuestión de este volumen) es el mejor botón como muestra.

Monumento dedicado a la figura
del poeta nicaragüense en la
Glorieta Rubén Darío, en Madrid.

Quizá pueda comprenderse mejor el hecho si asociamos el modernismo hispanoamericano a la modernidad, debido a que esta última persigue la autonomía de la obra artística. De suerte que la palabra *autonomía* promueve el campo conceptual del término 'independencia', al que se encuentra íntimamente ligado. Y, además, el modernismo es siempre un canto a lo nuevo, a lo original, como la nueva y original identidad que buscan los países hispanoamericanos, a lo que podríamos añadir la superposición, el dinamismo, el carácter sinestésico (de mosaico), caleidoscópico como características tan propias del modernismo como de la novísima realidad hispanoamericana. Una influencia directa de la literatura española en la estética modernista hispanoamericana es la poesía de Bécquer, auténtico arranque de la modernidad poética en lengua española. A pesar de las influencias europeas de todo orden, sobre todo de la literatura francesa, el modernismo hispanoamericano, el genuino Romanticismo en Hispanoamérica para Octavio Paz, hace las veces de un refinado filtro cultural que constituye una verdadera impronta de la identidad americana. Bien parece que el cosmopolitismo, la apertura hacia el exterior, se convierta en *conditio sine qua non* para enriquecer la concepción de una imagen propia.

El hecho de que el modernismo en Hispanoamérica no se basa exclusivamente en una renovación del lenguaje, innegable por otra parte, y que puede comprenderse como una expresión que indaga y reivindica la independencia cultural, encontraría su ejemplo incontestable en la figura que pasa por ser la iniciadora del modernismo en el continente americano: el cubano José Martí, tan preocupado por encontrar un lenguaje nuevo como una expresión artística que haga universal la voz propia de la América española. Así, las ansias irreprimibles de una independencia como identidad (surgidas desde el ámbito político con anterioridad) tienen su correlato en la autonomía de la obra artística que preconiza el modernismo y que se verá extremada por las vanguardias.

En conclusión, en cuanto al modernismo como hito cultural de la independencia de la literatura hispanoamericana, conviene recordar las certeras palabras de Federico de Onís:

> El Modernismo —como el Renacimiento o el Romanticismo— es una época y no una escuela, y la unidad de esa época consistió en producir grandes poetas individuales, que cada uno se define por la unidad de su personalidad, y todos juntos por el hecho de haber iniciado una literatura independiente, de valor universal, que es principio y origen del gran desarrollo de la literatura hispanoamericana posterior.

Sin olvidar que, precisamente, la sensibilidad modernista hispanoamericana indagó en lo americano mediante lo universal, como manera de llegar a conocer su auténtica personalidad y la de sus pueblos.

7

¿QUÉ LUGARES INVENTÓ LA LITERATURA HISPANOAMERICANA?

Aunque los clásicos, entre los que se encuentra todo, ya contribuyeron a la creación de lugares míticos, legendarios (el Olimpo de los dioses, la Atlántida de Platón o la Arcadia —tan del gusto renacentista y romántico—, verbigracia), la tradición literaria de lugares imaginarios se inspira directamente en tres creaciones insulares de la literatura anglosajona: la isla de Utopía, la isla de Robinson Crusoe y las islas de los viajes de Gulliver. More, Defoe y Swift, mediante la fantasía, iniciaban un fenómeno literario que alcanzaría una resonancia universal de la mano del realismo mágico en la literatura hispanoamericana.

En cuanto a la invención de lugares por parte de la literatura hispanoamericana, a pesar de que podría rastrearse desde sus orígenes (no olvidemos El Dorado), debemos señalar su punto culminante con el cultivo literario del realismo mágico, al que nos hemos referido con anterioridad y que coincidiría con el momento asociado al *boom* hispanoamericano, cuya naturaleza se abordará desde diversos puntos de vista en otras cuestiones de este mismo volumen. La crítica literaria sostiene que ya el Inca Garcilaso propondría (en los orígenes mismos de la literatura hispanoamericana) un lugar fabuloso, inventado, de naturaleza ficcional e inspiración real. Se trata de una supuesta provincia floridana, llamada Guancane, cuya existencia no ha podido ser probada documentalmente y que, para los especialistas, pasa por un lugar imaginado.

Si consideramos el dibujo de los lugares inventados por la literatura hispanoamericana que se han hecho universales, deberíamos partir de Guancane para llegar a Macondo, sustituto en el imaginario universal de El Dorado. Además del punto de partida, acudiremos a tres lugares ya míticos de la literatura que nos ocupa: Macondo, Comala y Santa María. Concretamente, los tres lugares de la literatura hispanoamericana que han universalizado los lugares imaginarios.

Gabriel García Márquez, Juan Rulfo y Juan Carlos Onetti respectivamente se sirven de diferentes procedimientos para inmortalizar estos lugares legendarios, que han pasado ya al conocimiento universal geográfico.

El caso de Macondo es especial, debido a que no solo parece suplantar a Bogotá, sino que representa, como microcosmos, la realidad hispanoamericana. Parece que el tratamiento del tiempo, nada similar al cotidiano, convierte a Macondo en un espacio mítico. Un tiempo circular, que parece basarse en la reiteración entrópica, cristaliza un espacio imposible en una geografía al uso. De hecho, parece que el incesto incida directamente en la creación mítica de Macondo, tal y como sucede frecuentemente en la fundación de cualquier lugar mítico que se precie de serlo. Para algunos, Macondo, la mágica villa de *Cien años de soledad*, fundada por el celebérrimo José Arcadio Buendía

Aguafuerte de color del artista gráfico alemán Alfred Pohl, titulado *Macondo* (1986). Ha dedicado muchas de sus obras a la literatura iberoamericana.

y sus compañeros expedicionarios, representa la realidad de Hispanoamérica mejor que la reflejada por los historiadores, con menos alteraciones. Los problemas sociales, las guerras y el monopolio ejercido por las potencias principales aparecen en Macondo con todo el verismo de la ficción. Aunque quizá lo más revelador sea el pensamiento de transformación social, que preanuncia un tránsito de lo vivido a la actualidad de los países hispanoamericanos, y que se plasma en la inmortal novela del nobel colombiano.

En el caso de Comala, su carácter mítico parece conferido por la condición misma de los personajes que la pueblan: muertos que se comportan como personas con vida, o con existencia, para ser más precisos. Esta condición imposible contagia al lugar de un carácter profundamente legendario, ancestral, sin olvidar su situación concreta: «Aquello está sobre las brasas de la tierra», identificándose íntimamente con otro lugar imaginario mítico: el infierno. Así, se trata de un lugar legendario nacido de las pesadillas y, por lo tanto, muy relacionado con lo onírico. Comala es el lugar universal donde se habla el registro campesino de Jalisco, es la geografía de todas las frustraciones y los fracasos, de lo que pudo haber sido y no fue. El sueño y la realidad se funden para confundirse, como lo hacen lo real y lo maravilloso, la narración descoyuntada que da buena cuenta de lo onírico. Quizá, una magnífica analogía hispanoamericana de la *Divina Comedia* dantesca (sustituyamos a Virgilio por Abundio, el arriero; el toscano por el habla de Jalisco; la armonía formal por la experimentación; la propuesta tripartita equilibrada —infierno, purgatorio, paraíso— por una en claro desequilibrio: el paraíso no se contempla —siempre es lo que pudo ser y no fue—, todo es purgatorio que deviene infierno, brasas, murmullos, almas en continua pena; y el idealismo por el realismo mágico).

Mientras que el tratamiento del tiempo en Macondo o los personajes que habitan Comala dotan de un carácter mítico a estos lugares, la Santa María del uruguayo Onetti —sobre todo en *El astillero*, porque es una ciudad que acompaña la narrativa de Onetti hasta el final, incluso en su última novela *Cuando ya no importe*— encuentra su condición legendaria en el fragmentarismo. Santa María es una ciudad portuaria enraizada en la nostalgia montevideana de un escritor uruguayo que narra desde el desarraigo, no solo geográfico, sino existencial. Así, el astillero en este universo paralelo parece que apunta hacia el fracaso. El microcosmos de esta ciudad parece representar la maldición de ese aparente desarrollo que viene a retroceder a podredumbre, de esos «astilleros astillados» que representan la fatalidad hispanoamericana. Una ciudad, pues, que representa el desaliento y que encuentra su universalidad en el reverso de la utopía, tan necesario como doloroso: la distopía.

A los tres lugares, universales por excelencia, inventados por las letras hispanoamericanas, se podrían añadir otros como el país ficticio a orillas del Mar Caribe (en el caso de *El otoño del patriarca* de García Márquez); la región de los Mlch, tribu que habita esta ciudad situada en alguna parte al norte de África (dibujada en *El informe de Brodie* de Borges); o, desde este mismo autor, del planeta Tlön, procedente del cuento «Tlön, Uqbar, Orbis Tertius», incluido en *Los senderos que se bifurcan* que, finalmente, pasará a formar parte del volumen *Ficciones*.

En todo caso, más que listar una nómina de lugares, parece de mayor interés indagar en las posibles causas que los originan. En este sentido, no debemos obviar que la literatura es invención, por lo tanto no ha de extrañarnos la tentación de proponer mundos imaginarios, lugares no constatables en la geografía. Por otra parte, la utopía resulta consustancial a Hispanoamérica (como la distopía), que, para hacerse universal, busca un espacio mítico, inexistente, para lo que el concepto de «cronotopo bajtiniano» se hace imprescindible. El lugar se hace mítico no solo por su inexistencia, sino por el peculiar tratamiento del tiempo. Así, el carácter mítico del lugar casa con un tratamiento especial del tiempo. Además, el realismo mágico, que será abordado monográficamente en otras cuestiones, promueve las relaciones naturales entre la realidad y la fantasía, incluso, directamente abrazando lo sobrenatural, por lo que los lugares se impregnan de imaginismo, pasados por un tamiz hondamente ficcional. No en vano, los lugares imaginarios más célebres de la literatura hispanoamericana se asocian directamente con autores del llamado *boom*, justo en el momento en el que el realismo mágico se identifica, de manera consustancial, con los autores de Hispanoamérica. Y podrían esgrimirse otras razones, pero no conviene soslayar la propia explicación existencial, tan humana por lo limitada. Para comprender mejor este extremo, resultará útil reproducir las lúcidas palabras de Alberto Manguel, que aborda de manera genial todo este asunto en su *Breve guía de lugares imaginarios*, altamente recomendable:

> Nuestra pobre geografía, limitada a un puñado de continentes y de mares, nunca bastó a la aventura. Al principio parecía que más allá de Las Columnas de Hércules se extendía un universo en el que todo era posible: Plinio el Viejo, Marco Polo y el imaginario de sir John Mandeville poblaron los suburbios del mundo conocido con faunas y floras dignas de nuestras más atroces pesadillas...
>
> Quizás por eso, por añoranza de lo inesperado, nosotros, habitantes de un planeta regido por burocracias y reglamentos nacionales, controlado por pasaportes y fronteras, seguimos creando regiones que no caben en este mundo, lugares que se insertan en los rígidos atlas oficiales con tenacidad y artimaña de anarquistas.

Y, al fin, como corolario y cierre de esta cuestión, podríamos recuperar a Tolstoi: «Si quieres ser universal, pinta tu aldea», sobre todo si es tan tuya que la imaginas magistralmente a tu antojo, inventando tus propios colores: Macondo, Comala y Santa María.

8

¿Qué escritor hispanoamericano decía sentirse más orgulloso de los libros que había leído que de los que había escrito y por qué?

En realidad, la cita textual es la que sigue: «Que otros se jacten de las páginas que han escrito; a mí me enorgullecen las que he leído».

Y conviene recordar que no son unas palabras pronunciadas en cualquier entrevista por parte de su autor, sino que encabezan el poema «Un lector», incluido en el libro *Elogio de la sombra*, publicado en 1969, y que reproduciremos al final de esta cuestión. Se trata de unas desconcertantes palabras, al menos en una primera aproximación, si tenemos en cuenta que provienen de uno de los escritores más universales de la literatura hispanoamericana: el argentino Jorge Luis Borges. Decimos esto porque la obra del autor lo acredita como emisor excepcional y, sin embargo, en el enunciado que nos ocupa parece incidir más en un papel de receptor o destinatario, en el mejor de los casos.

Con todo, Borges dejó escrito (en su *Arte poética*) que el sabor de una manzana no pertenece a la manzana misma ni a la boca de quien la consume, sino, precisamente, a la unión de ambos, en clara alusión al libro como realidad. Este hecho incide, pues, más en la lectura que en la escritura, ya que lo que dota de sentido al libro es la unión del producto con el lector. No será la única ocasión en la que el escritor bonaerense se refiera al papel del lector, nunca como un mero sujeto pasivo, sino como un constructor activo de significados, como un garante del hecho literario. En este mismo sentido, y también en el *Arte poética*, vino a remarcar su papel como discípulo y no como maestro, al igual que en el poema referido hará énfasis en la figura del aprendiz; a su juicio, lo importante era aspirar a ser un buen discípulo de todos los maestros (aquellos escritores que habían sido inspiración directa para el autor). Detrás de un ejercicio que podríamos considerar humilde, se encierra una concepción del hecho literario: el discípulo es más un lector que un escritor y, a su vez, no parece posible pensar en la figura del escritor si no se trata también de un impenitente lector. De esta forma, promueve el escritor que no confía en la espontaneidad, sino que basa su solidez en una inabarcable base lectora, rigurosa, crítica, activa, constructiva.

En esta misma órbita gravita otro elemento que guarda una estrecha relación con la exaltación lectora borgeana: el sueño. El escritor argentino otorga al sueño no solo la posibilidad de representación de la realidad, sino también el de la creación literaria (hasta el punto de que llegó a incluir, al modo del *Kubla Khan* de su admirado Coleridge, un soneto compuesto en sueños). El dotar de esta dimensión singular a lo onírico (el *Aleph* ajeno a la razón, en el que puede concentrarse todo, hacerse simultáneo; es, por tanto, el propio mundo), convierte al creador, nuevamente, en agudo lector. Este *leitmotiv* apunta una vez más a la capacidad escudriñadora, de exégeta de los signos, del hermeneuta «hacedor».

Caso similar al del otro símbolo borgeano por excelencia: el laberinto, que aúna maravillosamente enigma y geometría; a lo que se añade, además, el intelectualismo, la abstracción y la indagación tan importantes en la concepción literaria del autor que nos ocupa. De nuevo, el laberinto hace hincapié en el receptor, en la necesaria lectura que demanda para poder ser resuelto.

Este mismo énfasis lo encontramos en la metáfora del espejo, muy frecuente en los escritos de Borges. El espejo precisa, exige una imagen para encontrar su razón de ser; al igual que la escritura, para obtener su carta de naturaleza, necesita de la lectura.

Además, Jorge Luis Borges es consciente de que es la lectura de su obra por parte de Roger Caillois la que internacionaliza sus escritos. Una vez más, la lectura hace las veces de elemento trascendental, del que no se puede prescindir, cuya ligazón con el hecho mismo de la escritura no se considera como es debido. Sin olvidar que al hecho mismo de la lectura se asocia tanto la capacidad crítica como la metodología de la traducción (sus autores de cabecera son, al mismo tiempo, sus autores traducidos; por antonomasia, recuérdese su célebre traducción de *Bartleby, el escribiente*, narración puramente borgeana de Herman Melville).

En realidad, esta importancia que le otorga a la lectura resulta indisociable de la propia creación del autor y de su concepción de la intertextualidad. Y es que las producciones borgeanas surgen de la lectura de otros textos, ya que para nuestro autor la literatura no es sino un permanente diálogo entre libros, una lectura crítica que pretende reescribir lo escrito, reformular, reforzar las cuatro metáforas a las que se reduce todo y a las que volvemos, de nuevo, para visitarlas.

En definitiva, Borges pone el acento en la lectura antes que en la escritura; lo que, al margen de las típicas *boutades* de este escritor, constituye toda una declaración de principios: la lectura crítica como elemento creador. Así, Borges es ante todo un lector que, como repercusión tangencial, ancilar si se quiere, también escribe.

De esta manera, la originalidad de Jorge Luis Borges contribuye definitivamente a la imposibilidad de considerar la creación literaria sin la entidad del lector: vital, esencial, toral, necesario, imprescindible. Paradójicamente, el colosal lector que fue Borges terminaría por quedarse ciego, por lo que demandaba constantemente que le hiciesen lecturas en alta voz; unas raíces como las suyas no podrían prescindir de los nutrientes necesarios para vivir.

UN LECTOR

Que otros se jacten de las páginas que han escrito;
a mí me enorgullecen las que he leído.
No habré sido un filólogo,
no habré inquirido las declinaciones, los modos,
la laboriosa mutación de las letras,
la de que se endurece en te,
la equivalencia de la ge y de la ka,
pero a lo largo de mis años he profesado
la pasión del lenguaje.
Mis noches están llenas de Virgilio;
haber sabido y haber olvidado el latín
es una posesión, porque el olvido
es una de las formas de la memoria,
su vago sótano
la otra cara secreta de la moneda.
Cuando en mis ojos se borraron
las vanas apariencias queridas,
los rostros y la página,
me di al estudio del lenguaje de hierro
que usaron mis mayores para cantar
espadas y soledades,
y ahora, a través de siete siglos,
desde la Ultima Thule,
tu voz me llega, Snorri Sturluson.
El joven, ante el libro, se impone una disciplina precisa
y lo hace en pos de un conocimiento preciso;

a mis años, toda empresa es una aventura
que linda con la noche.
No acabaré de descifrar las antiguas lenguas del Norte,
no hundiré las manos ansiosas en el oro de Sigurd;
la tarea que emprendo es ilimitada
y ha de acompañarme hasta el fin,
no menos misteriosa que el universo
y que yo, el aprendiz.

Jorge Luis Borges, Elogio de la sombra.

9

¿HAY UNA LITERATURA COMPROMETIDA HISPANOAMERICANA?

En primer lugar, nos encontramos con el problema de delimitar el ámbito significativo de un concepto resbaladizo. Aunque podemos observar multitud de matices, cabe convenir que la literatura denominada comprometida es aquella que no se agota en sí misma como producto literario/artístico, sino que persigue objetivos sociales, políticos o religiosos concretos, es decir, una literatura que esgrime un determinado posicionamiento ideológico explícito y que se debe, precisamente, a este mensaje en detrimento de cualquier otra consideración. En muchas ocasiones se ha asociado este tipo de literatura con la que se desarrolla necesariamente ajena a los instrumentos del poder, pero, a pesar de que puedan coincidir frecuentemente, también podemos hablar de una literatura comprometida escrita desde el ejercicio del poder o de posiciones próximas a este (piénsese en la literatura de apoyo al régimen en Cuba).

En este sentido, debemos afirmar que existe una literatura hispanoamericana comprometida allí donde las novelas, los poemas, las obras teatrales, los cuentos o los ensayos se han puesto al servicio de la causa. Y causas en la historia de la América española no han faltado, precisamente. Por otra parte, esta literatura comprometida es una manifestación artística que, con la herramienta del lenguaje, se encarniza con la realidad del contexto. En este sentido, conviene recordar con Alfonso Reyes su maravillosa metáfora de la creación literaria identificada con una cometa, que puede volar muy alto, pero que siempre precisará de un hilo que surja desde la tierra. Ello significa que la literatura comprometida vendría a enfatizar una faceta propia de la misma creación literaria (la sujeción a un determinado contexto histórico, social, político o religioso) para convertirla en el objetivo prioritario desde un tono aleccionador y partidario que muestre con claridad un posicionamiento reconocible ante una polémica asumida como tal por parte del autor. Esta última apreciación resulta vital para delimitar y caracterizar el concepto, ya que en el término de literatura comprometida no deberían entrar ni textos que se limitan a reflejar una mentalidad epocal, ni obras que destilan una determinada ideología (inevitable en su sentido más extenso) sin tomar partido abiertamente por un posicionamiento aleccionador ante lo que se asume como polémico.

Otro de los problemas a los que nos enfrentamos cuando abordamos un concepto como el que nos ocupa es el de su asociación íntima con la estética del realismo social. De esta manera, pareciera que una literatura comprometida debiera expresarse desde una perspectiva realista. Sin embargo, trabajos críticos vienen insistiendo en que no se trata de una relación exclusiva/excluyente, ya que también es posible el compromiso en literatura mediante una interpretación fantástica. Así como el compromiso por parte de los escritores hispanoamericanos se convierte en un asunto candente desde el siglo xx en adelante y comúnmente aceptado como necesario para el autor de la literatura hispanoamericana, el instrumento a través del cual puede expresarse no presenta unanimidad, ya que también mediante la subversión de la forma y de un uso peculiar de la lengua literaria se ha cultivado una literatura comprometida. En este sentido, propuestas del realismo mágico (al estilo de *Cien años de soledad* del gran Gabriel García Márquez) o puramente rupturistas en cuanto a las concepciones genéricas tradicionales (en la línea de la *Rayuela* del enormísimo cronopio Julio Florencio Cortázar) han sido consideradas por amplios sectores críticos como un tipo de literatura comprometida.

Pero si hemos encontrado dificultades para delimitar la significación del concepto o para deslindarlo de relaciones restrictivas muy extendidas, aún se nos antoja más complejo enunciar ejemplos de literatura hispanoamericana comprometida. Esto es así no porque escaseen precisamente, sino debido a que hay sectores críticos que consideran como una característica propia de la literatura hispanoamericana su instrumentalización a favor de la preocupación social y de afán crítico. De ser así, como parece, hablaríamos de una literatura comprometida desde los mismos inicios de la literatura hispanoamericana, incluso de la producción colonial. José Antonio Portuondo, crítico reputado y corroborado en sus presupuestos por el célebre poeta y crítico Roberto Fernández Retamar, lo expresó con meridiana claridad en su obra *Para una teoría de la literatura hispanoamericana* (págs. 110-111):

> Hay una constante en el proceso cultural latinoamericano, la determinada por el carácter predominantemente instrumental —Alfonso Reyes diría «ancilar»— de la literatura, puesta, la mayor parte de las veces, al servicio de la sociedad [...]. Desde sus comienzos, el verso y la prosa surgidos en las tierras hispánicas del Nuevo Mundo revelan una actitud ante la circunstancia y se esfuerzan en influir sobre ella. No hay escritor u obra importante que no se vuelque sobre la realidad social americana, y hasta los más evadidos tienen un instante apologético o criticista frente a las cosas y a las gentes.

También el polímata e intelectual venezolano Arturo Uslar Pietri defendió como un rasgo característico y definidor de la literatura hispanoamericana el hecho de que la literatura esté predominantemente concebida como instrumento, por lo que lleva generalmente un propósito que va más allá de lo literario. Así, la propia literatura hispanoamericana encontraría su carta de naturaleza, además de en otros rasgos, en erigirse como una literatura comprometida que hace del acontecimiento literario una auténtica reivindicación. Sin embargo, no podemos considerar la totalidad de la literatura hispanoamericana como una literatura comprometida, y ello se demuestra cuando concretamos autores y obras.

En este sentido, se entiende que Mario Benedetti, tal y como ha sido delimitado el concepto, represente una literatura del compromiso (buen ejemplo de ello lo constituye *Montevideanos*, una colección de cuentos narrados desde una postura comprometida que aborda el acontecer cotidiano y las circunstancias políticas de su país) y Juan Carlos Onetti, excepcional narrador también uruguayo, no la represente de igual manera. Evidentemente, sus novelas y sus cuentos se encuentran impregnados de una ideología

El escritor argentino Ernesto Sábato (a la izquierda de la imagen), ejemplo de cultor de la literatura comprometida, junto al escritor peruano y premio nobel Mario Vargas Llosa, en el año 1981.

que puede conducirnos hacia un pesimismo existencial, pero no cumple estrictamente con los rasgos de este tipo de literatura. O, en el caso argentino, que Sábato dejase excepcionales muestras de una literatura del compromiso (piénsese en *Hombres y engranajes* o en *Antes del fin*, entre otras), Julio Cortázar (su *Libro de Manuel* es paradigmático a este respecto), Ricardo Piglia (son fabulosas sus novelas sobre la represión de la dictadura argentina: *Respiración artificial* y *La ciudad ausente*, publicadas ya en este siglo) o Cristina Peri Rossi (*La nave de los locos*) y que, por el contrario, Jorge Luis Borges o Adolfo Bioy Casares se interesasen por otros registros literarios.

Ciertamente, resulta complicado encontrar toda una producción literaria de un autor enmarcada en la modalidad que nos ocupa; lo común es encontrar algunas obras que se corresponden con una literatura comprometida. Pensemos en autores muy prestigiosos como Mario Vargas Llosa, Carlos Fuentes o Gabriel García Márquez, quienes no se limitaron en exclusividad a este tipo de literatura, pero que han publicado muchas obras que satisfacen este patrón. O en autores que hicieron de su compromiso político una forma de vida, a pesar de que su obra no se redujera estrictamente a la literatura comprometida, como pudiera ser el caso de un Pablo Neruda (no olvidemos el lirismo nostálgico y erótico, si se quiere, de sus *20 poemas de amor y una canción desesperada*), de un César Vallejo (que no renuncia a poemarios plenamente vanguardistas como *Trilce*, pero que compone todo un poemario con motivo de la guerra civil española: *España, aparta de mí ese cáliz*), de un Nicolás Guillén (quien comenzó con una poesía posmodernista, para evolucionar hacia la vanguardia antillana de la poesía negrista —celebérrimo su *Sóngoro cosongo*— y cultivar con entusiasmo una poesía comprometida como *Antología mayor*, una muestra del compromiso revolucionario del autor y de militante defensa para con los más desfavorecidos), de un Ernesto Cardenal, voz de la Nicaragua revolucionaria, o de un Octavio Paz, hombre militante que, quizá en honor a sus conocidas contradicciones, rechazaría la literatura comprometida en nombre de la libertad creadora. Así como las voces alineadas con la oposición al régimen cubano, tales como las de Reinaldo Arenas (narrador de todo el interés que reivindica la homosexualidad y la libertad frente al castrismo; *Antes que anochezca* es su libro autobiográfico, llevado al cine con bastante éxito) o Guillermo Cabrera Infante, siempre polifacético, cuya obra cuya obra maestra (*La Habana para un infante difunto*), además de autobiográfica, incluye referencias contrarias al régimen de Fidel.

Aunque nos estamos refiriendo a obras relativamente recientes, no debemos olvidar que, con anterioridad, las novelas indigenistas y de la revolución podrían adscribirse *grosso modo* a este tipo de literatura comprometida, así como las novelas del dictador, que vienen extendiéndose en el tiempo y que abordaremos convenientemente en otra cuestión.

10

¿CUÁLES SON LAS PRINCIPALES OBRAS Y LOS AUTORES MÁS IMPORTANTES DE LA LITERATURA CONFESIONAL HISPANOAMERICANA?

Por literatura confesional entendemos una escritura autobiográfica que indaga en el universo personal del autor y que lo hace explícito. Así, entendemos por tal la de las memorias, diarios y novelas de tipo autobiográfico.

Además del vacío tanto teórico como crítico respecto a este peculiar género (no empezamos a encontrar trabajos que estudien este tipo de literatura hasta la segunda mitad del siglo XX), hemos de admitir una producción menor a la esperable en el caso hispanoamericano, al menos en sus orígenes. Por el contrario, en otras literaturas goza de una excelsa tradición, verbigracia el caso de la inglesa. Sí hemos de admitir que en la literatura hispanoamericana es un género joven respecto a otras literaturas, lo que explicaría que los estudios tardasen en llegar. Mucho se ha reflexionado sobre las posibles causas de que se trate de un género que tarda en surgir como tal, y se relacionarían, además, con cuestiones abordadas con anterioridad en este mismo volumen. Como el hecho de que la literatura hispanoamericana, entre otros rasgos, se encuentre signada por cierta tendencia al compromiso (lo que provocaría la renuncia al discurso individual en aras de una defensa de valores comunes) o por la necesidad de afirmarse desde la búsqueda de una identidad (que supondría también la difuminación del sujeto en cuanto tal, definido más por un colectivo nacional en el que se desdibujan sus fronteras más personales).

Es cierto que desde la literatura colonial abundan las narraciones formuladas en primera persona, pero también lo es que su carácter resulta más testimonial que confesional. En todo caso, la literatura hispanoamericana cuenta con muestras de todo el interés en cuanto a literatura autobiográfica se refiere. Sus inicios, coincidentes con la modernidad, como habíamos apuntado anteriormente, podrían situarse en la obra del nicaragüense universal, relaciones públicas del modernismo: Rubén Darío, con *Autobiografía: el oro de Mallorca* y en el primer volumen de las memorias de José Vasconcelos, considerado por Octavio Paz como «el mexicano mayor del siglo XX», titulado *Ulises criollo*. Este volumen se reeditó junto al resto de libros que conforman sus memorias y el resultado es un volumen de más de mil páginas en las que asistimos, como algún crítico llegó a decir, a la vida de un místico que busca el contacto de la divinidad a través de las pasiones sensuales. El también mexicano Manuel Maples Arce, fundador del estridentismo y autor vanguardista de referencia, escribió un primer volumen de sus memorias con el título de *A la orilla de este río*, en el que se conjuga el carácter mítico de la infancia (unido en su caso al discurrir del río) con el de un tiempo histórico ya perdido. A estas primeras obras de tipo confesional, ya en el siglo XX, pertenecería también el famoso libro del chileno

Jorge Edwards *Persona non grata*. Se trata de una obra que prácticamente eclipsó el resto de su producción literaria y que aborda su definitivo distanciamiento respecto del régimen cubano, que terminaría por rechazarlo (a pesar del carácter diplomático de su visita) y por prohibir su libro, una crítica frontal al comunismo de Castro. También deberíamos hablar de las fascinantes memorias de Pablo Neruda: *Confieso que he vivido*, que se ocupan del completo devenir vital del premio nobel, que se publicaron de manera póstuma y que concluyen ofreciendo la perspectiva personal de este poeta universal del golpe del general Pinochet y de la trágica muerte de su compañero y amigo (Salvador Allende) a solo tres días de acontecidos los hechos. El siguiente hito de relevancia en el ámbito de la literatura confesional, tras las interesantes entregas autobiográficas de Victoria Ocampo (directora y fundadora de la revista *Sur*, en la que publicarían sus obras desde un Federico García Lorca hasta una Virginia Wolf, y hermana de la pudibunda Silvina, quien dejó inéditas las páginas que abordaban su autobiografía en versos libres, si bien es cierto que su poesía destila un reflejo íntimo pasado por el tamiz de la ficción), sería el del chileno José Donoso con *Historia personal del boom*, documento sincero, tan del autor acerca de los escritores y amigos que conformaron el llamado *boom* (Julio Cortázar, Mario Vargas Llosa, Gabriel García Márquez y Carlos Fuentes, entre otros), del que nos ocuparemos de forma monográfica en otra cuestión. También merece la pena recordar *La letra e. Fragmentos de un diario*, curioso libro fragmentario —tal y como indica su título— en el que el escritor guatemalteco Augusto Monterroso vuelca sus pensamientos y sentires a modo de diario desnudándose ante un lector cómplice (tiempo después regresaría al género autobiográfico con *Los buscadores de oro*, original libro de memorias que tiene la peculiaridad de detenerse cuando el autor cuenta con quince años; desgraciadamente, la muerte interrumpió una segunda entrega de estas mismas memorias, que transcurrirían desde los dieciséis hasta los veintidós años). Así como el trabajo del peruano Alfredo Bryce Echenique *Crónicas personales*, quien desde una perspectiva periodística y de tono ensayístico aborda asuntos en los que plasma su visión íntima (aunque adquirirá más relevancia su segundo libro de memorias: *Permiso para vivir: Antimemorias*), *La tentación del fracaso* del lúcido pesimista Julio Ramón Ribeyro (un libro de memorias absolutamente fascinante), *El pez en el agua* de Mario Vargas Llosa, memorias acogidas con interés pues llegaban

Seix Barral Biblioteca Breve

Julio Ramón Ribeyro
La tentación del fracaso
Prólogos de Ramón Chao y Santiago Gamboa

La tentación del fracaso de Julio Ramón Ribeyro, excepcional ejemplo de diario personal, constituyó un auténtico punto de inflexión en la prosa hispanoamericana. Aunque arranca en 1950 (los escritos a modo de diario anteriores, desde 1946 hasta 1949, fueron destruidos por el autor), no se publicó hasta 1992.

a recoger su derrota como candidato a la presidencia de Perú y que vieron la luz ya en los noventa, o *Páginas vueltas*, publicadas en los años ochenta, del cubano Nicolás Guillén, convertido en el poeta de la Revolución.

Nos encontramos, pues, cerca de las postrimerías del siglo y es, precisamente, a finales del siglo XX cuando se produce un ascenso muy considerable de las publicaciones autobiográficas en la literatura hispanoamericana, al tiempo que «se pone de moda» el discurso autobiográfico confesional en el ámbito mismo de lo ficcional, en la órbita del «realismo subjetivo» que caracterizaría a la narrativa actual, sin olvidar la crisis del sujeto acontecida y su vehiculación a través de lo ficcional. En este ámbito, resulta inabarcable una nómina de autores y obras, aunque podríamos mencionar a modo de ejemplo, sin ninguna intención de exhaustividad, entre otras: *Viernes de dolores* de Miguel Ángel Asturias, *Diana o la cazadora* de Carlos Fuentes, *Días y noches de amor y guerra* de Eduardo Galeano o *Paula* de Isabel Allende, que aborda los acontecimientos vividos junto a su hija, quien, tras permanecer un año en coma, murió antes de cumplir los veintinueve años.

En conclusión, hay una riquísima literatura confesional en las producciones hispanoamericanas, que se ha diversificado en sus tipologías al tiempo que ha proliferado el número de escritores que la cultivan con obras de auténtico mérito.

II

GÉNEROS LITERARIOS

11

¿QUIÉNES SON LOS GRANDES DRAMATURGOS HISPANOAMERICANOS?

En términos generales, hemos de admitir que el género dramático en la literatura hispanoamericana no alcanza la celebridad que han obtenido la narrativa o la lírica ni la nómina de autores tan surtida que acompaña a otros géneros. Sin embargo, debemos reivindicar tanto el género en sí mismo como sus correspondientes producciones, ya que se comete una injusticia en cuanto a su consideración en el imaginario universal, que lo tiene poco menos que por inexistente. En este sentido, podemos afirmar que se trata de un género que se encuentra muy por encima de lo que se le supone.

Desde luego, no hay tantos grandes dramaturgos hispanoamericanos como narradores o poetas, pero también es cierto que se trata de un género que entra menos en contacto entre las producciones de los diferentes países tanto por cuestiones de índole editorial como por la baja intensidad de los teatros comerciales, con las excepciones de Argentina, México y de los festivales relacionados con este género.

En todo caso, es un género que goza de predicamento desde los inicios mismos de la literatura hispanoamericana, cuyo cultivo e interés llega hasta nuestros días. Así, en la época virreinal podemos hablar de un teatro híbrido muy interesante, del que se han perdido numerosos testimonios, pero del que permanecen obras realmente notables provenientes de los grandes dramaturgos del momento: sor Juana Inés de la Cruz, de la que ya se dijo algo en este volumen, Juan Ruiz de Alarcón, Fernán González de Eslava y el autor desconocido de *Ollantay*, drama considerado como obra maestra de la literatura quechua que recrea teatralmente una historia de los antepasados de los incas en el virreinato de Perú, protagonizado precisamente por quien da nombre a la obra, enamorado de Cusi-Qoyllur, cuyo amor será castigado al principio de la representación y premiado al final, tal y como corresponde a la anagnórisis o reconocimiento.

El neoclasicismo, por su parte, no dejó obras de merecida mención y el Romanticismo, en el apartado de la dramaturgia, con la salvedad de la obra de Gertrudis Gómez de Avellaneda —cuya obra dramática encuentra difícilmente parangón con otras producciones de la época, así como su lenguaje simbólico, colorista y lleno de sugestión—, podríamos afirmar que tampoco. El realismo costumbrista aportó tres grandes nombres: los peruanos Manuel Ascensio Segura y Felipe Pardo, y el mexicano Manuel Eduardo de Gorostiza. La figura del gaucho concitó gran interés literario, en concreto dramático, y la representación de *Juan Moreira* (originariamente una novela del argentino Eduardo Gutiérrez, después adaptada a la escena por el célebre actor argentino José Podestá y ulteriormente llevada dos veces al cine) supone el inicio del teatro rioplatense.

Ahora bien, la modernidad como tal en este género llegará de la mano del gran dramaturgo uruguayo Florencio Sánchez, todo un fenómeno del momento —incluso, para el reputado crítico Giuseppe Bellini, «el único autor destacado del teatro hispanoamericano»—, que armonizó el mejor teatro europeo con una visión localista y que, a pesar de vivir apenas treinta y cinco años, no solo consolidó el teatro rioplatense, sino que constituye el ingreso del teatro hispanoamericano en el canon occidental. De hecho, el teatro de Florencio Sánchez, para unos identificado con el teatro de Ibsen y para otros no tanto (quizá mucho más relacionado con los herederos europeos del dramaturgo internacional noruego), sobre todo en el caso de sus dos obras maestras: *Barranca abajo* y *En familia*, sigue estando de actualidad. Esta modernidad que supone la obra de Florencio Sánchez para el teatro hispanoamericano se verá amplificada por los movimientos renovadores que surgen a partir de los años treinta, ya en el siglo XX, que persiguen una mayor originalidad y una mejor calidad artística como ingredientes para doblegar el éxito del cine y de las representaciones teatrales de literatura extranjera. Nos referimos a los esfuerzos de grandísimos dramaturgos como Salvador Novo, Xavier Villaurrutia (también reconocidos poetas; el segundo, célebre por su obra maestra *Invitación a la muerte*, revisión modernizada de *Hamlet,* y por su propuesta sumamente literaria, alejada de coloquialismos) o Celestino Gorostiza, quienes crean en México auténticos núcleos de renovación teatral que conectarán el teatro hispanoamericano con el europeo; o del grandísimo narrador y dramaturgo argentino Roberto Arlt, que fomenta un teatro repleto de fantasía, originalidad y de alta calidad literaria, auténtico revulsivo de un teatro independiente, sin olvidar a dos dramaturgos argentinos más: Samuel Eichelbaum, y su teatro ético indagador de la conciencia humana, y Conrado Nalé-Roxlo, para algunos críticos el autor teatral principal de la época, con su teatro de temática fantástica, de actualización de mitos y lenguaje lírico.

Pero estos esfuerzos que marcan la renovación de la escena hispanoamericana no se limitan a los dos grandes núcleos teatrales del momento (Argentina y México), sino que se dan en igual o menor medida en el resto de países de Hispanoamérica, en muchos casos en íntima relación con el mundo universitario (en Bolivia, el teatro como espectáculo de Raúl Salmón; en Chile, cuyas relaciones universidad-teatro condujeron al género hacia un esplendor paulatinamente gradual de la mano de grandes dramaturgos como Egon Wolff, Jorge Díaz, Sergio Vodanovic o Luis Alberto Heiremans; en Guatemala, con un teatro didáctico y formativo, con autores como el nobel Miguel Ángel Asturias, entre otros; en Puerto Rico, en donde Emilio S. Belaval recupera un género de escasa repercusión hasta el momento; en Ecuador, Uruguay o Cuba…).

Así, llegaríamos a mediados del siglo XX y, con ello, ya a un teatro actual. Un teatro que cultiva diferentes tendencias: desde un teatro historicista hasta un realismo trascendido, pasando por un teatro hondamente marcado por influencias tanto europeas

(Brecht, Pirandello, Ionesco, Beckett, Artaud, O'Neill…) como del neorrealismo estadounidense (Tennessee Williams y Arthur Miller, sobre todo) o el realismo mágico, sobresaliente en la narrativa, aplicado al teatro, sin olvidarnos del teatro escrito para marionetas, especialmente interesante en el caso de los cubanos Antón Arrufat y Virgilio Piñera, que representan toda una tendencia de la dramaturgia posrevolucionaria. Esta variedad y creatividad constituyen un auténtico reclamo para el género, a pesar de que la variante comercial siga concentrada en torno a las capitales de México y Argentina.

En cuanto a la nómina de autores, hemos de admitir la complejidad, pero cabe mencionar a los siguientes: los mexicanos Rodolfo Usigli (gran dramaturgo, considerado como el padre de la modernidad teatral en México, que se caracteriza por fomentar la vertiente crítica del teatro, por indagar en la «mexicanidad» y por las notorias influencias que sus obras denotan respecto de las de George Bernard Shaw), Emilio Carballido Fentanes (fallecido en 2008, perteneció a la llamada generación de los cincuenta y trabajó junto a Salvador Novo) y Luis Mario Moncada (dramaturgo y actor de plena actualidad, con obras teatrales muy reconocidas y premiadas); el cubano José Triana, autor de éxito y referencia indiscutible del teatro hispanoamericano, cuya obra —a pesar de no poder negar su acento cubano— transciende hasta lo universal con propuestas del máximo interés como la del teatro dentro del teatro (de larga tradición en el teatro hispanoamericano y, concretamente en el cubano, con dramaturgos como Virgilio Piñera, Carlos Felipe, Rolando Ferrer y Abelardo Estorino). El dominicano Reynaldo Disla, que despliega un humor y una ironía originalísimas, y un singular arrojo en el planteamiento de los temas, al tiempo que representa tanto la autonomía como la singularidad del teatro hispanoamericano. Los argentinos Osvaldo Dragún, uno de los representantes del teatro popular y de resistencia cultural, y Griselda Gámbaro, una de las figuras señeras de su generación y fiel representante de un teatro ético. El chileno Jorge Díaz, al que se hizo alusión anteriormente. Los peruanos Enrique Solari y Sebastián Salazar. El puertorriqueño René Marqués, muy preocupado por la identidad nacional y el problema de los emigrantes que regresan de Estados Unidos, junto a otros grandes dramaturgos como Myrna Casas y Luis Rafael Sánchez. Y también los venezolanos José Ignacio Cabrujas y Levy Rossell Daal, actor y dramaturgo, entre otros muchos.

Mención aparte merecen los escritores hispanoamericanos que han destacado en otros géneros, sobre todo en el narrativo, pero que han incursionado con mayor o menor profusión y éxito en el teatro. Nos referimos a autores como Pablo Neruda, quien no cosechó mucho éxito en el género con su *Fulgor y muerte de Joaquín Murieta*; Julio Cortázar y su genial obra *Los reyes*, poema dramático que propone una reinterpretación del mito del Minotauro, en la que este último juega con los niños en lugar de devorarlos y Teseo, en vez de en un salvador, se convierte en un ser metódico, inflexible y de mente cuadriculada. Mario Vargas Llosa, quien con seis obras dramáticas indaga en el metateatro (una de las señas de identidad del teatro hispanoamericano) y plasma sus debilidades, como por ejemplo el hecho de que el hipopótamo sea su animal preferido: *Kathie y el hipopótamo*. Gabriel García Márquez y su *Diatriba de amor contra un hombre sentado*, monólogo poliédrico, de carácter agridulce y, por lo tanto, obra contradictoria que constituye la única aportación al género del nobel colombiano. Mario Benedetti, quien a pesar de cultivar escasísimamente el teatro incide también en la línea del metateatro. Y Carlos Fuentes, que escribió tan solo cinco obras teatrales, quizá por los motivos que él mismo vino a exponer: «Que el novelista no debe escribir teatro, porque es muy distinto del discurso novelístico, este hecho terrible que es incomparable: encarnar en escena, con seres vivos, una acción dramática»; sin obviar las adaptaciones de obras hispanoamericanas célebres adaptadas al teatro con desigual fortuna (sobre todo inspiradas en novelas de autores del llamado *boom* hispanoamericano).

En definitiva, como puede comprobarse, el teatro hispanoamericano ha sido y es subestimado, puesto que tanto su nómina de grandes dramaturgos como la representación de sus obras apuntan hacia un género con un tratamiento tan original e interesante como injustamente desconocido por el gran público.

12

¿QUÉ OBRAS Y DE QUÉ MANERA APUESTAN POR LA RENOVACIÓN DE LA NOVELA HISPANOAMERICANA EN EL SIGLO XX?

De alguna manera, la renovación novelística hispanoamericana acontece cuando los narradores liberan el género de las convenciones realistas que venían encorsetándolo. Además, escapar de una concepción monolítica de la novela supone un auténtico torrente de creatividad que arroja a los autores a la introducción de todo tipo de novedosas técnicas narrativas. Así, las vanguardias facilitarán a los escritores las herramientas necesarias para que la narrativa hispanoamericana abandone el realismo decimonónico y se deje impregnar por las novedosas técnicas narrativas europeas (Joyce, Proust, Kafka) y norteamericanas (Faulkner). De hecho, el nobel Mario Vargas Llosa explicaría esta renovación con las siguientes palabras: «La novela deja de ser "latinoamericana", se libera de esa servidumbre. Ya no sirve a la realidad; ahora se sirve de la realidad».

Con esta cita, el narrador peruano da por enterrado el realismo decimonónico y saluda la llegada de una novedosa concepción: la del llamado realismo mágico. Será, pues, esta singular concepción de la realidad, inseparable de la fantasía, detonante excepcional de la renovación novelística, acompañada por técnicas narrativas novedosas gestadas en el seno de las vanguardias. En todo caso, la crítica coincide en señalar como fecha de inicio de esta renovación la de los años veinte del pasado siglo y como lugar emblemático el de Argentina, concretamente su capital: Buenos Aires. Quizá este hecho pudiera deberse a que mientras México o Perú indagaban en su pasado indígena, Buenos Aires mirase hacia el futuro, muy proclive a todo lo moderno. En realidad, deberíamos precisar que la renovación de la novelística hispanoamericana en el siglo XX está directamente relacionada en sus primeros momentos con escritores rioplatenses. Por una parte, con los escritores argentinos Roberto Arlt, Macedonio Fernández, Leopoldo Marechal y las primeras producciones de Jorge Luis Borges; por otro, con los uruguayos Felisberto Hernández y Juan Carlos Onetti. Macedonio Fernández es un autor cuya importancia indiscutible, concretamente en lo que a novelas se refiere, se ha reconocido muy tarde. Sin él, sería imposible entender la obra de Borges, Bioy Casares, Lezama Lima o de Cortázar (sin olvidar su influencia en autores europeos, como Italo Calvino), ya que la novela para él será un territorio para la experimentación. Padre de la antinovela; para los críticos, escribió siempre una misma obra que no podría concebirse sin el concurso de las vanguardias, publicada póstumamente: *El museo de la novela de la Eterna*, en la que indaga en las propias características del género, planteando una novela sin argumento en la que ganan protagonismo el lenguaje y el pensamiento expresado a través del estilo indirecto libre. En esta misma línea de renovación narrativa es necesario mencionar al desastrado Roberto Arlt, hoy novelista de obligada referencia, pero obviado por los críticos en vida. Deja cuatro novelas: la primera es *El juguete rabioso*, la segunda —considerada como su obra más importante— es *Los siete locos*, la tercera es una continuación de esta (*Los lanzallamas*) y, por último, publica en 1932 *El amor brujo*. Desde el formato de novela picaresca hasta la recreación moderna del burlador burlado, pasando por el díptico novelístico que le valió el sobrenombre del «Dostoievski porteño», Arlt propone la riqueza de los registros lingüísticos que alimentan la polifonía y que integran el argot, el lunfardo como variedad literaria, en el discurso narrativo. Sin duda, la obra de Leopoldo Marechal también se sitúa en la encrucijada entre la novela tradicional y la nueva novela hispanoamericana. *Adán Buenosayres* es su obra más conocida, una novela que introduce la ciudad en la narrativa, una de las características más sobresalientes de la nueva novela. Además, la novedad vendrá dada también por la inclusión del humor y el especial uso del lenguaje, en el que no se evitan palabras malsonantes. Esta novela, que fue pésimamente aceptada por la crítica —con la honrosa excepción de un joven Julio Cortázar—, puede considerarse como el *Ulises* joyceano de la literatura hispanoamericana. Para terminar con los narradores argentinos de esta primera etapa renovadora, nos restaría abordar la figura de Jorge Luis Borges. Al circunscribir esta cuestión al género novelístico, pareciera que poco se podría decir respecto al eterno candidato al Nobel, sin embargo, algún crítico ya señaló la posibilidad de entender su libro de ensayos *Otras inquisiciones*, publicado en 1952, como una novela involuntaria. En ella, tal y como acontecerá con el Ernesto Sábato novelista, la renovación vendría dada de la dimensión metafísica que se le otorga a la narración. A los narradores argentinos que contribuyeron a la renovación del género en torno a los años cuarenta, hay que sumar al narrador Adolfo Bioy Casares, que con *La invención de Morel* propone una alucinada visión de lo fantástico, en la que mantiene al lector en la vacilación entre lo inexplicable y la locura alucinatoria (para Borges, se trata, sin lugar a dudas, de una novela perfecta, este extremo lo ratifican muchos otros autores hispanoamericanos).

En cuanto a los uruguayos, hay que mencionar a Felisberto Hernández, con su trilogía novelesca escrita en los años cuarenta (*Por los tiempos de Clemente Colling*, *El caballo perdido* y *Tierras de la memoria*, esta última inconclusa y publicada póstumamente), recuerdos expresados literariamente, repletos de metáforas y cuyo mayor interés en lo que concierne a la renovación reside en la indagación que estas novelas proponen acerca del propio procedimiento expresivo. Así, en lo urbano, el lenguaje y el carácter metafísico encontramos los primeros intentos renovadores de la novelística hispanoamericana. En este sentido, y en la órbita de lo metafísico, además de Borges o Sábato, nos encontramos con Juan Carlos Onetti, auténtico eslabón hacia los autores del llamado *boom* hispanoamericano, que conducirán el realismo mágico a las mayores cotas expresivas.

Otro eslabón fundamental en este mismo ámbito es el de Miguel Ángel Asturias, que con su *Señor Presidente* aúna la novela del dictador y el realismo mágico, el del genial Juan Rulfo y su *Pedro Páramo*, novedosísima novela que apuesta por el experimentalismo y por una versión de lo real maravilloso tan mexicana como universal o el de José Lezama Lima, narrador y poeta cubano que con su novela *Paradiso* apuesta por la novela total, plagada de imágenes y de barroquismo, cuyas huellas de Proust resultan innegables, y que suscitó el entusiasmo de narradores como Julio Cortázar o Mario Vargas Llosa, que la saludaron como una auténtica revelación. En cuanto a la denominación de lo real maravilloso, que se abordará monográficamente en la cuestión correspondiente, hay que recordar al inventor del concepto (Alejo Carpentier) y la novela que publicó en 1940, *El reino de este mundo*, en la que integra este concepto como convicción de que la realidad de Hispanoamérica tiene una naturaleza muy diferente a la europea.

Con ello llegamos a la renovación novelística sobrevenida en torno a los años sesenta de mano de los autores que componen el

Retrato mixto, de lápiz y
acuarela, del escritor uruguayo
Juan Carlos Onetti (1909-1994).

llamado *boom*. Aunque el *boom* tiene otra cuestión dedicada monográficamente, resulta esencial aquí acudir al fenómeno en tanto en cuanto representa una auténtica renovación novelística que se internacionaliza en la plataforma del fenómeno en cuestión y que llegaba en todos los órdenes. Así, se propone una profunda experimentación que supone los constantes cambios respecto al punto de vista narrativo, la ruptura de la línea argumental, la combinación de las personas narrativas, el monólogo interior, el uso del estilo indirecto libre, etc. En todo caso, esta profunda renovación no recae exclusivamente sobre los autores del llamado *boom*, sino que tiene que ver también con otros autores, como por ejemplo el argentino Manuel Mujica Láinez y su *Bomarzo*, un auténtico ejercicio de fantasía, Gabriel Gasaccia, Bernardo Verbitsky, Manuel Peyrou, Haroldo Conti, Julio Ardiles Gray, la habilidosa narradora Jorgelina Loubet (y su espíritu introspectivo, que despliega una magistral combinación de puntos de vista en *La complicidad*, su última novela y quizá la más destacada de su producción), Juan José Saer, Alicia Dujovne Ortiz, Manuel Puig, María Luisa Bombal, Marta Brunet, Marcelo Quiroga Santa Cruz, Raúl Teixido, José María Arguedas, Julio Ramón Ribeyro, Manuel Scorza, Aguilera Malta, Carlos Béjar, Eduardo Caballero Calderón, Rómulo Gallegos, Salvador Garmendia, González León, Salarrué, Guillermo Cabrera Infante, Carmen Lyra, Hugo Lindo, Carmen Naranjo, Elena Garro, Rosario Castellanos y Jorge Edwards, entre otros muchos.

Las principales obras, y sus correspondientes autores, que imprimen esta renovación, ya en la órbita del denominado *boom*, serían: *Sobre héroes y tumbas* de Ernesto Sábato (que narra diversos argumentos paralelamente, que despertó la admiración de autores existencialistas y que se salvó de las llamas por la intercesión de la mujer del autor, casi milagrosamente), *La muerte de Artemio Cruz* de Carlos Fuentes (la novela que consagra a su autor, en la que nos propone una ruptura de la linealidad del tiempo y un peculiar uso lingüístico —pura renovación— para dar cuenta de una realidad profundamente ambigua), *Rayuela* de Julio Cortázar (más una contranovela que una antinovela, tal y como siempre defendió su autor, que presenta la peculiaridad de proponer dos posibles lecturas en una narración profundamente irracional en la que llegamos a asistir a una auténtica desarticulación del lenguaje en el capítulo 68), *La ciudad y los perros* de Mario Vargas Llosa (novela que lo lanza a la fama internacional, «representación verbal de la realidad», en palabras del propio autor), *Yo el supremo* de Augusto Roa Bastos (magistral novela que aborda la figura del «dictador perpetuo» del Paraguay y que despliega una genial asociación entre escritura y poder), *El obsceno pájaro de la noche* de José Donoso (una obra maestra que propone un torrente lingüístico —sin apenas signos de puntuación— y que exige un lector activo, que será quien, finalmente, intente construir un relato surgido de lo mágico, lo ambiguo, lo complejo, lo psicológico; presenta, además, una contraposición entre la clase poderosa, decadente, y los sirvientes, muy avejentados y grotescos), *Cien años de soledad* de Gabriel García Márquez (alucinante mundo novelesco que constituye tanto el culmen del llamado realismo mágico como la máxima expresión de la renovación narrativa, sin olvidar su capacidad creativa, su habilidad para crear un auténtico mundo que sustituye al cotidiano del lector; novela hispanoamericana por antonomasia, obra maestra de la literatura universal) o, deudora de esta última, *La casa de los espíritus* de la chilena Isabel Allende (que crea una atmósfera mágica y sumamente sugestiva en la que se dispone todo un «caleidoscopio de espejos desordenados», expresión extraída de la novela misma, cuya adaptación cinematográfica cosechó diversos premios a pesar de sus numerosos errores).

Así, la renovación novelística hispanoamericana del siglo XX surgiría del divorcio del discurso narrativo respecto de un realismo encorsetado y, desde la nueva concepción del realismo mágico, cristalizaría, en torno a los años sesenta, en una generación de novelistas sin precedentes que internacionalizan la literatura hispanoamericana en medio de un fenómeno polémico como el del *boom*.

13

¿QUÉ PAPEL DESEMPEÑA EL MESTIZAJE EN LA POESÍA HISPANOAMERICANA?

Primeramente, hay que afrontar la cuestión conceptual, ya que podríamos hablar de dos acepciones diferentes respecto al término «mestizaje». Por una parte, podríamos entender el concepto como la mezcla de culturas distintas que podrían generar una nueva y, por otra, el cruce de razas diferentes. Resulta evidente la incidencia en la poesía hispanoamericana de la primera acepción, hasta el punto de que en ese mestizaje cultural, precisamente, encontraría la poesía hispanoamericana (y, por extensión, la literatura hispanoamericana) uno de sus rasgos identificativos. En esta primera acepción, de todo el interés, nos encontraríamos con el concepto de «etnocultura». La segunda, sin embargo, supondría el cruce de razas diferentes. En esta cuestión, proponemos la suma de ambas, es decir, abordaremos la temática del mestizaje desde la dimensión literaria etnocultural. Lo que vendría a ser, dicho de otra manera, ocuparse de la llamada «poesía negra», «poesía negrista», «poesía afroantillana» o, más concretamente, «poesía afrocubana». Para comprender mejor este tipo de poesía proponemos un ejemplo del gran poeta cubano Nicolás Guillén, de *Balada de los dos abuelos*:

Sombras que solo yo veo,
me escoltan mis dos abuelos.
Lanza con punta de hueso,
tambor de cuero y madera:
mi abuelo negro.
Gorguera en el cuello ancho,
gris armadura guerrera:
mi abuelo blanco. [...]
Los dos se abrazan.
Los dos suspiran. Los dos

las fuertes cabezas alzan;
los dos del mismo tamaño,
bajo las estrellas altas;
los dos del mismo tamaño,
ansia negra y ansia blanca,
los dos del mismo tamaño,
gritan, sueñan, lloran, cantan.
Sueñan, lloran, cantan.
Lloran, cantan.
¡Cantan!

En este fragmento, el mestizaje se convierte en temática poética. Este tipo de poesía etnocultural se nos antoja como un cauce adecuadísimo para vehicular el carácter mestizo de la sociedad hispanoamericana. Algunas de sus características más significativas son la temática de la injusticia social, de la problemática intercultural, de la discriminación y del mestizaje, la reivindicación lingüística en la expresión literaria de minorías étnicas, la aparición de coloquialismos indígenas y el *collage* etnolingüístico, es decir, la compaginación de la lengua castellana junto a otras en un mismo poema, o la intertextualidad transliteraria, al buscar la relación de la poesía con otro tipo de textos no literarios o, directamente, con otros tipos de manifestaciones artísticas.

La denominada poesía negra, negrista, afroantillana o afrocubana, que encuentra su carta de naturaleza en el mestizaje, surge en torno a los años treinta del pasado siglo, cuando se supera la concepción colonial de la literatura y como reacción al cosmopolitismo modernista. Por tanto, esta tendencia, de manera general, pertenecería al llamado posmodernismo y se incardinaría en los movimientos inspirados por las vanguardias. Este tipo de poesía nace en las Antillas mayores, singularmente en Cuba y Puerto Rico. Y lo hace por un motivo claro: su realidad singular, caracterizada por el sincretismo espiritual y cultural entre la raza negra y la blanca, extremo que comparte la República Dominicana. Se trata de una poesía que apela al folclore y que encuentra su esencia en la suma de las raíces españolas y africanas. Al tratarse de un tipo de poesía que coincide con las vanguardias, tal y como acabamos de señalar, viene a aunar lo popular y lo culto, en la línea sincrética de la generación/grupo del 27 en la literatura española. Esta unión supone la aparición de onomatopeyas, de la musicalidad (enraizada mayoritariamente en el son cubano), del ritmo combinados con estrofas como la décima, verbigracia.

Los principales autores de este tipo de poesía son: Luis Palés Matos, Nicolás Guillén, Emilio Ballagas y Manuel del Cabral. A pesar de que hemos hablado de una poesía escrita en torno a los años treinta, el iniciador de la poesía negra, que fue el escritor blanco Luis Palés Matos, natural de Puerto Rico y reivindicador de la raza negra antillana, compuso sus primeros poemas de temática jíbara, es decir, de personas surgidas de la mezcla de razas, en 1918, un año antes del doloroso fallecimiento de su primera esposa y justo después de la publicación de su primer libro de poemas, con tintes románticos, clásicos y modernistas. Estos primeros poemas a los que nos referimos, considerados ya como poesía afroantillana, presentan los típicos temas y ritmos «negros». Pero si hay un libro del autodidacta puertorriqueño, pluriempleado en trabajos de muy distinta índole, en el que se exalta lo negro y lo mulato con todas las referencias caribeñas y el ritmo afrocubano, es *Tuntún de Pasa y grifería*, publicado en 1937. Y como muestra, un botón: un poema publicado en este mismo libro, en concreto, en la sección «Tronco», que demuestra otro de los elementos fundamentales de esta tendencia poética: lo telúrico, el ser humano enraizado en lo natural, y que integra, por supuesto, el baile y la música:

> Por la encendida calle antillana
> va Tembandumba de la Qumbamba
> —rumba, macumba, candombe, bambula—
> entre dos filas de negras caras.
> Ante ella un congo —gongo y maraca—
> ritma una conga bomba que bamba.

Como podemos comprobar en este fragmento de *Majestad negra*, desde lo temático se apela a la sensualidad de la raza negra o mulata y se la reivindica, y desde lo formal llaman la atención la repetición rítmica, las aliteraciones (con una clara preponderancia de los sonidos bilabiales, tanto orales como nasales, en combinación con los guturales y sin renunciar a las consonantes oclusivas sordas, esto es: bes, emes, ges y ces con el sonido [k]) y las paronomasias (semejanza fonética entre palabras que tan solo se diferencian en algún sonido), que resultan identificativas de este tipo de poesía, en la que también son muy habituales las jitanjáforas (composiciones poéticas de palabras carentes de significado denotativo que dotan al texto de musicalidad y significados connotativos) y las imágenes que promueven asociaciones insólitas, en el ámbito del surrealismo. Sin olvidar que este gran poeta fundó el diepalismo, una tendencia vanguardista basada en la onomatopeya y el ritmo, junto a su amigo, y también poeta, José Isaac de Diego Padró (el término de esta tendencia vanguardista proviene, por acronimia, de los nombres de sus fundadores). El caso de las jitanjáforas y de esta musicalidad caribeña llega a su consagración en la poesía de Nicolás

Guillén y, en concreto, en su libro de poemas *Sóngoro cosongo*. Resulta obvio en este *Canto negro*:

¡Yambambó, yambambé!	Mamatomba,
Repica el congo solongo,	serembe cuseremba.
repica el negro bien negro;	El negro canta y se ajuma,
congo solongo del Songo,	el negro se ajuma y canta,
baila yambó sobre un pie.	el negro canta y se va.

Tal y como puede comprobarse, la poesía vanguardista agita las jitanjáforas imitando lo africano y dotando al texto de una sensorial negritud. Esta poesía no se redujo al mero folclorismo, sino que, como en el caso concreto de la poesía de Nicolás Guillén, exaltar la cultura negra sirvió para referirse a los problemas universales del ser humano. Además, estas composiciones concienciaron de la importancia de lo africano en su cultura. La poesía del mestizaje, la poesía mulata de Nicolás Guillén, irá abriendo paso a una poesía social y de denuncia a la que pertenecería el famosísimo poema *La muralla*, interpretado, célebremente, por los cantautores Ana Belén y Víctor Manuel.

Emilio Ballagas, también poeta vanguardista cubano, cultivó tanto una poesía tradicional como una poesía negra, con la que alcanzó un gran refinamiento estilístico y una más que estimable calidad poética. A pesar de su extracción burguesa y de hombre blanco, empatizó perfectamente con la poesía que nos ocupa, dejando auténticas maravillas, como *El baile del Papalote*, *La comparsa habanera* o, en una línea de denuncia, la *Elegía a María Belén Chacón*. Por último, para cerrar la nómina de los principales autores de esta tendencia, cabe señalar al poeta y narrador dominicano Manuel del Cabral, conocido como el «poeta mayor» de Iberoamérica. El tema del negro o del mulato antillano es recurrente en su poesía, y los críticos lo alinean con los poetas que hemos abordado anteriormente en esta cuestión como uno más de sus precursores. Escribió fantásticas piezas de poesía negra, afroantillana, en libros como *Doce Poemas Negros*, *Compadre Mon* y *Trópico Negro*, publicados entre 1935 y 1943.

Entre los máximos exponentes de esta poesía negra, también cabe mencionar a Zacarías Tallet, Alejo Carpentier, Marcelino Arozamena y Ramón Guirao, sin olvidar a los grandes poetas que la cultivaron tangencialmente, como es el caso de los grandes Vallejo y Neruda. En definitiva, el mestizaje *stricto sensu* aporta a la poesía hispanoamericana una inestimable tendencia nacida como reivindicación racial/cultural al tiempo que como renovación poética desde la estética vanguardista.

14

¿POR QUÉ EL CUENTO ALCANZA COMO GÉNERO UNA DE SUS COTAS MÁS ALTAS EN LA LITERATURA HISPANOAMERICANA?

En primer lugar, tenemos que proponer una definición aproximativa al género en cuestión. Aunque las dificultades son múltiples (no podemos olvidar que se trata de un género resbaladizo), el cuento vendría a ser una narración fingida, creada por un autor, que puede leerse en menos de una hora y que persigue un efecto a través de la orquestación de los elementos que la componen. Esta aproximación al concepto demostraría que el cuento se encuentra más próximo al poema que a la novela, al igual que se asemeja mucho más a una fotografía que a una película. Los cuentistas hispanoamericanos comprendieron muy bien la naturaleza del género, y lo llevaron a su máxima expresión.

A pesar de que no podemos comprender el carácter proteico del mismo en el siglo pasado sin acudir a ciertos precedentes de prestigio, lo cierto y verdad es que el cuento hispanoamericano se internacionaliza y se convierte en referente de la literatura universal a partir, en realidad, de los cuentos del fantástico Leopoldo Lugones y del desastrado Horacio Quiroga, sin olvidar que se trata de un género que encuentra sus orígenes tanto en las crónicas y narraciones de la época colonial como en los cuentos populares precolombinos. El antecedente más próximo del cuento hispanoamericano del xx lo encontramos en el costumbrismo privado del común matiz de superficialidad en su reflejo de la realidad (no podemos hablar del cuento como tal hasta el siglo xix, en coincidencia con el Romanticismo). De hecho, de este costumbrismo surge un cuento como *El matadero* del argentino Esteban Echeverría, que constituye una feroz denuncia contra Rosas, que llega a incluir lo truculento y que se diferencia del que cultivaron un Clemente Palma (aderezándolo con un refinado humorismo) o un Ignacio Manuel Altamirano (que incide más en lo regionalista).

Sin embargo, los primeros rasgos de modernidad aparecen con el narrador mexicano José Roa Bárcena, que encuentra su inspiración temática en las leyendas mexicanas —con lo que mexicaniza el cuento—, pero que destaca por sus cuentos fantásticos y de misterio, en los que se incluye el absurdo y que le valieron el sobrenombre de «el Poe mexicano», porque «el Poe de Hispanoamérica», como veremos más adelante, será Horacio Quiroga, ya que no solo cultiva el cuento como mecanismo perfecto, sino que teoriza sobre el género, tal y como hizo el narrador fantástico norteamericano. En este sentido, hay que destacar cuentos como *Lanchitas*, en el que el sacerdote Lanzas experimentará lo sobrenatural, motor que transformará al padre ilustrado en un bienaventurado pobre de espíritu (con el resultado de un hombre nuevo, en diminutivo: Lanchitas). Este tipo de relato fantástico constituye el detonante necesario en una elaboración de técnicas cuentísticas como la intensidad y el psicologismo, que desarrollarán posteriormente narradores mexicanos como Julio Torri o Juan José Arreola. Y es que el siglo XIX supone un precedente inexcusable en el proceso de modernidad hacia el cuento del siglo XX; de hecho, se trata de un siglo en el que proliferan los cultivadores del cuento en todos los rincones de Hispanoamérica y en el que se sientan las bases para una definición del género muy próxima a la actual, que se va gestando en el cúmulo de producciones (en este sentido, hay que recordar que los supuestos cuentos de Altamirano, mencionado anteriormente a tenor del costumbrismo, se aproximan más al género novelístico; en realidad, esta indefinición del género se mantendrá prácticamente durante todo el siglo XIX).

En cuanto a la determinación concreta del origen del cuento como género, en puridad, podemos decir que existen dos teorías: una que sostiene el origen del cuento en el cuadro de costumbres y otra que otorga al género cuentístico una total independencia con respecto a la manifestación costumbrista (pero, en todo caso, no puede hablarse del cuento con anterioridad al siglo XIX). Esta discusión nace de la ambigüedad que presenta *El matadero*, cuento al que nos hemos referido antes y que presenta un manifiesto hibridismo con el cuadro de costumbre. En sus distintas vertientes (leyendas, tradiciones, cuadros de costumbres, cuentos sentimentales, fantásticos, sociales) e incardinadas en diferentes movimientos estéticos (romanticismo, realismo, naturalismo, criollismo y modernismo) las narraciones breves del siglo XIX contribuyen tanto a la definición misma del género como a su desarrollo hacia la modernidad, ya en el siglo XX. Algunos autores que escribieron este tipo de relatos fueron los mexicanos Manuel Payno, Vicente Riva Palacio, Rafael Delgado, Amado Nervo, Rodríguez Galván, José López Portillo y Rojas, Justo Sierra y Manuel Rodríguez Nájera, el nicaragüense Rubén Darío (gran escritor de cuentos, además de poeta universal), los colombianos Jesús del Corral y Tomás Carrasquilla, el puertorriqueño Manuel Zeno Gandía, los argentinos Eduardo Holmberg, Juana Manuela Gorriti, Esteban Echeverría y José Sixto Álvarez (más conocido por su seudónimo, Fray Mocho), los peruanos Clemente Palma, Abraham Valdelomar, Ciro Alegría (más conocido como novelista), José Díez Canseco, Manuel Beingolea y María Wiesse, los bolivianos Ricardo Jaimes Freyre y Abel Alarcón, los cubanos Gertrudis Gómez de Avellaneda y Julián del Casal, los chilenos Baldomero Lillo, José Victorino Lastarria, Mariano Latorre, Augusto D'Halmar y Federico Gana, los uruguayos Javier de Viana y Eduardo Acevedo Díaz, el venezolano Manuel Díaz Rodríguez, el paraguayo Miguel Cione (aunque afincado en el Uruguay), los ecuatorianos José Antonio Campos y Juan León Mera (famoso por su novela *Cumandá o un drama entre salvajes*, un clásico ya de la literatura hispanoamericana), el hondureño Arturo Mejía Nieto, los costarricenses Manuel González Zeledón (conocido como Magón) y María Isabel Carvajal, el dominicano Fabio Fiallo (uno de los iniciadores del modernismo hispanoamericano), el salvadoreño Salarrué (seudónimo de Salvador Salazar Arrué), y el guatemalteco Máximo Soto Hall, entre muchos otros.

Todo ello nos conduce, pues, hasta las figuras de Lugones y Quiroga, a partir de los cuales el cuento se convierte en un género de la mayor importancia para los escritores hispanoamericanos, lo que explica que alcance sus más altas cotas. Esto es así porque se convierte en un auténtico campo en el que desplegar el virtuosismo artístico y porque, además, se genera toda una teoría acerca del mismo, bien mediante el metacuento —piénsese en el genial *Continuidad de los parques* de Julio Cortázar, en las aportaciones de Benedetti, Monterroso, Bioy Casares y otros muchos—, bien a través del ensayo creativo —desde *Manual del perfecto cuentista* de Horacio Quiroga, el *Antidecálogo* de Borges, los *Apuntes sobre el arte de escribir cuentos* de Juan Bosch, hasta un largo etcétera. La modernidad del cuento hispanoamericano y, por lo tanto, el éxito del mismo prácticamente como género narrativo por excelencia, arrancaría con los cuentos del argentino Leopoldo Lugones (y *Las fuerzas extrañas*) y del uruguayo Horacio Quiroga, quien, además de cultivarlos artísticamente, puso el acento teórico en la necesidad de cuidar los aspectos constructivos del mismo, todos los detalles técnicos que lo convertirían en un auténtico mecanismo perfecto. A ambos autores los une el aliento vanguardista. La alucinación, lo rupturista, el riesgo, la vacilación interpretativa, el cuidado técnico y la marcadísima originalidad inspiran los relatos de estos dos genios rioplatenses. Quiroga puso su empeño en demostrar las diferencias entre el cuento y la novela, para lo que insistió en la tensión del cuento en contraposición a la amplitud de la novela. La idea de la existencia frágil y la omnipresencia de la muerte inundan los relatos del trágico uruguayo. A pesar de que la muerte lo acechó siempre (la muerte accidental de su padre, a quien parece que se le disparó su propia escopeta cuando el autor contaba con tan solo dos meses, el suicidio de su padrastro, la muerte de su amigo Federico Ferrando causada accidentalmente con un arma por el propio Horacio, la muerte de sus dos jóvenes hermanos, el suicidio de su esposa y el suyo mismo, al ingerir cianuro una vez que le diagnostican cáncer gástrico; poco después, sus hijos Egle y Darío también se quitarían la vida), ello no parece suficiente para explicar el peculiar tratamiento que le confiere en relatos como *El hijo* o *El almohadón de plumas*. Sus *Cuentos de amor, de locura y de muerte* resultan inolvidables, así como los cuentos infantiles que reunió en *Cuentos de la selva*.

Tras estas primeras innovaciones, llegará la intensificación que supone el género en la producción vanguardista, que rebasa los reflejos modernistas que aún se rastreaban en Lugones y Quiroga. Al menos durante dos décadas (las que transcurren aproximadamente entre 1917 y 1937) nos encontramos con cuentos, incardinados en las vanguardias, que profundizarán tanto en la originalidad como en el virtuosismo técnico. Así, los cuentos de Teresa de la Parra, Rafael Arévalo Martínez, Pablo Palacio, Juan Emar, Efrén Hernández, Julio Garmendia, Ricardo Güiraldes, Felisberto Hernández, Julio Torri, Roberto Arlt, Héctor Barreto,

María Luisa Bombal, entre otros. Posteriormente, nos encontraríamos con la singular cuentística de Jorge Luis Borges, cuya influencia en la literatura universal resulta indiscutible y que recorre varias etapas de la literatura hispanoamericana. Los cuentos de Borges, con el gozne del escritor argentino Osvaldo Lamborghini (tan maldito como injustamente olvidado), constituyen la transición hacia el cuento de más rabiosa actualidad. Borges impone un conocimiento rigurosísimo de los mecanismos técnicos que tejen el cuento, que de manera intelectualista casi parecieran autónomos. El cuento en Borges es una estructura compleja, en la que no solo se tematizan los mecanismos sino el propio lenguaje. Podríamos agrupar sus cuentos en torno a una visión relativista que concilia contrarios a modo de paradoja o que los funde (oxímoron); así, podrían explicarse cuentos como *El Aleph, Pierre Menard, autor del Quijote, La muerte y la brújula, Emma Zunz, El muerto, El milagro secreto, Tres versiones de Judas*, etc. En la línea de la imaginación desbordada y de la fantasía lingüística, y dentro de una excepcional singularidad, habríamos de mencionar los cuentos de José Lezama Lima, a pesar de que en puridad sean solo unos cuantos. También escasos, y gloriosos, son los del narrador mexicano Juan Rulfo, reunidos en la famosa colección de *El llano en llamas*.

Y antes de los escritos por los famosos autores del llamado *boom* y ya confundidos con ellos, cabría mencionar los cuentos con cierto carácter social o existencial de José Revueltas, del soberbio cuentista peruano Julio Ramón Ribeyro, de José Luis González o del mismo Mario Benedetti. Y los grandes cuentistas del *boom*: Cortázar, Onetti, Roa Bastos, Carpentier, García Márquez, Donoso, Pacheco, Echenique y todos los que vendrán después.

En definitiva, el cuento alcanza sus más altas cotas en la literatura hispanoamericana porque se cultiva en todas sus variedades, porque se reivindica como género mayor —a pesar de su brevedad— y porque los escritores hispanoamericanos los convierten en un terreno en el que lograr la cima del virtuosismo estético y de la profundidad teórica más brillante. Este carácter extraordinario del cuento hispanoamericano ya lo advirtió el gran Rubén Darío: «El cuento, este género delicado y peligroso, que en los últimos tiempos ha tomado todos los rumbos y todos los vuelos».

15

¿Cuáles son las novedades que propone desde el punto de vista genérico la obra *Azul...* de Rubén Darío?

Para comprender desde el punto de vista formal la propuesta que nos formula Rubén Darío con su libro *Azul...*, cuya primera edición se publica en 1888 y, en una segunda edición ampliada, en 1890, para finalmente aparecer en una tercera, que deviene modélica, en 1905, es necesario acudir a una concepción que obsesionaba al poeta nicaragüense y que nacía del deseo de Richard Wagner, quien aspiraba a una ópera que constituyese una muestra de arte total. En ese marco encuentra su carta de naturaleza esta singular obra, incardinada en los comienzos del modernismo (deudores de la concepción romántica), que aúna textos poéticos, cuentos y reflexiones acerca del arte. Este *collage* supone una evidente entrada en la modernidad, ya que en una misma obra se citan géneros literarios diferentes, aunque, desde luego, afines. Esta arriesgada apuesta entroncada en el Romanticismo (y, por lo tanto, en la idea de que los géneros pueden mezclarse) coincide con una concepción rabiosamente moderna del género cuento, del género poema y de sus concomitancias. Así, el escritor nicaragüense hace convivir en un mismo libro a dos géneros: el cuentístico y el poético, con lo que se decanta por las similitudes constitutivas de ambos, insistiendo en la tensión y en la intensidad propias de la naturaleza de ambos géneros. Por otra parte, resulta evidente su similitud con movimientos artísticos coetáneos como el impresionismo y posteriores, como las vanguardias. Del impresionismo, tomará la sugestión de la unidad que encuentra su sentido en una interpretación coral; de las vanguardias, el *collage*, la exaltación de lo fragmentario, lo rupturista, la concepción a contracorriente de la obra artística, su autonomía.

Esta novedad genérica que propone *Azul...*, que consiste en reunir en el mismo libro cuentos y poemas, responde a una disposición bifronte que encuentra su correlato en el Rubén Darío prosista y poeta, que, a su vez, da cuenta tanto de su americanismo como de su europeísmo («el indio cosmopolita», en palabras del escritor español Francisco Umbral). Se trata de una realidad bidimensional que dibuja bien la obra que nos ocupa (*Azul...*) y el mismo espíritu creador del genial nicaragüense. Además, la presentación de los géneros en *Azul...* constituye el intento de apropiarse de una voz poética identificativa y de plasmar una estética, la modernista, que nace con un espíritu ácrata y que viene abonada por unos primeros intentos en la literatura hispanoamericana. En esta indagación, en la naturaleza misma de la obra artística, así como en la clasificación de los géneros literarios, la experiencia chilena marca una singular madurez al tiempo que una visión proteica, como la que se despliega en la publicación que nos ocupa.

De manera que la obra *Azul...* está estructurada en dos secciones: *Cuentos en prosa* y *El año lírico*. Sin olvidar lo musical, adquiere un relieve especial la sinestesia, recurso retórico modernista por antonomasia, que imprime también la mezcla, la interacción entre diferentes géneros literarios. Y es que a la sinestesia se le une el culturalismo, ese proceder interconectado entre diferentes lenguajes artísticos (en el caso concreto de la obra que nos ocupa, aparecen la pintura, la escultura y la música insistentemente, y lo hacen en perfecto mestizaje, como el verso y la prosa); es la idea, pues, de fusión también entre géneros literarios, al igual que la mezcla entre lo popular y lo culto, la tradición y la novedad, las referencias literarias y las vitales, la antigüedad y la actualidad o la creación y la reflexión. Todo ello responde, en realidad, al eclecticismo y sincretismo modernistas.

Nos encontramos, por tanto, ante un libro que internacionalizará el modernismo hispanoamericano, sin olvidar las obras precedentes de la propia literatura hispanoamericana que influyeron de manera directa en él, y que ya pueden considerarse como modernistas (escritas por Martí, Gutiérrez Nájera, Silva o Casal), ni la literatura francesa, tanto en su vertiente parnasiana como simbolista y decadente, en general, ni el Romanticismo europeo ni la tradición poética española que le sirvió de inspiración. Ello demuestra, una vez más, el valor sincrético, mestizo y cosmopolita del modernismo. A pesar de que la crítica es ahora unánime en otorgarle a *Azul...* un valor esencial en lo que a modernismo se refiere, no siempre ha sido así. Los primeros críticos de la obra (el chileno Eduardo de la Barra y el español Juan Valera, temidísimo, firmaron sendos prólogos) la alabaron inmediatamente, pero no percibieron el hecho de que la obra daba carta de naturaleza a toda una reivindicación estética, que no se trataba ni mucho menos de un hecho aislado.

Aunque las tres ediciones de la obra, a las que nos hemos referido con anterioridad, constituyen, en realidad, un libro distinto, su autor es consciente en todo momento del carácter auroral, sobre todo a partir de la segunda edición, que añade a las novedades en prosa —profundamente lírica, sin peso argumental— las novedades en verso —soneto alejandrino, dodecasílabo y heptasílabo en las nuevas secciones que se suman a *El año lírico*: *Sonetos áureos*, *Medallones* y *Échos*; esta última —*Ecos* en español— incluye poemas en lengua francesa. Él mismo explicó el título precisando que el azul era para él el color del ensueño y el color del arte (nuevamente el mestizaje, el carácter bifronte en la unidad). Quizá, junto a la polémica de si se trata de un libro fundacional del modernismo (parece que no, puesto que le madruga toda una generación previa), lo trascendental de esta obra es su apuesta formal (en lo genérico), absolutamente novedosa, y su decidida renuncia a no mostrar ningún tipo de enseñanza. Precisamente, esta novedosa forma incide también en el carácter estético, nada más y nada menos, que incide en la obra de arte como tal, sin didactismos ni moralejas. En este sentido, la unión del espíritu parisino y el idealismo que ahonda en el antiutilitarismo se hacen indispensables. El arte como moral pura, el puro arte, el arte puro. No en vano, el propio Darío dirá de este libro suyo en *Historia de mis libros*: «[Azul... es] una producción de arte puro, sin que tenga nada de docente ni propósito moralizador».

Con lo que, por otra parte, entramos en una concepción moderna de la literatura. Los cuentos y poemas que componen la obra podrían considerarse como parnasianos. De hecho, este interés por enfatizar lo puramente artístico se alegoriza en cuentos como *El rey burgués*, *El velo de la reina Mab*, *El pájaro azul* o *El sátiro sordo*.

En conclusión, al igual que la música, la sinestesia o el sincretismo de las artes responden a esa nostalgia cósmica, la fusión de los géneros literarios en la misma obra (y el intento por diluir las fronteras entre verso y prosa) no hace sino sumarse a esta misma orquestación modernista, anhelante de lo sublime y contagiada de afrancesamiento. De ahí el carácter de obra total de *Azul...*, en consonancia con la concepción operística de Wagner.

16

¿CUÁLES SON LAS TENDENCIAS Y LOS AUTORES PRINCIPALES DE LA POESÍA HISPANOAMERICANA DEL SIGLO XX?

El siglo XX supone la definitiva idiosincrasia de la poesía hispanoamericana, con el precedente del modernismo, que ya la introdujo en la modernidad. A pesar de que la verdadera voz de los poetas hispanoamericanos del siglo XX llegará con las vanguardias, nos encontramos con una tendencia anterior: el posmodernismo. Ciertamente, se trata de una transición del modernismo a las vanguardias que, al decir de muchos, no cuenta sino con un par de poetas que constituyen casos aislados de esta tendencia: la chilena Gabriela Mistral, Premio Nobel de Literatura en 1945, y la uruguaya Juana de Ibarbourou, de cuyas fabulosas producciones nos ocuparemos monográficamente en otras cuestiones y que vienen a afianzar en la literatura, de manos del posmodernismo, la voz femenina de una manera general, por fin, ya que a ellas se pueden sumar —en esta misma tendencia— Teresa de la Parra, Alfonsina Storni, María Eugenia Vaz Ferreira, etc. No debemos olvidar que esta etapa de transición fue eminentemente poética y contó con un nutrido grupo de cultivadores entre los que podemos destacar, además de las poetas antedichas, a Pedro Prado, Ramón López Velarde, José María Eguren, Evaristo Carriego, Luis Carlos López, etc. En todo caso, no debemos entender un corte abrupto entre el modernismo y el posmodernismo, sino cierta evolución hacia temáticas de lo cotidiano.

Sin embargo, la tendencia que vendría a suceder al posmodernismo, la de las vanguardias, sí se presenta como claramente rupturista. De hecho, como el propio Octavio Paz vino a decir, constituyen una auténtica «tradición de la ruptura». El término «vanguardias», proveniente del francés *avant garde*, se utilizó originariamente en el ámbito castrense con la significación de «avanzada militar». Esta significación, por analogía, se extrapoló a la política y al arte. Acudir a su semántica supone encontrar sus principales características: rupturismo, novedad, rebeldía, agresividad y experimentación. Así serán las vanguardias artísticas y literarias. Además, resulta esencial hacer hincapié en su carácter internacional, fruto de la incredulidad y la crisis que deja un acontecimiento bélico como la Primera Guerra Mundial. El espíritu internacional de las vanguardias (futurismo, cubismo, expresionismo, creacionismo, ultraísmo, estridentismo, surrealismo, dadaísmo, etc.) provocó que los escritores hispanoamericanos entrasen pronto en contacto con la nueva estética. En realidad, las vanguardias en América resultan prácticamente coincidentes con las europeas y actúan con similar proceder, salvo que en el caso de América no se renuncia al sustrato autóctono, nativo, que se mezcla con el europeo. En este sentido, cabe resaltar que la poesía negra, negrista, afrocubana o afroantillana, abordada en una cuestión anterior, sin renunciar a las técnicas de vanguardia, pone el acento, precisamente, en lo telúrico y en lo mestizo. Piénsese en grandes poetas como Nicolás Guillén o Luis Palés Matos. Desde luego, las vanguardias reaccionaban claramente contra el modernismo y se organizaban en torno a revistas, manifiestos, grupos y mucho ruido. Ciertamente, en ocasiones se trataba de un débil argumentario. En América surgieron vanguardias propias como el estridentismo mexicano, el creacionismo de Vicente Huidobro, el euforismo, el diepalismo, el noísmo y el atalayismo de Puerto Rico, el ultraísmo de Argentina (que evolucionaría posteriormente hacia el martinfierrismo), el runrunismo de Chile, el postumismo de la República Dominicana, etc. Entre los ultraístas argentinos, cabe citar a importantes poetas como Olverio Girondo, Leopoldo Marechal, Jacobo Fijman o Jorge Luis Borges, aunque este último caracterizado por un experimentalismo bastante atemperado. El ultraísmo pretendió aunar todas las vanguardias posibles, enfatizando lo visual, encumbrando la metáfora que trabajaba con asociaciones insólitas. En esta dirección nos encontramos con los tres primeros poemarios del ultraísta argentino por antonomasia: Oliverio Girondo. Así, sus *Veinte poemas para ser leídos en el tranvía*, *Calcomanías* y *Espantapájaros*. Para la presentación de este último libro, en todo un delirio vanguardista, el autor alquiló una carroza fúnebre arrastrada por caballos en la que paseaba unos espantapájaros. Se trata de una obra de madurez que se enraíza en el absurdo, lo surreal, el humor negro, lo paródico y el ansia de fusión con el entorno natural. Por su parte, Alfonsina Storni se abrirá a las experimentaciones vanguardistas con su poemario *Mundo de siete pozos*, ya en el año treinta y cuatro.

En el caso de Chile, hay que mencionar a Pablo de Rokha, que se acerca a la estética vanguardista con su libro *U*, y que supondrá una influencia indiscutible en la obra y en la vida del gran poeta chileno del siglo XX: Pablo Neruda. Pero, sin lugar a dudas, si hay un poeta chileno relevante en la órbita de las vanguardias es Vicente Huidobro, reconocido como el fundador de las vanguardias latinoamericanas. Aunque le dedicaremos una cuestión específica, referida al creacionismo, vale la pena recordar que en su producción pueden distinguirse dos etapas: una primera, basada en la teoría poética mediante la propia práctica, y una segunda, en la que se aleja de lo poético para decantarse por lo narrativo y lo teatral. El poeta preconiza la creación frente a la mímesis o imitación en un poemario precozmente vanguardista: *El espejo de agua*, en el que expone su arte poética: «Por qué cantáis la rosa, ¡oh, poetas! / Hacedla florecer en el poema». Esta vertiginosa experimentación alcanzará su cumbre con *Altazor o el viaje en paracaídas: poema en VII cantos*. Este original poemario terminará con una absoluta desarticulación del lenguaje, que, en su intento de dotar de autonomía a la obra artística, acabará siendo autorreferencial, creador de su propia realidad.

La poesía, pues, se convierte en el terreno de experimentación por excelencia y en la auténtica muestra de una voz propia para la literatura hispanoamericana. A la originalidad del ultraísmo y del creacionismo, se suman los versos surrealistas de poetas como César Vallejo, Pablo Neruda u Octavio Paz, grandísimos poetas de los que nos ocuparemos enseguida. Pero antes, para acabar con las tendencias vanguardistas, conviene abordar el estridentismo mexicano, dentro del primer momento de las vanguardias mexicanas, marcado por lo iconoclasta y el futurismo, cuyos representantes poéticos fueron Manuel Maples Arce, Germán List o Salvador Gallardo cuyo relevo será tomado por el grupo de Los Contemporáneos, cuya denominación proviene de la célebre publicación que compartieron y que ha dado nueve poetas de calidad notable: Carlos Pellicer, José Gorostiza, Xavier Villaurrutia, Bernardo Ortiz, Jaime Torres Bodet, Salvador Novo, Jorge Cuesta, Gilberto Owen y Enrique González Rojo. Todo ello sin olvidar otros intentos como los del peruano Juan Carlos Mariátegui, que pretende unir vanguardismo literario y político con la fundación de una revista como *Amauta*, en torno a la cual concita a poetas de la talla de un César Vallejo, los de los vanguardistas ecuatorianos Medardo Ángel Silva, Ernesto Noboa, Hugo Mayo y Jorge Carrera Andrade (este último considerado entre la plana mayor de los poetas hispanoamericanos por su

Monumento dedicado al estridentismo en Ciudad de México, cuya eclosión se produjo en torno a 1921.

originalidad e imposible encasillamiento), los de los vanguardistas nicaragüenses José Coronel Urtecho, Luis Alberto Cabrales y Manuel Cuadra, los de los dominicanos Otilio Vigil (y su vedrinismo, inspirado en la audacia), Andrés Avelino y Domingo Moreno (fundadores del postumismo, exaltación de lo joven y de lo nacional, apuesta abierta por la renovación poética), los de los puertorriqueños Evaristo Ribera, Luis Palés Matos, uno de los promotores indiscutibles de la poesía negrista, Vicente Palés Matos (líder del euforismo, junto al poeta Tomás L. Batista, y del llamado noísmo), Graciany Miranda, Alfredo Margenat y Clemente Soto (fundadores del atalayismo, movimiento innovador que asumirá las técnicas vanguardistas), los de los cubanos pertenecientes al grupo minorista y los de los cultivadores de la poesía pura (Mariano Brull, Ballagas y Florit), los de los piedracielistas colombianos Leçon de Greiff y sus *alter ego,* los de los venezolanos agrupados en torno a la llamada generación del 28 o del grupo Viernes (representantes del surrealismo; algunos provenientes de la generación del 28, como Ángel Miguel Queremel o Pablo Rojas Guardia), entre los de muchísimos otros.

Con esta somera revisión a las tendencias posmodernistas y vanguardistas (con variantes tan autónomas como la poesía negrista o la poesía pura) desembocaríamos en los grandes poetas hispanoamericanos del siglo xx: César Vallejo, Pablo Neruda y Octavio Paz.

La originalísima obra poética del peruano César Vallejo puede clasificarse en tres etapas, representadas excepcionalmente por tres obras: *Los heraldos negros, Trilce* y *Poemas humanos*. Si la primera da cuenta de un modernismo imbuido de escepticismo, casi existencialismo, y de dolor, la segunda parece invadida por las vanguardias (el surrealismo y lo irracional, además de la desarticulación del lenguaje, campan a sus anchas; y su título, según el propio autor y después de tanta tinta, no vendría a significar nada), y, finalmente, la tercera, publicada póstumamente, daría cuenta del dolor compartido, de la solidaridad del poeta con los que sufren, dirigiendo la mirada al exterior.

Pablo Neruda, seudónimo de Neftalí Ricardo Reyes Basoalto, es quizá el de mayor resonancia internacional entre los poetas de Hispanoamérica. Obtuvo el Premio Nobel en 1971. Se trata de un escritor excepcional, ya que no resulta sencillo encontrar una obra tan extensa y de tan alta calidad. Se producen sus comienzos poéticos con *Crepusculario*, en una órbita entre romántica y modernista. El Neruda más original, lleno de plasticidad y de novedad, llegará con la publicación de *Veinte poemas de amor y una canción desesperada* y *Tentación del hombre infinito*. «Puedo escribir los versos más tristes esta noche», célebre verso que se repite en el poema veinte y que expresa el amor como un sufrimiento radical, un canto sensual al erotismo, sumamente carnal y sugestivo, pero que también encierra un dolor infinito. En realidad, el subjetivismo extremado, la sensibilidad y la exaltación romántica serán señas de identidad de toda la producción poética nerudiana. *Tentación del hombre infinito*, por su parte, inaugura la fuerza inusitada de sus imágenes, otras de las características destacadas de su poesía. *El hondero entusiasta, Residencia en la tierra* y *Las furias y las penas* abren su período más personal y maduro. Con ellas, abre el camino hacia su empresa más ambiciosa: el *Canto general*, que junto a *Tercera residencia* (con el antecedente de la segunda y, en todo caso, todas las residencias con su origen en las estancias de Neruda en Asia, Ceilán y Birmania), *Odas elementales* y las *Nuevas odas elementales*, configura un período lírico que se abre a la comprensión humana. Después de las odas, *Estravagario, Cien sonetos de amor, Canción de gesta, Las piedras de Chile, Cantos ceremoniales* y *Plenos poderes* contribuyen tanto a la abundancia creativa como a la unicidad de la poesía nerudiana. Los últimos poemarios van conjugando lo social con lo autobiográfico, agigantando el tamaño poético de Pablo Neruda.

Octavio Paz, poeta y magnífico ensayista mexicano, recibió el Premio Nobel en 1990. Entró en contacto con los surrealistas franceses, se fue alejando de los temas sociales y se fue inclinando por una poesía de profundo sentido metafísico. Buscó siempre nuevas experimentaciones, como puede comprobarse en *Libertad bajo palabra*, *Salamandra* y *Ladera este*, entre otros muchos poemarios.

17

¿QUÉ IMPORTANCIA TIENE EL MICRORRELATO EN LA LITERATURA HISPANOAMERICANA?

Para principiar el asedio a la cuestión, hay que acudir a una precisión terminológica. Adoptaremos el vocablo microrrelato por ser el más generalizado, aunque también resulten familiares otros: minificción, minicuento, microcuento, relato hiperbreve, historia mínima, etc. En todo caso, se trata de brevísimas construcciones narrativas (desde unas pocas palabras hasta un par de párrafos, aproximadamente) a modo de cuento concentrado al máximo. Es un tipo de texto exigente con sus lectores, ya que en buena medida discurre más en lo que se omite que en lo que se expresa, como una especie de pequeña piedra que, al arrojarla al agua, a pesar de su tamaño, perviviese en la amplitud de ondas que genera. Además, responde al impulso de la modernidad, que viaja hacia el despojamiento de lo redundante, de lo que se considera como mero adorno u ornamentación innecesaria. Ello explica, como veremos a continuación, que hablemos de un género que surge con la modernidad, a finales del Romanticismo y de la mano del modernismo.

El microrrelato como género narrativo gozó de amplio predicamento en la literatura hispanoamericana y sus autores contribuyeron a la internacionalización del mismo. Su germen puede rastrearse en la literatura oral y, durante la Edad Media, encuentra cierta fijeza en el didactismo, que promueve el apólogo, la fábula y otros géneros menores. Sin embargo, su auténtico origen arranca de la fluctuación de los géneros a finales del Romanticismo, que cristalizará en los microrrelatos, gestados entre la estética modernista y la auspiciada por las vanguardias. De las prosas poéticas de Charles Baudelaire llegaríamos a los autores propiamente hispanoamericanos. Así, Rubén Darío, Alfonso Reyes, Julio Torri, Leopoldo Lugones y Ángel de Estrada serían los responsables de su origen, a la luz, precisamente, de la estética modernista y, posteriormente, de las vanguardias. La autonomía de la obra artística que comienza a preconizar el modernismo y que eclosionará con las vanguardias, junto al período de entreguerras del siglo xx, proporcionará una visión fragmentaria de la realidad que favorecerá de manera directa el género que nos ocupa. En todo caso, la importancia del microrrelato en la literatura hispanoamericana es enorme, ya que en ella encuentra un especial desarrollo y una particular calidad. En los orígenes, habría que considerar desde las producciones de Rubén Darío, un tanto impresionistas y sumamente influidas por los poemas en prosa de Baudelaire, hasta las de Julio Torri, autor injustamente desconocido que vincula el género tanto con la experimentación como con la apuesta por la renovación en el lenguaje. En el caso del nicaragüense, nos referimos a los doce cuadros en prosa, titulados conjuntamente bajo el marchamo de «En Chile» e incorporados después a su famoso libro *Azul...*, publicado en 1888. Algunas de estas composiciones no pertenecen en puridad al subgénero narrativo al que nos referimos, ya que lindan con otros, como por ejemplo la parábola. En todo caso, son producciones que constituyen una base ineludible en la construcción del microrrelato. De esta misma indefinición, característica de los albores de un nuevo subgénero literario, participan las composiciones del mexicano Julio Torri, que transitan entre la poesía y el ensayo, pero que se erigen ya como algo nuevo que entroncaría con lo que consideramos un microrrelato:

¡Circe, diosa venerable! He seguido puntualmente tus avisos. Mas no me hice amarrar al mástil cuando divisamos la isla de las sirenas, porque iba resuelto a perderme. En medio del mar silencioso estaba la pradera fatal. Parecía un cargamento de violetas errante por las aguas.

¡Circe, noble diosa de los hermosos cabellos! Mi destino es cruel. Como iba resuelto a perderme, las sirenas no cantaron para mí.

Añade, además, varios elementos cruciales en la definición de este tipo textual tan peculiar: por una parte, el hecho de la reescritura, de la intertextualidad más literal y de lo paródico y, por otra, esa singular naturaleza que lo sitúa entre la poesía y el cuento para encontrar su significación en lo que se omite, en el sugestivo

Retrato de Circe y las sirenas,
de Charles Edmund
Brock (1870-1938)

dibujo de lo elidido. En este primer estadio del género, en la órbita modernista de la experimentación formal y verbal, faltarían las producciones del argentino Leopoldo Lugones, que incide en cierto apologismo sin renunciar al humor. Además, nuevamente nos encontramos con la reescritura, en el caso de Lugones, de lo sacro a lo laico. A esta etapa primigenia se le podrían sumar los esfuerzos de Macedonio Fernández y de Anderson Imbert, que también indagan en lo extremadamente breve desde la experimentación.

En la caracterización de sus orígenes, ya nos cercioramos de que se trata de un tipo de texto escurridizo, de difícil definición. Sin embargo, parece forzosa la brevedad, al igual que la tensión que se establece entre el pretérito perfecto simple y el pretérito imperfecto. Este último aspecto, además de enraizarlo directamente en la familia narrativa, lo diferencia de textos afines como el apólogo, el aforismo y similares, que tienden a la exposición generalizadora. Desde luego, lo fundacional, lo mítico, la literalidad del lenguaje, el discurso sustitutivo y la intertextualidad también parecen condiciones esenciales para construir un microrrelato. En esta línea se manifiestan los microrrelatos de las siguientes etapas: la que rebasa la mera intuición y encuentra un registro de escritura (principia con Borges en el ámbito hispánico con la proyección del microrrelato al publicar en 1953, con la colaboración de su gran amigo Adolfo Bioy Casares, *Cuentos breves y extraordinarios*, exaltando lo fragmentario magistralmente; sigue con Arreola y Monterroso auténtico constructor del género —sin olvidar a Marco Denevi—, que consiguió llamar nuestra atención con un auténtico delirio de brevedad, *El dinosaurio:* «Y cuando despertó, el dinosaurio todavía estaba allí», del que nos ocuparemos en otra cuestión, junto al microrrelato más actual), la de solidez del género y búsqueda de intertextualidades (Cortázar, Denevi y nuevamente el guatemalteco Augusto Monterroso), la del discurso en crisis y el microrrelato como testimonio (Cristina Peri Rossi, Galeano, Alcalde, Valenzuela o Jiménez Ernán, entre otros) y la de las nuevas voces, que tal y como corresponde, se separa de sus antecesores y se engolfa en el hibridismo genérico (Britto García, Guedea y Shua).

Definitivamente, la importancia del microrrelato en la literatura hispanoamericana es vital y alcanza una resonancia y un virtuosismo no comparables a los de otras literaturas, tal y como hemos intentado demostrar. No en vano, nos encontramos ante una literatura que contribuye con especial calidad a este género modernísimo. En el delirio de la tensión cuentística llevada hasta el paroxismo, surge el microrrelato como todo un ejercicio de condensación expresiva y de virtuosismo verbal; «cuentos concentrados al máximo, bellos como teoremas», en palabras de uno de sus más insignes teóricos y estudiosos, el argentino David Lagmanovich.

18

¿QUIÉNES SON LOS ENSAYISTAS CONTEMPORÁNEOS MÁS IMPORTANTES DE LA LITERATURA HISPANOAMERICANA?

Dentro de este bloque de géneros literarios, lo primero que deberíamos recordar del ensayo es su carácter proteico, su hibridismo. Ya uno de los ensayistas hispanoamericanos de renombre, el mexicano Alfonso Reyes, vino a decir que se trataba de «el centauro de los géneros». Este carácter bifronte lo sitúa entre la intuición y el análisis, entre la exposición y la argumentación, entre el lenguaje expresivo y el metafórico. Este género literario que privilegia el enfoque, esta prosa de ideas en la que importan la interpretación y el carácter prospectivo, parece nacer de la pluma de Montaigne, y en Hispanoamérica encuentra excelentes cultivadores. Ya en el siglo XIX nos encontramos con sobresalientes ensayistas hispanoamericanos, como Andrés Bello, Domingo Sarmiento, Juan Montalvo (que se ocupan de hacer transitar el género del neoclasicismo al Romanticismo), Eugenio Hostos (representante del ensayo positivista), Manuel González Prada y José Martí (y el ensayo modernista), sin olvidar a Rubén Darío (con *Los raros*, una colección de semblanzas literarias agudísimas) o a José Victorino Lastarria (cuyos *Recuerdos literarios* presentan una encomiable rigurosidad). Además, hay que recordar a los ensayistas que realizaron la mayoría de su producción en el siglo XX, pero que comenzaron a finales del XIX, caso de Baldomero Sanín Cano (de los primeros en preguntarse por la existencia de una literatura hispanoamericana de manera directa) o Justo Sierra, entre otros.

Si nos ceñimos al ensayo hispanoamericano contemporáneo, hemos de situarnos en la publicación de *Ariel*, en 1900, por parte del uruguayo José Enrique Rodó, donde se encuentra su nacimiento. A pesar de que en algunos aspectos se trata de una obra superada (quizá sobre todo en su maniqueísmo, en su didactismo un tanto excesivo y en su afectación lingüística), debemos admitir que se trata de una obra que refleja como ninguna el clima de una época, ya que representa el idealismo que combate al positivismo, en agotamiento. En todo caso, la influencia de esta obra resulta indiscutible, hasta el punto de que generó toda una tendencia (el arielismo), bastante olvidada, pero que supuso el fin de la mentalidad positivista en América. Tras las contribuciones de Mariátegui, Alfonso Reyes, Sanín y otros, llegamos al ensayo plenamente creador, que desempeña loables intentos renovadores del género. Nos referimos a los principales ensayistas hispanoamericanos: Jorge Luis Borges, Julio Cortázar, José Lezama Lima y Octavio Paz.

Borges comenzó su carrera literaria con poemas y ensayos. La crítica coincide en destacar tres libros de ensayo entre su producción: *Discusión, Historia de la eternidad* y *Otras inquisiciones*. Lo que resulta más llamativo de sus ensayos es el alto grado de originalidad que presentan y la aportación soberbia desde la perspectiva lectora. Borges, lector orgulloso, canaliza toda su imaginación en los ensayos, que enriquecen exponencialmente tanto a los autores como las obras de las que se ocupa. De esta manera, Borges define la lectura con toda la hondura que le corresponde y presenta una faz apasionante del género ensayístico: la de la disidencia desde la calma, la de la heterodoxia, la del proceder herético intelectual y estético. Así, nos presenta una visión particular de lo comúnmente aceptado para cuestionarlo, para matizarlo, para impregnarlo de otra suerte de matices. Por último, debemos recordar la importancia que adquiere la ironía en el discurso borgeano, especialmente la autoironía y el permanente cuestionamiento entre la falacia, la verdad y la ficción. La rigurosidad de sus ensayos no se encuentra reñida con el entretenimiento, que está asegurado.

El cubano José Lezama Lima, célebre por su novela *Paradiso* y por su condición de escritor Barroco, demostró una absoluta maestría en el género ensayístico. Ciertamente, tanto la faceta de poeta como la de ensayista se descubrieron después de la novela que lo alzó a la fama. De hecho, los primeros libros de ensayos del cubano enraizado en el gran poeta español Luis de Góngora se publicaron con anterioridad a su conocidísima novela: *Analecta del reloj* y *La expresión americana*, en las que el autor hace gala de una cubanidad que lo acompañará siempre, incluso en el sentido del humor que destilan sus obras. Este virtuosismo que despliega el autor respecto del manejo ensayístico llegará con la publicación de *La cantidad hechizada* e *Introducción a los vasos órficos*. Lezama presenta una forma de pensamiento y de escritura únicas, en las que la metáfora y el preciosismo verbal promueven una originalidad sin parangón.

Aunque Julio Cortázar no tiene una obra propiamente ensayística, publicó libros que vienen a demostrar auténticas aportaciones al género. No solo la defensa de su concepción de la literatura como fenómeno culturalista, abierto, inconformista e informal (a diferencia de la acepción solemne defendida por otros autores), sino también la permanente experimentación, la indagación como motor de la creación, aparecen en los ensayos cortazarianos. En ellos, la lateralidad, lo subversivo, el carácter lúdico del arte (sobre todo en la identificación de lo real y lo imaginario) y la improvisación del *jazz* (sin renunciar a su musicalidad) son moneda corriente. Realmente, los ensayos de Cortázar forman parte de misceláneas, como no podía ser de otra manera en este argentino transversal, tales como las genuinas *La vuelta al día en ochenta mundos*, *Último round* o *Territorios*. Es difícil identificar unas características comunes en obras tan diversas y variadas, pero la intimidad con el lector y un tono de cierta informalidad parecen vertebrar todas estas obras.

Original retrato del ensayista
mexicano Octavio Paz (imagen
publicada por Arturo Espinosa)

Octavio Paz es, sin lugar a dudas, otro de los grandes ensayistas hispanoamericanos contemporáneos. Pocas obras son
capaces de reflejar la profundidad de pensamiento y el intenso
lirismo de los ensayos del premio nobel mexicano. En sus más de
veinte libros de ensayos, ha realizado propuestas de lo más diversas
y ha abordado una enorme amplitud de temas. Así, el amor y el
erotismo (*La llama doble*), la poesía (*El arco y la lira*), la libertad y
la identidad (*El laberinto de la soledad*), Oriente (*Conjunciones y
disyunciones*), el arte moderno y sus límites (*Los hijos del limo*), la
sociedad colonial mexicana y el papel de la mujer (*Sor Juana Inés
de la Cruz o las trampas de la fe*), etc. *El mono gramático* constituye
un ejercicio sumamente original que, incluso, compromete al
género ensayo, ya que linda con el poema en prosa, con la reflexión crítica o con la literatura de viaje. En todo caso, se trata
de una indagación en torno a los conceptos de leer y escribir,
entre Inglaterra y la India, en la búsqueda de un absoluto.

A estos autores, además, deberían sumarse como ensayistas Ernesto Sábato, Alejo Carpentier, César Moro, Rodríguez
Monegal, Ángel Rama, Elena Poniatowska, Carlos Monsiváis
o Mario Vargas Llosa (que dedica multitud de ensayos al hecho
literario y a distintos escritores, al erotismo…), entre otros muchos. Los ensayistas hispanoamericanos contemporáneos, pues,
proponen atractivísimas renovaciones de este género camaleónico,
tan líquido como la más rabiosa actualidad.

19

¿Hacia dónde se dirige la poesía hispanoamericana de nuestros días?

Resulta harto complejo caracterizar estéticamente un fenómeno que se está desenvolviendo en la actualidad, puesto que cierta distancia respecto al mismo garantizaría un juicio más próximo a la realidad literaria que se pretende dar a conocer. En todo caso, llama la atención el hecho de que no abunden las antologías de poesía hispanoamericana en conjunto, al menos durante los últimos tres años, aunque sí es cierto que se vienen publicando diferentes antologías por países. Podríamos confirmar una deriva ineludible de la poesía actual hacia la renuncia de un discurso único. La posmodernidad acaba con el experimentalismo más vanguardista y con la idea de un discurso global. La poesía hispanoamericana actual se dirige, desde luego, hacia la disgregación de discursos. Sí parece que esta poesía haya acabado con el concepto de «generación» aplicable a lo literario, quedando exclusivamente reducida a lo cronológico, a las hornadas de poetas unidas por criterios meramente temporales. Así, nos encontraríamos en un momento de la creación poética de la dispersión. A pesar de las dificultades que entraña un proceso tan cambiante, tan variado, tan asistemático, otros de los pocos elementos comunes que podríamos señalar son los del culturalismo, el dialogismo, cierto tono conversacional, la desacralización de la poesía (que se torna escéptica de sí misma) y la intertextualidad (ese fértil diálogo entre los textos, tan inevitable como pretendido y cultivado por la poesía más actual). Efectivamente, en lo poético se acomodan referencias de otras manifestaciones artísticas: la música, el cine, la fotografía...

Así, la poesía actual viviría en la diversidad de sus tendencias. Entre las más relevantes, la actual poesía social, la minimalista, la de experimentación lingüística, el erotismo neorromántico, la mítico-poética y la estética de la posmodernidad.

Una vez hemos intentado esbozar los derroteros de la poesía hispanoamericana actual, resulta interesante proponer una revisión panorámica de los diferentes países, atendiendo a la diversidad cultural y geográfica. La dificultad de seleccionar unos nombres en una auténtica eclosión de autores no resulta tarea sencilla, ni tampoco perfilar concepciones poéticas más o menos generales, puesto que la poesía actual vive en sus variantes. Además, la mayoría de los trabajos meritorios acerca de la poesía hispanoamericana actual se basan en realidad en autores del siglo pasado, de reconocido prestigio, pero después de los cuales se reconocen nuevas voces poéticas pendientes de ser atendidas. Asumimos el reto de recoger a los autores más actuales y de cierto reconocimiento, sin renunciar a autores de cierta edad que siguen publicando poemas de interés o que lo han hecho hace poco. De antemano, se hace necesario pedir disculpas por los errores (del todo involuntarios) que esta nómina de autores actuales pueda entrañar, considerando entre tales a los que han publicado desde finales del siglo pasado en adelante.

Dentro de una línea de poesía liberada de movimientos o grupos, hay que destacar, por ejemplo en México, las originalísimas voces de Eduardo Mileo, María del Carmen Colombo, o de Jeanette L. Clarión, con su poesía del conocimiento, y David Huerta, una de las más renovadoras e interesantes con posterioridad a la gigantesca figura de Octavio Paz; sin olvidar las poesías de Julio César Aguilar, Humberto Garza, José Martín Hurtado Gálvez, María Dolores Pliego Domínguez, Carol Bracho o Yelenia Cuervo. En el caso de Colombia, hay que destacar la poesía de Raúl Gómez Jattin (fallecido en las postrimerías del siglo xx), tan hermosa como trágica, de Héctor José Corredor Cuervo, un poeta que aboga por la sencillez, de Beatriz Vanegas, cuya poesía ha cosechado ya multitud de premios, tanto nacionales como internacionales, Darío Jaramillo, reconocido internacionalmente como uno de los mejores poetas colombianos del último siglo, o de Jaime Jaramillo, uno de los fundadores del nadaísmo cuya poética encuentra acomodo en la ironía, la parodia, en el tono irreverente y en un verso extenso que aproxima sus composiciones a la prosa poética. Perú aporta una poesía de altísima calidad. En este sentido, resultan ineludibles voces poéticas como las de Antonio Cisneros, y su decidida apuesta por una poesía coloquial, plena de humor y de condensación significativa, Manuel Morales, también en la órbita del coloquialismo, Enrique Verástegui, con su poesía como conocimiento, Héctor Ñaupari, con su barroquismo, Gerson Paredes, Elqui Burgos, Yanet Pizarro Rubio, Xavier Echarri, con una poesía neobarroca, de cuidado formal y repleta de referencias librescas, o Mario Montalbetti y su apasionante poesía, que pivota en una experimentación lingüística que persigue la permanente interrogación del lenguaje acerca de sí mismo. Chile, en su tradición de tierra de poetas, nos ofrece la poesía del laureado Eduardo Llanos y su propuesta de la palabra poética como acceso a lo eterno, Jaime Hales, precoz poeta y cuentista, o Raúl Zurita, considerado como un poeta ya del canon.

Por lo demás, en Bolivia nos recibe el erotismo transcendente de Aníbal Crespo Ross; en Argentina, las interesantísimas aportaciones del gran poeta Manuel Lozano, de Ernesto Kahan, Jorge Boccanera, Alejandro Bekes (poeta intelectual, íntimo, de verso largo), Ricardo Costa, Luis Benítez, Diego Muzzio, cuya obra sólida e impronta mística lo avalan, Carlos Gagliardo o Matías Moscardi. En Uruguay, voces como las de Margarita Solari; en Paraguay, Lourdes Espínola, Cristian David López o Mónica Laneri (eterna poeta de la búsqueda); en Costa Rica, Alfonso Chase, como su más alto exponente poético; en Puerto Rico, Wenceslao Serra Deliz, Celia Altschuler, paisajista romántica, y Ana María Fuster, con su poética cotidiana; la poesía hondureña, con Marco Antonio Madrid, con su poesía plagada de recuerdos clásicos griegos, o Ludwing Varela, con un vocabulario sencillo en disposición poética; en El Salvador, la obra del poeta Txamba Payes, su trabajo esencial con la palabra, de David Escobar Galindo, poeta y rector, de André Cruchaga, con su desarticulación del lenguaje en la búsqueda de la esencialidad humana y de la creación poética, y el magisterio, no solo en la poesía salvadoreña sino en la hispanoamericana en general, del poeta Roque Dalton, fusilado a los 39 años de edad, madurado como poeta en Cuba y uno de los indiscutibles responsables de la inclusión del humor en la poesía actual, un auténtico revolucionario de la risa. Y en Cuba, precisamente, hay que recordar a María Eugenia Caseiro, ejemplo de poesía brillante, a Sergio García Zamora, Rafael Alcides o Jorge Luis Arcos, cuya poesía destaca por su coloquialismo; en Venezuela, Luis Manuel Pimentel, Miguel James, o Alfredo Silva Estrada (fallecido en 2009); para finalizar, a sabiendas de las muchas ausencias, resulta esencial recordar en Nicaragua al polímata Ernesto Cardenal, de fama internacional, a Gioconda Belli, Erick Aguirre o Ariel Montoya, entre otros muchísimos poetas hispanoamericanos actuales.

Este variopinto crisol de voces representa la polifonía y el carácter proteico de las tendencias varias de la poesía hispanoamericana del siglo XXI, que parece haber acabado con las escuelas poéticas para ensalzar al sujeto. Una poesía que encuentra su esencia en el ahondamiento de la diversidad y que pasa por un magnífico momento.

20

¿QUÉ VARIEDADES GENÉRICAS INCLASIFICABLES PROPONE LA LITERATURA HISPANOAMERICANA?

Si nos ceñimos a la época más actual y, por lo tanto, desestimamos una suerte de literatura de viajes o unas crónicas híbridas características de los primeros tiempos literarios, así como a las narraciones que se encontraban a caballo entre el cuento y el costumbrismo, nos encontramos con una literatura profundamente renovadora, también en lo que se refiere a géneros literarios. La literatura hispanoamericana, de hecho, indaga en los intersticios de las categorías. Gusta, pues, de las fronteras, del hibridismo, de cierto carácter anfibio en las creaciones literarias. Ello explica la abundancia de géneros que intentan descolocarse con respecto a las clasificaciones tradicionales.

En realidad, son numerosísimas las contribuciones a los géneros que se sitúan al margen o en las fronteras. En todo caso, el hibridismo de la modernidad, en lo que a géneros literarios se refiere, podríamos hacerlo arrancar desde la prosa poética de Charles Baudelaire y la exacerbación de los vanguardistas. Por otra parte, se hace esencial recordar que la literatura hispanoamericana encuentra su esencialidad en esta búsqueda metaliteraria que, quizá, nos propone el hecho literario absoluto, por excelencia. Se trata de un terreno muy fértil y copioso, por lo que nos vemos obligados a seleccionar unos cuantos. Sí resulta crucial recordar que estas innovaciones genéricas desbordan con mucho la mera experimentación y el ejercicio esporádico para adquirir una dimensión interpretativa; desde los intentos de las vanguardias hasta la desembocadura de poemas en prosa, epigramas, ensayos ficcionales, etcétera.

Traigamos aquí algunos de los casos de mayor interés. Así, *Espantapájaros*, del poeta argentino Oliverio Girondo, heterogeneidad de fragmentos discursivos enraizados en lo irreverente literario ya en el crepúsculo de las vanguardias; los *Microgramas* del ecuatoriano Jorge Carrera Andrade, cercanos al *haiku* japonés, pero alejados de su carácter solemne; los *Epigramas* de Carlos Díaz Dufoo (hijo), primer *no escritor* de México que propone estos textos inclasificables preñados de filosofía; *Escrito en el tiempo,* de la mexicana Bárbara Jacobs y sus cartas nunca enviadas a la revista *Time,* literatura en lo imposible; las *Prosas apátridas* de Julio Ramón Ribeyro, muy próximas al aforismo y testimonio de la escritura como resistencia; prácticamente cualquiera de las obras de Augusto Monterroso (pensemos en *La letra e*), fuente de géneros literarios limítrofes, inventados, instalados en el mestizaje y en la mayoría de sus textos, que habitan entre el aforismo, la ficción breve, la literatura testimonial, confesional y la poesía; los almanaques de Julio Cortázar (*La vuelta al día en ochenta mundos, Último round*), que aúnan ocurrencias, aparentes poemas, ensayos, aforismos, fotografías, reflexiones, textos inclasificables, su novela contranovelística *Rayuela,* que cuestiona los principios del género hasta el paroxismo y promueve un lector activo, constructor del texto, partícipe y creador del acontecimiento literario, el genial drama lírico *Los Reyes,* entre el teatro y la profundidad lírica, cuya propuesta mitológica constituye una deliciosa subversión (el Minotauro es el poeta, que en vez de devorar niños juega constantemente con ellos) y *El libro de Manuel,* repleto de noticias de periódico y de compromiso político, sin olvidar su obra de *Fantomas contra los vampiros multinacionales,* en formato de cómic y repleto de hibridismo por sus connotaciones literarias y su intertextualidad; Macedonio Fernández, grande en la miscelánea, humorista sutil, creador impenitente repleto de originalidad y filósofo *sui generis*; el *Diario que a diario* de Nicolás Guillén, una sugestiva mezcla de creación y reflexión; *El zorro de arriba y el zorro de abajo* de José María Arguedas, con su atractiva propuesta conjunta de creación ficticia y de diario testimonial; la apertura textual de las deliciosas brevedades del mexicano Julio Torri, núcleo de las innovaciones genéricas y de los textos de dificilísima clasificación cuya veta abrió claramente; Alejandra Pizarnik, con sus *Textos de sombra,* publicados póstumamente y que sin renunciar a lo lírico incluyen lo narrativo, lo dialógico y el dramatismo desde una proposición de brevedad; los *ambages* de César Fernández Moreno, que constituyen un género breve inventado por él mismo, entre el aforismo, la greguería y la metafísica; el guatemalteco Luis Cardoza y Aragón, y sus *Dibujos de ciego,* magnífico fluir de conciencia entre la poesía

En el cementerio de Montparnasse se encuentra Julio Cortázar junto a Carol Dunlop, su segunda esposa. Sobre la sepultura del gran escritor argentino, es muy habitual encontrar dibujos de rayuelas realizados por sus muchísimos admiradores. Hasta tal punto se identifica esta peculiarísima novela con la vida y obra de su autor.

y la prosa, sin renunciar ni a lo sobrenatural ni a lo surrealista ni a lo narrativo de impulso poético; el ejemplo de perfecto maridaje entre literatura y filosofía del italomexicano Alejandro Rossi en su proteico *Manual del distraído*; los pensamientos, cuentos breves y artículos periodísticos recogidos, con un estilo que difumina las barreras, por Felipe Garrido en *La musa y el garabato*; Efrén Hernández y sus *Tachas*, en las que él mismo aborda de manera desconcertante y permanente este nuevo género: «¿Tachas? ¿Pero, qué cosa son tachas?, pensé yo. ¿Quién va a saber lo que son tachas? Nadie sabe siquiera qué cosa son cosas, nadie sabe nada, nada»; Los *Muñecos de cuerda* de Mariano Silva y Aceves, escritura aglutinante y posmoderna; Borges y su intelectualismo literario, entre el ensayo y la reflexión lúcida, entre la ficción y el academicismo; los topoemas de Octavio Paz, una apuesta por una poesía del espacio en oposición a la tradicional, temporal, entre otras muchas propuestas originales.

Como puede comprobarse, la literatura hispanoamericana presenta un prodigioso cauce de textos literarios inclasificables como testimonio de una concepción literaria indagatoria, innovadora, que explora en las clasificaciones tradicionales de la obra literaria para acomodarse en la originalidad de las fronteras, de los intersticios, de las zonas limítrofes iluminadas por su genuina inspiración.

CUESTIONANDO LAS IDEAS PRECONCEBIDAS

21

¿CÓMO PODEMOS INTERPRETAR LOS CÉLEBRES VERSOS DE GONZÁLEZ MARTÍNEZ: «TUÉRCELE EL CUELLO AL CISNE», CONCEBIDOS COMO EL FIN DEL MODERNISMO?

En primer lugar, conviene reproducir el soneto en el que se encuentra inserto el verso en cuestión, que principia la composición, obra del famoso poeta mexicano Enrique González Martínez:

> Tuércele el cuello al cisne de engañoso plumaje
> que da su nota blanca al azul de la fuente;
> él pasea su gracia no más, pero no siente
> el alma de las cosas ni la voz del paisaje.
>
> Huye de toda forma y de todo lenguaje
> que no vayan acordes con el ritmo latente
> de la vida profunda... y adora intensamente
> la vida, y que la vida comprenda tu homenaje.

Mira al sapiente búho cómo tiende las alas
desde el Olimpo, deja el regazo de Palas
y posa en aquel árbol el vuelo taciturno…

Él no tiene la gracia del cisne, mas su inquieta
pupila, que se clava en la sombra, interpreta
el misterioso libro del silencio nocturno.

Esta pregunta en cuestión encuentra un acomodo perfecto en este complejo bloque que pretende contravenir ideas preconcebidas que se han venido repitiendo sin ningún tipo de meditación ni crítica. Es el caso no solo del verso que nos ocupa, sino del autor del mismo. Así, inexplicablemente, tiende a reiterarse que el célebre crítico dominicano Pedro Henríquez Ureña consideró a Enrique González Martínez como uno de los siete dioses mayores de la lírica mexicana, cuando el agudo crítico habló siempre de seis. Para dilucidar este asunto, lo mejor es acudir a la fuente (Henríquez Ureña, Pedro [1981], p. 284):

Seis dioses mayores proclama la voz de los cenáculos: Gutiérrez Nájera, Manuel José Othón, muertos ya; Salvador Díaz Mirón, Amado Nervo, Luis G. Urbina y Enrique González Martínez. Cada uno de ellos tuvo su hora de influencia. González Martínez es el de la hora presente, el amado y preferido por los jóvenes que se inician.

Tanto fue así que su nombre sonó para la concesión del Premio Nobel, que en aquel año de 1949 recayó en William Faulkner. Sin embargo, su indiscutible protagonismo se fue diluyendo a favor de poetas como López Velarde o Villaurrutia y, más adelante, por el magisterio del mexicano universal: Octavio Paz. Todo ello no es obstáculo para que la influencia de González Martínez resultase en su momento no solo crucial, sino fundadora de una corriente que incluso encontró sus seguidores (pensemos en 1915 y en su relevancia en la formación de un grupo como Los Contemporáneos).

Una vez abordada la figura del poeta en cuestión, es momento de afrontar el verso que nos ocupa. Como es sabido, este soneto se ha interpretado prácticamente como el acta de defunción del modernismo. Ello parece exagerado si consideramos, además de otros factores, el hecho de que el propio escritor mexicano participó del modernismo, aunque a él le pesase esta adscripción (el propio José Olivio Jiménez lo incluye sin dudarlo en su celebérrima *Antología de la poesía modernista hispanoamericana*). No parece que el soneto suponga una superación del discurso modernista, sobre todo si consideramos el hecho de que el propio Rubén Darío, además de expresar por activa y por pasiva que no representaba ningún movimiento sistemático y que cada cual debía encontrar su propia voz poética y no seguir los pasos que él iba dando, daría un auténtico giro al modernismo con *Cantos de vida y esperanza*, ahondando en una interpretación existencial, social e incluso política dentro del propio modernismo. Por otra parte, el hecho de que el propio González Martínez se refiera al «cisne de engañoso plumaje» parece apuntar hacia la idea de que más que atacar al modernismo genuino (extremo que él mismo llegó a negar, a pesar de que después pareció cultivar esta interpretación, quizá por el impacto que produjo), lo haga respecto de las manifestaciones epigonales. Así, el ataque —con el tono de predicador y el mandato del modo imperativo— tendría como objetivo el de los modernistas superficiales, que se limitaban a plasmar una interpretación torpe del modernismo y no a los connotativos, sugestivos y polisémicos cisnes rubendarianos. Y es que estos cisnes suyos no representan tan solo una estética (que sin duda), sino también una interpretación sensual y elegante del erotismo (a través de la mitología —Leda—, tan querida al modernismo, filtro cultural por excelencia), una concepción determinada de la duda (el cuello del cisne interroga) y del arte. En contraposición al símbolo del cisne, el soneto que nos ocupa propone la sabiduría del búho, al que también se referirá el propio Rubén Darío en algunas de sus composiciones. Así, parece equivocado considerar este soneto como fin del modernismo y maniquea la contraposición del símbolo del búho frente al cisne. Más bien, da la sensación de que nos encontremos ante un discípulo desesperado por salir de la gigantesca sombra de un gran poeta que creó escuela y que certificó lo que podemos considerar una tónica general: las muestras epigonales representan la cara menos amable, por agotamiento, de los movimientos estéticos que interpretan desde perspectivas manidas, caracterizadas por convertirlo todo en un conjunto de resortes y de mecanismos meramente superficiales.

Hemos de admitir, en todo caso, que aunque tradicionalmente se ha interpretado de forma gruesa, se trata de un poema que constituye uno de los hitos de la literatura hispanoamericana.

22

¿QUÉ TIPO DE POETAS HAY EN PABLO NERUDA?

En Neftalí Ricardo Reyes Basoalto, cuyo seudónimo le ha hecho célebre, nos encontramos con una variedad de poetas de gran calidad. Desde su primer poema, titulado *La canción de la fiesta* y hoy prácticamente olvidado, hasta uno de los últimos, el polémico *Incitación al Nixonicidio*, nos encontramos con un poeta que evoluciona de manera natural al ritmo de los diferentes momentos vitales del ser humano. Así, y sintetizando todos los poetas que conviven en Pablo Neruda, nos encontramos con el poeta vehemente de la adolescencia, seguidor exaltante del erotismo más agresivo y telúrico, el poeta metafísico preocupado por la muerte (sumamente quevedesco) en su primera juventud, el poeta social, el poeta político y el poeta mítico de su madurez y, por último, el poeta desenfrenado, que se enfrenta a todas las contingencias, de su última etapa. Evidentemente, entre estos poetas habitan otros: el poeta modernista, el poeta histórico, el poeta surrealista, el comprometido, el rupturista, el esencial...

El primer libro que publica el chileno es *Crepusculario*, obra de un poeta adolescente, ya que lo compuso entre los quince y los diecinueve años. A pesar de tratarse de un libro primerizo, muchos de estos poemas dejan entrever al poeta universal; es más, algunos de los poemas incluidos en este libro se han reproducido en antologías del autor como muestras auténticamente significativas de su producción. El propio Pablo Neruda lo consideró como una obra hecha, pero muy apegada a la emoción. Así, el poeta aceptaría que esta obra se limitaba bastante a lo emocional y que necesitaba ampliar las fronteras poéticas. Ahora bien, hemos de admitir que esta primera obra será la más dispersa temáticamente, puesto que las posteriores (desde los *Veinte poemas de amor...* en adelante) constituirán un todo orgánico, una mayor coherencia global. Además, en ella percibimos aún la voz del poeta confiado en la incidencia exterior de su poesía, en un poder transformador un tanto ingenuo, adolescente. Sin embargo, pergeña ya el universo que convertiría a Neruda en un poeta de fama internacional. Muchos críticos y lectores, además, han visto en este primer Neruda un poeta religioso cuyo halo espiritual se retomará posteriormente (piénsese en el *Canto general*), aunque en un poeta redentor que abrazaría ya, sin ambages, el marxismo. Este primer poemario dará paso al poeta adolescente del amor en *Veinte poemas de amor y una canción desesperada*, una obra acogida con entusiasmo por el público lector. Auténtico poeta del amor, aparece un erotismo telúrico en la figura de la amada y cierto egocentrismo de la voz poética, que se arroga todos los derechos del amor y del abandono, del gozo y del dolor, de la dicha en agradable compañía y de la soledad en la que compuso tanto los poemas como la canción desesperada. Diario de dos relaciones amorosas en las que se solapan la ausencia de la relación perdida y la posesión de la relación de aquel presente. De ahí que rememorase en el poema número veinte: «Puedo escribir los versos más tristes esta noche», en el que parecen superponerse la ausencia y la presencia de la persona amada en una tensión poética extraordinaria: «Ya no la quiero, es cierto, pero tal vez la quiero». Se trata de una poesía repleta de cuidadas imágenes naturales y de ciertos latigazos de coloquialismo que la dotan de una intensa sensación de espontaneidad. Tanto es así, que muchos poetas creyeron poder escribir como Neruda, aunque en la práctica no pudieron alcanzarlo.

Posteriormente, en *Tentativa del hombre infinito*, asistimos a la voz del poeta surrealista. Sin renunciar al amor, parece querer sobrepasarlo asediado por las experimentaciones vanguardistas. El hecho contemplativo armonioso y la simbiosis mujer–naturaleza parecen romperse en la expresión de un lenguaje dislocado que indaga en la expresión lingüística hasta llegar a sus abismos, incluso en la desesperada búsqueda de un idioma propio. Este poemario recuerda aún al anterior, aunque pierde cohesión respecto a aquel y las metáforas parecen reivindicar un espacio autónomo: «Márcame tu pata gris llena de lejos».

Las siguientes publicaciones relevantes estarían conformadas por los dos volúmenes de *Residencia en la tierra*. Sin renunciar a la potencia de las imágenes insólitas, ahora se ponen al servicio de una idea común: la unicidad. Desde luego, la idea de la muerte vencedora, como la de la entropía, cobra especial fuerza. El canto a lo fragmentario expresa la disolución del ser humano, su vida condicionada inevitablemente por el avance hacia la muerte. A partir de 1935, y hasta 1945, agrupará sus poemas en *Tercera residencia*, una poesía enraizada en lo mítico, auténticos versos del origen.

De aquí, llegamos al poeta épico de *Canto general*, que comenzó a componer en 1938 y terminó en 1950. Para muchos, su obra maestra, ya que adquiere una voz mítica, la de la humanidad. La obra sostiene una interpretación histórica que encuentra sus precedentes en la epopeya hispanoamericana. En realidad, la obra supone una revisión de la historia oficial y un claro compromiso político. Es un lenguaje menos hermético que el de las *Residencias* y promueve un ritmo respiratorio mediante el uso de todo tipo de recursos. Poeta comprometido y auroral.

El poeta viajero llega con la publicación de *Las uvas y el viento*. Dividido en «Las uvas de Europa», «El viento en el Asia», «Regresó la sirena», «Nostalgias y recuerdos» entre otros capítulos y cerrado con un «Epílogo». Tras este poeta, se deja vislumbrar el poeta amoroso maduro en *Los versos del capitán*, que cuentan y cantan —a modo de diario poético— los avatares con quien terminará por convertirse en su tercera esposa. Con las *Odas elementales* llega el poeta de lo esencial, de lo inmediatamente material y sencillo, en donde se canta a la cebolla, a la alcachofa o al tomate (aunque no se limita a los vegetales: no olvidemos el caldillo de congrio, la claridad, la crítica, el fuego, el hilo, el libro…) con cierto tono arraigado en la ternura y con algunos visos de humorismo que desembocarán de forma libérrima en *Estravagario*. Este poemario no solo se encuentra asediado por el humor, sino también por el coloquialismo, la conversacionalidad y la irreverencia; se cierra, además, con un insólito «Testamento de otoño», que concluye con la confesión del poeta de sus variadas transformaciones y con la confirmación de su creencia en la poesía. El amor y la naturaleza se reivindican, respectivamente, en *Cien sonetos de amor*, una mezcla de erotismo transcendente, naturaleza, telurismo y esencialidad, y en *Arte de pájaros*, en el que se incluye la despedida de los pájaros con una desarticulación del lenguaje impregnada de surrealismo. Con *Las piedras de Chile* recupera, en su etapa final, Isla Negra que, junto con el paisaje relacionado con el mar, irá ganando terreno. Aunque el océano y la isla ocupan un lugar fundamental en los *Cantos ceremoniales*, asistimos a una variedad temática notable, entreverando elementos biográficos. *Plenos poderes*

El bote de Pablo Neruda
en Isla Negra

es un breve poemario con cierto aire metapoético, en donde nos encontramos al poeta reflexivo y emocional, que le concede un valor casi sagrado a la poesía. En *Memorial de Isla Negra*, nos encontramos con una biografía poética, con una profunda reflexión acerca de la vida y la muerte que culmina con una sugestiva sinestesia: «El futuro es espacio» un poema que nos invita a volar «ahora en este espacio descubierto»; eso sí, hacia la pura soledad.

Una casa en la arena y *La barcarola* suponen un poeta metafísico en el que su país, la noche, el amor y ciertos elementos biográficos (su encuentro con Darío) constituyen una indagación, una búsqueda en sí misma, puesto que se trata de alcanzar «la otra orilla del mar / que no tiene otra orilla». Sus últimos libros de poemas (*Las manos del día, Fin de mundo, La espada encendida, Las piedras del cielo, Aún, Geografía infructuosa, El mar y las campanas, la rosa separada, Jardín de invierno* y *2000* —algunos publicados de manera póstuma—) conforman una sostenida celebración de la vida en medio de la devastación y visitan territorios conocidos por el poeta: el compromiso político, el surrealismo, lo elemental, el paso del tiempo y el poeta, también, de la pérdida: «Hoy es hoy y ayer se fue, no hay duda. // Hoy es también mañana, y yo me fui / con algún año frío que se fue, / se fue conmigo y me llevó aquel año».

En definitiva, nos las habemos con un poeta universal cuya constante es la diversidad de temas y cuyas voces poéticas se desenvuelven con la naturalidad del transcurso mismo de la vida. Surrealista, mítico, del amor, existencialista («sucede que me canso de ser hombre»), poeta comprometido, del terruño, poeta cósmico… Todas las voces hacen de Pablo Neruda un poeta eterno.

23

¿DE QUÉ MANERA PODEMOS ENTENDER EL *BOOM* DE LA LITERATURA HISPANOAMERICANA?

A pesar de que el llamado *boom* (con todas las connotaciones del término: eclosión, repercusión, superficialidad, repentismo) pasa por ser, generalmente, un fenómeno editorial, de carácter meramente comercial, parece ineludible también el hecho de que conforma un auténtico culmen de calidad literaria en la literatura hispanoamericana. Lo cierto y verdad es que el *boom* ha venido interpretándose desde posiciones muy variadas. Para algunos, nos encontraríamos ante poco más que un hecho publicitario que, en realidad, ha dañado a la literatura hispanoamericana; para otros, sin embargo, estaríamos hablando de un auténtico éxtasis de calidad creadora (dio cuatro Premios Nobel: en sus inicios, con Miguel Ángel Asturias, poco después con la figura de Pablo Neruda, Gabriel García Márquez y, finalmente, Mario Vargas Llosa) que se ha cobijado bajo una etiqueta muy poco favorecedora en comparación con la de otros acontecimientos literarios internacionales de una índole similar.

Lo que sí podríamos sostener, al margen de las diferentes interpretaciones, es que el *boom* que se produce a partir de los años sesenta, respecto a la novela hispanoamericana, constituye una indiscutible internacionalización de su literatura, cuya enorme resonancia encuentra sus causas tanto en la calidad literaria generalizada de sus obras como en la magnífica canalización comercial que supuso el encauzarse a través de la creación de poderosas editoriales que hacían despegar tanto la producción como la exportación de ejemplares, incardinados en una clara profesionalización del mercado. Piénsese, a modo de muestra, en los inicios de Carmen Balcells como agente literaria con su proyecto de Seix Barral, en un principio desarrollado en estrecha colaboración con Carlos Barral. De hecho, la iniciativa de Carmen Balcells, que se convertirá ya de modo independiente en la agente literaria del *boom* y que publicará *La ciudad y los perros* de Mario Vargas Llosa en 1963 con gran éxito, supondrá que otras editoriales en España se sumen al furor de publicar obras en lengua española, sean nacionales o no. En todo caso, la extensión y promoción

Cuatro grandísimos narradores del llamado *boom*; de izquierda a derecha: Julio Cortázar, Mario Vargas Llosa, Gabriel García Márquez y Carlos Fuentes. Sin lugar a dudas, con sus obras internacionalizaron la novela hispanoamericana.

de la narrativa hispanoamericana alcanzará una proyección sin precedentes a partir de la publicación y del éxito de *Cien años de soledad* del colombiano Gabriel García Márquez.

A su vez, este fenómeno no puede desvincularse de la eclosión del libro en formato de bolsillo, que abarató el precio y multiplicó las ventas, ni de la presencia, cada vez más notoria, de las editoriales hispanoamericanas en los llamados centros literarios, ni de la internacionalización auspiciada sobre todo desde Barcelona como centro intelectual y cultural (y específicamente en torno a la editorial Seix Barral) en los años sesenta. Harina de otro costal sería considerar este hecho como una generación literaria, puesto que ni parece unirlos un acontecimiento histórico (podría ser la Revolución cubana, pero resulta discutible) ni parece existir una homogeneidad en cuanto a una estética o un estilo (quizá lo más aproximado sería considerar el realismo mágico, mas también resulta espinoso y poco claro que esta concepción literaria tan compleja de definir y delimitar pueda resultar unificadora). Verdaderamente, sí parece existir una diferencia de grado en relación con el cariz comercial del *boom* femenino de los ochenta, que abordaremos en la siguiente cuestión y del que también pueden extraerse consecuencias literarias de interés.

Desde luego, la promoción literaria existe, hasta el punto de que las editoriales no paran hasta convertir el *boom* en una marca comercial. Tanto es así, que van reinterpretando el fenómeno según sus propios intereses comerciales (primero como un fenómeno narrativo del realismo social y, después, como experimental dentro del género narrativo). Además, la propia utilización del *boom* como marca comercial promueve nóminas de escritores que, al hacerse célebres, arrastran por comparación a nuevos autores que también quedarán asociados a este movimiento. Ello explica que tras los nombres de Mario Vargas Llosa, Carlos Fuentes, Julio Cortázar, Alejo Carpentier o Gabriel García Márquez surjan los de José Donoso, Bryce Echenique, Albalucía Ángel o Marcos Ricardo Barnatán. De alguna forma, la marca comercial del *boom* genera casi de manera inmediata el *posboom*, hasta el punto de que se relaciona de manera directa a los escritores de este movimiento con los anteriores, tempranamente célebres.

Aunque el éxito editorial de la narrativa hispanoamericana en España llegaría con la publicación de la antes citada novela de Vargas Llosa, podemos rastrear noticias significativas anteriores al respecto. Así, la revista Ínsula ya se había ocupado de figuras como Miguel Ángel Asturias, Alejo Carpentier, Ernesto Sábato, Carlos Fuentes o Jorge Luis Borges. De esta manera, podemos interpretar el *boom* de la literatura hispanoamericana como una alternativa al realismo para los escritores y lectores españoles. Este extremo se relaciona directamente con la novedosa concepción hispanoamericana acuñada bajo el famoso marchamo de realismo mágico, que abordaremos de manera exclusiva en la cuestión correspondiente, y que supone una concepción tan identificativa como original de la narrativa hispanoamericana en una dimensión internacional. Del conocimiento de los primeros autores, pues, pasaríamos al éxito editorial de *La ciudad y los perros* del escritor peruano para llegar al del cubano Alejo Carpentier con la publicación de *El siglo de las luces*, al del narrador argentino Julio Cortázar y su *Rayuela*, muy leída entre los jóvenes y profundamente novedosa en cuanto al género, y culminar con el rotundo éxito de *Cien años de soledad*.

A partir de este momento, al tiempo que surge una nueva generación del *posboom*, ciertos narradores hispanoamericanos, sobre todo desde los años setenta, empiezan a ganar notoriedad gracias a las sustanciosas y atractivas entrevistas que les dedicará el periodista español Joaquín Soler Serrano (caso de Onetti o de Mujica Láinez, entre otros). Sea como fuere, lo que resulta evidente es que los modos de narrar de Vargas Llosa (todo un torrente sugerente de aconteceres), de Julio Cortázar (y su narrar fantástico, que promueve un lector activo) o de Gabriel García Márquez (inventor genial de historias, narrador biológico) se convierten en auténticos modelos para lectores y escritores desde una óptica profundamente novedosa que llega en un momento de agotamiento de la concepción del realismo social en la literatura española y que constituye un caldo de cultivo inmejorable para la novela experimental de autores como Martín Santos, Eduardo Mendoza o Camilo José Cela.

Ciertamente, entendamos de la manera que entendamos la novela hispanoamericana de los años sesenta y su repercusión internacional, parece claro que, en todo caso, se trata de un fenómeno que constituye toda una renovación tanto del género como del lenguaje a través del que se expresa.

Así, la experimentación formal, el barroquismo en el lenguaje, el cuestionamiento de la propia subjetividad, la reconstrucción erudita de la historia, la apuesta por el realismo mágico (con todas las limitaciones conceptuales que le queramos poner) y el arte de contar se convierten en auténtico legado para los narradores españoles del momento. La narrativa hispanoamericana adquiere carta de naturaleza como referente literario.

24

¿HAY ALGUNA ESCRITORA EN LA NÓMINA DEL *BOOM*?

Tradicionalmente, el *boom* femenino de la literatura hispanoamericana se considera que eclosionó a partir de los años ochenta y se ha generalizado su concepción promocional mercantilista. El culmen de este movimiento se suele situar en el estreno de la adaptación cinematográfica de la novela de Laura Esquivel titulada *Como agua para chocolate*, cuyo subtítulo reza: *Novela de entregas mensuales con recetas, amores y remedios caseros*. Esta novela marcó la cumbre del fenómeno a finales de los años ochenta, pero a principios de esta década llegan los inicios del mismo; concretamente, podríamos hablar de 1982, año de la publicación de *La casa de los espíritus* de Isabel Allende.

Sin embargo, el hecho de hallarnos ante escritoras asociadas a la renovación novelística acontecida en torno a los años sesenta en la literatura hispanoamericana puede rastrearse, en realidad, en los mismos inicios del propio *boom*, es decir, en torno precisamente a

Adaptación cinematográfica (1993)
de la novela de Isabel Allende
La casa de los espíritus

los años sesenta. Ciertamente, no se trata de autoras tan conocidas como lo fueron sus compañeros masculinos, pero resulta ineludible referirse a escritoras como Elena Poniatowska —que se ha hecho célebre posteriormente, por la concesión del Premio Cervantes en 2013—, Elena Garro, Sara García Iglesias, Nellie Campobello, Luisa Josefina Hernández o Remedios Castellanos. Sin embargo, la gran eclosión de las escritoras del *boom* se produce en los años ochenta, y viene acompañada de todo un lanzamiento desde una plataforma comercial. Así, nos encontraríamos ante una época en la que publican autoras como Ángeles Mastretta, Laura Esquivel, Isabel Allende, Rosario Ferré, Elena Castedo o Ana Lydia Vega, entre otras.

La importancia absolutamente trascendental de este grupo de escritoras podríamos encontrarla, desde una perspectiva estrictamente literaria, en que se suman a una auténtica corriente artística novedosa vertebrada a través de características como la disolución de barreras entre un arte elitista y de espectro masivo o como el especial énfasis que se percibe en sus narraciones sobre la figura del receptor de la obra literaria, quizá en aras de la búsqueda de un nuevo lector, más activo, más abierto a los nuevos aires de la posmodernidad. Además, este grupo de escritoras incorporan a la literatura una suerte de aparente descuido estético que parece inspirarse tanto en la búsqueda de un lector no especializado (de amplísimo espectro) como en la influencia de los medios de comunicación de masas, que habían democratizado el acceso al conocimiento. Ello impregna las novelas de nuevos matices, como el de la incorporación de registros variados, el tono que pretende quitar solemnidad al hecho literario, la sofisticación y la originalidad. Se trataría, pues, de un grupo de escritoras que se suman a la nueva corriente novelística surgida en torno a los años ochenta.

Desde luego, son discursos narrativos sumamente originales que cuestionan la hegemonía aquiescente hasta el momento, o que más bien dibujan una alternativa o discurso diferente en paralelo, e indagan en las voces marginales. Esta característica, además, tiene una relación directa con la posmodernidad, y la voz femenina conoce a la perfección lo que supone hablar desde la periferia, con lo que propone un espacio diferente al de la literatura hegemónica patriarcal. No podemos hablar de un enfrentamiento, sino de la construcción de un espacio diferenciado que cuestiona el marco preconcebido desde una posmoderna convivencia con él. Algunos críticos encuentran ciertas especificidades en la escritura de estas autoras, que conformarían un modo escritural autónomo y rígido. Es discutible que se trate de una escritura femenina como tal, en discriminación de otras, pero parece evidente que presenta un rasgo identificador: el dialogismo interesantísimo que supone aceptar cierto discurso hegemónico al mismo tiempo que un discurso alternativo, ya que enriquece sobremanera la polifonía de los textos narrativos y los dota de un espíritu coral que casa con una apuesta por proponer una alternativa a las concepciones monolíticas. Es una manera, por lo tanto, de crear el lugar literario de la diferencia. Esta diferencia supone desmarcarse un tanto de la renovación narrativa que protagonizaron los autores del *boom* en los años sesenta, ya que las autoras de los ochenta, sin renunciar a la calidad artística, buscarán un lector/consumidor moderno general, menos elitista. Por otra parte, se trata de una narrativa que conforma una redefinición de lo femenino, un examen de la identidad personal de género, desde la primera persona de la escritura autobiográfica y desde un multiperspectivismo avalado por la variedad de técnicas narrativas.

Tal y como resulta notorio, el discurso femenino del *boom*, que encuentra su desarrollo más acusado en los años ochenta, con su apuesta por unas técnicas narrativas profundamente renovadoras, conforma el primer jalón fundamental de la superación del *boom* de los sesenta. De manera absolutamente peculiar, el *boom* femenino hispanoamericano encabezaría el *posboom*, ya que integra el discurso anterior al tiempo que incluye uno que se desmarca de aquel, que prefigura una escritura diferenciada. Por otra parte, con la variedad de perspectivas que propone, parece acentuar la crisis de la novela globalizadora del *boom* de los sesenta, representado por los grandes narradores hispanoamericanos. En su lugar, el espíritu coral y multiforme, la polifonía de voces y de procedimientos inauguran una manera absolutamente actual de narrar, que supone tanto una acomodación perfecta a los tiempos de la posmodernidad como una indagación en nuevas fórmulas que renuncian al carácter novelístico utópico de una concepción globalizadora como la de los años sesenta, en la búsqueda de un lector de amplísimo espectro y en medio de todo un fenómeno comercial. Sin lugar a dudas, el *boom* femenino hispanoamericano marca el inicio de las tendencias del *posboom*, superadoras del agotamiento de los artísticos logros de los grandes narradores hispanoamericanos.

25

¿CONOCEMOS LA TRADICIÓN ORAL DEL ROMANCERO HISPANOAMERICANO?

Al abordar una cuestión como la del romancero de tradición oral en Hispanoamérica, nos encontramos con un primer problema de definición y delimitación. De hecho, últimamente, vienen compilándose como romances de tradición oral composiciones que caen más del lado del corrido, de la canción infantil (carente del marco narrativo imprescindible para considerar una composición como romancística) o de lo que podríamos denominar poesía popular, en el sentido de piezas literarias que se han hecho célebres y van de boca en boca, pero que no presentan los rasgos típicos de la tradicionalidad.

En este sentido, es esencial que propongamos una aproximación de lo que consideramos como romancero de tipo tradicional. Así, la calidad literaria, la capacidad de variedad y fijeza (las distintas versiones de un mismo romance han de confirmar tanto la posibilidad de variantes como la existencia de un esqueleto que se mantenga estable en el conjunto mismo de sus diferentes posibilidades), los versos de arte menor (aunque los octosílabos son los más frecuentes, no debemos descartar otras posibilidades con menor número de sílabas y disposición en hemistiquios —cada una de las dos partes en las que queda dividido un mismo verso— ni constreñir todas las posibilidades romancísticas a las tiradas monorrimas en asonante para los versos pares y sin rima en los impares, puesto que, a pesar de ser la estructura más frecuente, también podemos encontrar variantes de un romance expresados en tiradas de versos pareados en las que suelen producirse estructuras paralelísticas), la ausencia de mecanismos retóricos de tipo culto, el carácter narrativo sin renunciar a la dramatización (la presencia del diálogo se hace indispensable, en alguna de sus posibilidades) y la transmisión oral que, a lo largo del tiempo, genera inevitables variantes que se van incorporando al *corpus* concreto de un determinado romance en cuestión, sin violentar las características que le son consustanciales. Precisamente, en el caso de la literatura hispanoamericana se han ido incorporando piezas que no parecen encajar con las líneas generales que hemos intentado trazar para la delimitación de un concepto, quizá al no cumplirse las expectativas de quienes iniciaban los trabajos de campo.

Como puede comprobarse, en la línea que sostienen críticos de reputación, los orígenes de estos romances no resultan definitivos. Efectivamente, estos romances pueden presentar orígenes de lo más diversos (provenientes de los cantares de gesta, de los noticieros, de los del ciclo carolingio, con los de ciego, con los de la balada paneuropea, etc.), pero lo que resulta vital es que hayan superado un proceso de tradicionalización, tras el cual se han asimilado plenamente a la esencia romancística. Este proceso de tradicionalización es difícil de precisar, ya que para ello hay que conocer y fechar el texto original que promueve las variantes; a pesar de estas dificultades, no debemos olvidar que lo trascendental es que hayan superado el precitado proceso de tradicionalización. Todo ello sin olvidar que el propio origen del romance como composición sigue en tela de juicio, porque resulta difícil aseverar si su origen resulta independiente y singular o si, por el contrario, provendría de la fragmentación de los cantares de gesta (la épica medieval que narraba en verso las hazañas de un héroe y cuya fragmentación por parte de los juglares vendría dada por la petición de un público que demandaba determinadas escenas de interés). Lo que sí resulta incontestable es la enorme importancia que la tradición oral del romancero tiene en Hispanoamérica, a pesar de que esta haya sido puesta en cuestión respecto a la tradición oral moderna, mostrando una clara preferencia por hablar de una poesía popular americana. Tal y como hemos expuesto, no debe confundirse la poesía tradicional con la popular. Parece claro que el romancero se implantó en Hispanoamérica con la llegada del descubrimiento, para el resto del mundo, y la conquista de América. Aunque las muestras de esta tradición oral del romancero en Hispanoamérica han sido numerosas, hay que destacar la labor de Menéndez Pidal a lo largo del siglo xx, ya que logró coordinar toda una red de trabajos de recopilación y reflexión en cuanto a la pervivencia en la tradición oral de los romances. Así, resultan notorios los esfuerzos de Julio Vicuña Cifuentes en Chile, los de Pedro Henríquez Ureña en República Dominicana, los de Chacón y Castellanos en Cuba, los de Rodríguez del Busto y Ambrosetti en Argentina, los de Ramírez de Arellano en Puerto Rico, los de Gutiérrez y Rivas Sacconi en Colombia, los de Marina López Blanquet y Ayestarán en Uruguay, los de Olivares y Oliveros en Venezuela, los de Yáñez o Pérez Martínez en México, etc. Además de su labor de coordinación, no podemos olvidar la importancia de la figura de Menéndez Pidal en torno al impulso de trabajos fundacionales en los diferentes países hispanoamericanos en cuanto al estudio de la tradición oral moderna del romancero en sus países.

A finales del siglo pasado, se incorporaron a estos estudios los países de Guatemala, Nicaragua, Costa Rica y El Salvador, con lo que se sumaba un importante esfuerzo centroamericano al acervo romancístico de Hispanoamérica. Lo que sí parece claro es que a partir de 1975 aproximadamente se produce una evidente proliferación de investigaciones y de publicaciones, que conllevan tanto las primeras antologías respecto de la pervivencia de la tradición oral de romancero en Hispanoamérica, como la primera bibliografía sobre el tema concretamente y la organización del primer coloquio internacional sobre romancero, inaugurado en 1971 con la advertencia explícita de la necesidad de trabajar el romancero en Hispanoamérica, dado su amplio, interesante, sugestivo, variado y elucidador cultivo. Sobre todo, se insiste en la necesidad de encuestar las zonas en Hispanoamérica de las que no conocemos nada —o muy poco— respecto a la pervivencia en la tradición oral del romancero y de unificar publicaciones desperdigadas que den buena cuenta de una tradición de magnífica calidad que supone un verdadero aporte al género en todos los sentidos. Para percibir el efecto de conjunto deseado y mitigar el desconocimiento general en torno a la pervivencia en la tradición oral del romancero en Hispanoamérica, resulta indispensable acudir a la publicación de Mercedes Díaz Roig: *Romancero tradicional de América*, publicado a finales del siglo XX, que recoge los romances de mayor difusión en cada país hispanoamericano, a *El romancero en América* de Aurelio Gómez Pérez, publicado ya en el siglo XXI y quizá el trabajo que mejor recoge, de manera global, la actual pervivencia en la tradición oral del romancero, tan desconocida por lo general.

26

¿HAY AUTORES DE MÉRITO NO CONSIDERADOS COMO DEL *BOOM* HISPANOAMERICANO?

Hemos de admitir que un fenómeno como el del *boom* arrastró a lectores, editoriales y escritores a todo un acontecimiento comercial que no conocía precedentes en la literatura hispanoamericana. Sin embargo, y a pesar de las dificultades, es posible rastrear la existencia de narradores coetáneos del *boom* que o no fueron incluidos en este fenómeno o resultaron menos mediáticos que los grandes nombres del momento. En este sentido, merece la pena mencionar a Augusto Roa Bastos, cuya novela *Hijo de hombre* (publicada en 1960) ha sido considerada por muchos críticos como iniciadora del *boom*, aunque otros autores no incluyen al narrador paraguayo dentro del famoso movimiento literario de los años sesenta. Un caso parecido es el del magnífico narrador mexicano Juan Rulfo, que con tan solo una novela y una breve colección de cuentos como producción literaria, alcanzó un notorio reconocimiento, para algunos dentro del *boom*, para otros, fuera. Por un lado, cumple bastante claramente con la fusión de planos entre lo real y lo maravilloso (Comala es una tierra de muertos), la yuxtaposición narrativa contribuye sin ambages a la superposición, pero por otro, se aleja del espíritu comercial que insufla este tipo de producciones. *Pedro Páramo* es una novela tan regional como universal, seguramente, y participa de una concepción estética similar a la de las novelas de este nuevo fenómeno, pero hemos de admitir que no parece encajar en el molde mercantilista en cuestión o que, al menos, no se revistió del halo mediático del que gozaron otras obras y sus autores. En cualquier caso, parece evidente que la innovación que promueve el *boom*, y su carácter experimental, marca una impronta difícil de soslayar por parte de los escritores hispanoamericanos de los sesenta.

Aun así, hay algunos autores coetáneos que, enardecidos por su distancia con la ideología común al movimiento (el apoyo incondicional a la Revolución cubana) o sencillamente por una concepción que cuestionaba ciertas concepciones de este movimiento, se mostraron contrarios a este fenómeno y se revolvieron cuando algunos críticos los incluían en él. Un caso notorio, en este sentido, es el del narrador cubano Reinaldo Arenas. Este interesantísimo escritor se desmarcó tempranamente tanto de la Revolución cubana como del fenómeno de los sesenta, lo que resulta especialmente meritorio si consideramos que La Habana, precisamente, se convierte en uno de sus centros neurálgicos. A pesar de este distanciamiento por parte del autor, es evidente que de la renovación novelística que se había puesto en marcha no resultaba fácil escapar; incluso, el propio Reinaldo contribuyó con su producción al carácter experimental, aunque de tal forma que, para algunos críticos, ya podría hablarse de un *posboom*. El caso de Reinaldo Arenas, como el de Gustavo Sáinz, Fernando del Paso, Salvador Elizondo, Severo Sarduy o Adriano González León constituyen, de alguna forma, un tipo de narrativa que circula paralelamente al *boom* y que conforma una suerte de ficción posmoderna. Resulta harto complicado caracterizar la tendencia que estos autores representan, pero sí parece que el énfasis que le conceden al lenguaje, unido al tono irreverente, preanuncia una manera diferente de narrar. Los casos de *Otra vez el mar* de Reinaldo Arenas, *Gazapo* de Gustavo Sáinz, *José Trigo* de Fernando del Paso, *Farabeuf* de Salvador Elizondo, *Gestos* de Severo Sarduy y *País portátil* de Adriano González León resultan ilustrativos de una tendencia distinta. En ella, desde luego, la figura de Reinaldo Arenas representa un papel crucial, ya que además de su separación ideológica inaugura una concepción existencial diferente, que viene a anunciar la posmodernidad y que encuentra su inspiración en cierto nihilismo. Esa desesperación areniana contrasta con la visión utópica de los narradores del *boom*. Por otra parte, su autobiografía *Antes que anochezca*, publicada tras el suicidio del

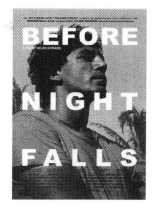

La primera imagen corresponde a la adaptación cinematográfica de Julian Schnabel, con Javier Bardem en el papel del escritor Reinaldo Arenas, cuyo rostro auténtico se muestra en la segunda imagen, correspondiente a su autobiográfica, estremecedora y genial publicación en la Editorial Tusquets.

autor, encontró una resonancia sin precedentes con la adaptación cinematográfica de Julian Schnabel, estrenada en el año 2000, en la que Javier Bardem interpreta al escritor heterodoxo cubano con muchísimo acierto.

Esta misma heterodoxia del autor, incluso en lo que se refiere a su propio estilo literario, lo alejó del movimiento comercial. Su peculiar lenguaje literario, basado en la precisión y en la brevedad sin renunciar al espíritu corrosivo del discurso de la marginalidad, tan interesante, lo separa del de los autores del *boom* en la misma medida que lo distancia del marchamo del realismo mágico sin más.

En esta misma dirección debemos incorporar los nombres de Antonio Skármeta o de Jorge Edwards, que también proponen una forma de narrar que no se asimila al *boom*. Del primero, hay que recordar *Ardiente paciencia*. Una novela con muchísimo éxito de ventas que fue llevada al cine bajo el título *El cartero de Neruda* con gran repercusión y que fue galardonada con numerosos premios internacionales. Se trata de una novela que no renuncia a una alta calidad literaria ni a un público amplio. Skármeta, además, destaca como cuentista meritorio. El otro chileno al que nos referimos en este mismo párrafo publicó su primera novela en 1965, *El peso de la noche*. A pesar de su amistad y coetaneidad con los autores del *boom*, tanto su disidencia con el régimen castrista como su estilo narrativo dejan vislumbrar cierta distancia con respecto a un García Márquez, Cortázar, Vargas Llosa, o un Fuentes, a quien Reinaldo Arenas recordará como una especie de computadora llena de datos y como una figura alejada de lo que el heterodoxo cubano consideraba un escritor.

En definitiva, que el *boom* hispanoamericano supusiera el sacudimiento definitivo de cierto complejo en la literatura hispanoamericana no significa que no encontremos autores de calidad cuya producción circula paralela a la corriente frenética comercial sin precedentes. Ya que además, con la propia concepción literaria de este fenómeno surge una vuelta de tuerca, más engolfada en el trabajo mismo del lenguaje literario, que conforma el inicio de la generación literaria posterior, enraizada en lo que se ha convenido en denominar *posboom*. De esta manera, los escritores cuyas obras circulan de manera paralela al *boom* inauguran la ficción posmoderna que se convertirá en la heredera de un fenómeno tan mediático, universal y asimilador de tendencias muy variadas.

27

¿PODEMOS INTERPRETAR COMO EVASIVA Y ESCAPISTA LA POESÍA DE RUBÉN DARÍO Y DE OTROS AUTORES DEL MODERNISMO HISPANOAMERICANO?

Se ha convertido en un lugar común el hecho de asociar la corriente hispanoamericana modernista en general y la poesía preciosista de Rubén Darío, en particular, a una tendencia meramente escapista, repleta de princesas inocuas y suspiradoras, y de torres de marfil. Sin embargo, pocas veces reparamos en que con la estética modernista arrancaría la propia literatura hispanoamericana como tal. Así, y para comenzar, tendríamos que entender que una literatura fundacional, de emancipación artística, no puede fundamentarse de manera exclusiva en aspectos superfluos o meramente escapistas. Ciertamente, tanto la propia poesía de Rubén Darío, seudónimo sonoro de Félix Rubén García Sarmiento, como la del resto de poetas modernistas hispanoamericanos, encuentran una de sus características en la construcción de parajes evasivos o escapistas. Quizá la clave se encuentre en la interpretación que le demos a estos conceptos, ya que podemos entenderlos desde una perspectiva de superficialidad, inmadurez e inocuidad o, por el contrario, como una actitud estética/ética que supone la asunción de un compromiso para generar un mundo artístico capaz de suplantar al estrechamente materialista de fin de siglo. A nuestro juicio, aquí residiría una de las claves, porque constituye precisamente la vuelta de tuerca diferenciadora con respecto al Romanticismo. Mientras que en este la creación de mundos exóticos se convierte en una realidad paralela para escapar del entorno, pero que no compromete en absoluto lo consuetudinario, en el caso del modernismo, el poeta crea todo un universo estético en el que instalarse, en el que habitar. De esta manera, el creador modernista elige una situación de marginalidad y rechazo respecto de una sociedad que detesta y convierte al arte en el territorio vital por excelencia, una dimensión que no solo compromete, sino que suplanta la realidad cotidiana y anodina. Se trataría, pues, de una huida hacia adelante en la búsqueda desesperada de la auténtica identidad humana. Un escapismo, una evasión de dimensiones ontológicas, de carácter existencial y artístico. Además, ese carácter evasivo, escapista y exótico no se refleja tan solo en una cuestión semántica de geografías, sino que afecta también a todo un impulso renovador del lenguaje poético con cuya transformación se pretende incidir en la creación de un mundo artístico. En este sentido, la sinestesia (la figura retórica que consiste en mezclar los sentidos, en comunicarlos) resulta tan evasiva como generatriz de toda una estética/ética. De hecho, ese preciosismo sugestivo en el estilo, enraizado en una concepción exótica (recuérdese la importancia de lo oriental) que invita a la evasión marca al modernismo desde sus inicios. Así, ya en las primeras composiciones de José Martí, Manuel Gutiérrez Nájera, José Asunción Silva o Julián del Casal aparece la vocación evasiva a mundos autónomos diferenciados, caracterizados por su naturaleza artística.

Entender de manera superficial la evasión o el escapismo supondría lo mismo que rechazar lo artificioso por poco natural. Y es que la evasión o el escapismo no resultan mecanismos superficiales, sino vehículos para trascender lo puramente material en un arranque de espiritualidad estética. No en vano, el modernismo es un movimiento estético (para otros, una actitud) que encuentra su carta de naturaleza en el Idealismo. Así, las sinestesias, las princesas, los jardines, el exotismo y el culturalismo adquieren una significación de índole estética que supone una forma de ver el mundo. Todo ello, en realidad, casa mucho mejor que una concepción meramente superficial, porque el modernismo responde a una crisis en todos los órdenes generada por «este fin de siglo angustioso», en palabras de Asunción Silva en su célebre novela *De sobremesa*. Por eso mismo, se habla de la experiencia del vacío como inseparable de los autores modernistas. Esta asimilación del vacío conlleva necesariamente una actitud militante de corte existencial que no puede reducirse a la idea de una simple escapatoria. El propio Rubén Darío, relaciones públicas del modernismo, parece concitar las interpretaciones superficiales con sus célebres versos de *Sonatina*:

La princesa está triste... ¿Qué tendrá la princesa?
Los suspiros se escapan de su boca de fresa,
que ha perdido la risa, que ha perdido el color.
La princesa está pálida en su silla de oro,
está mudo el teclado de su clave sonoro,
y en un vaso, olvidada, se desmaya una flor.

El jardín puebla el triunfo de los pavos reales.
Parlanchina, la dueña dice cosas banales,
y vestido de rojo piruetea el bufón.
La princesa no ríe, la princesa no siente;
la princesa persigue por el cielo de Oriente
la libélula vaga de una vaga ilusión.

¿Piensa, acaso, en el príncipe de Golconda o de China,
o en el que ha detenido su carroza argentina
para ver de sus ojos la dulzura de luz?
¿O en el rey de las islas de las rosas fragantes,
o en el que es soberano de los claros diamantes,
o en el dueño orgulloso de las perlas de Ormuz?

¡Ay!, la pobre princesa de la boca de rosa
quiere ser golondrina, quiere ser mariposa,
tener alas ligeras, bajo el cielo volar;
ir al sol por la escala luminosa de un rayo,
saludar a los lirios con los versos de mayo
o perderse en el viento sobre el trueno del mar.

Ya no quiere el palacio, ni la rueca de plata,
ni el halcón encantado, ni el bufón escarlata,
ni los cisnes unánimes en el lago de azur.
Y están tristes las flores por la flor de la corte,
los jazmines de Oriente, los nelumbos del Norte,
de Occidente las dalias y las rosas del Sur.

¡Pobrecita princesa de los ojos azules!
Está presa en sus oros, está presa en sus tules,
en la jaula de mármol del palacio real;
el palacio soberbio que vigilan los guardas,
que custodian cien negros con sus cien alabardas,
un lebrel que no duerme y un dragón colosal.

¡Oh, quién fuera hipsipila que dejó la crisálida!
(La princesa está triste, la princesa está pálida).
¡Oh, visión adorada de oro, rosa y marfil!
¡Quién volara a la tierra donde un príncipe existe,
—la princesa está pálida, la princesa está triste—,
más brillante que el alba, más hermoso que abril!

—«Calla, calla, princesa —dice el hada madrina—;
en caballo, con alas, hacia acá se encamina,
en el cinto la espada y en la mano el azor,
el feliz caballero que te adora sin verte,
y que llega de lejos, vencedor de la Muerte,
a encenderte los labios con un beso de amor».

Sin embargo, el propio poeta nicaragüense nos recuerda que no debemos olvidar la veta existencialista del modernismo; para muestra, el mejor botón, «Lo fatal» en *Cantos de vida y esperanza*:

Dichoso el árbol, que es apenas sensitivo,
y más la piedra dura porque ésa ya no siente,
pues no hay dolor más grande que el dolor de ser vivo
ni mayor pesadumbre que la vida consciente.
Ser, y no saber nada, y ser sin rumbo cierto,
y el temor de haber sido y un futuro terror...
¡Y el espanto seguro de estar mañana muerto,
y sufrir por la vida y por la sombra y por
lo que no conocemos y apenas sospechamos,

y la carne que tienta con sus frescos racimos,
y la tumba que aguarda con sus fúnebres ramos
y no saber adónde vamos,
ni de dónde venimos!

Por lo tanto, el modernismo no solo es evasivo, sino también invasivo. Lo torremarfileño y preciosista es una corriente más del modernismo (que tampoco tiene por qué interpretarse superficialmente), pero no debemos olvidar que este aúna corrientes variadas; entre ellas, cierta reflexión existencial, cierto desapego vital contradictoriamente asumido desde el vitalismo (la influencia del pensamiento de Nietzsche parece evidente).

28

¿QUÉ CABIDA TIENE LA ANTIPOESÍA DE NICANOR PARRA EN EL ÁMBITO DE LO POÉTICO?

Primeramente, es necesario recordar que la llamada antipoesía del poeta chileno Nicanor Parra se encuentra en el complicadísimo contexto nacional de la hegemonía de tres grandes figuras: Pablo Neruda, Vicente Huidobro y Pablo de Rokha. Ningún poeta chileno puede obviar este escenario e intenta, por lo general, superarlo sin acudir a la negación. Se trata de una difícil empresa, pues la propia tríada vino a relacionarse a modo de una «guerrilla literaria», tal y como la crítica denominó a las permanentes disputas que gobernaron las relaciones de este trío genial. El propio Nicanor Parra, desde su antipoesía (concretamente, en el poema «Manifiesto», incluido en *Poemas y antipoemas*), fue consciente de la necesidad de combatir el luminoso panorama poético sin negarlo:

> Nosotros condenamos
> —Y esto sí que lo digo con mucho respeto—
> La poesía de pequeño dios
> La poesía de vaca sagrada
> La poesía de toro furioso.

Resultan obvias las alusiones a Huidobro, Neruda y de Rokha, respectivamente. En todo caso, conviene no olvidar el

El poeta chileno
Nicanor Parra es
felicitado en su
cumpleaños número
cien por la presidenta
del país, Michelle
Bachelet (2014).

respaldo público que la poesía de Parra encontró en la persona de Pablo Neruda como poeta consagrado, al igual que conviene interpretar la antipoesía de Parra precisamente como la confirmación de la necesidad de superar la tríada poética chilena mediante un discurso poético radicalmente distinto. Por otra parte, la imposibilidad misma del lenguaje como instrumento válido para expresar tanto las vivencias como las emociones humanas forma parte del propio discurso poético y, por lo tanto, nada debe extrañarnos una corriente contraria, entrópica si se quiere, dentro del propio lenguaje poético. Así, la antipoesía encontraría su esencia en la poesía misma (testimonio de la imposibilidad, territorio del divorcio contradictorio, ontológico, del ser humano). Esta autorreferencialidad un tanto destructiva y contradictoria podría encontrar su inspiración directa en el espíritu vanguardista, que se basa en la vehiculación antiartística desde el arte mismo, en el cuestionamiento de la naturaleza artística. De hecho, la esencia vanguardista en la antipoesía de Parra resulta obvia, en tanto en cuanto basa su construcción en la yuxtaposición de elementos que no guardan ninguna relación entre sí. Ello nos conduce concretamente, dentro del amplio espectro de las vanguardias, al surrealismo. Esta vinculación íntima con los movimientos de vanguardia incardina la poesía de Parra en la modernidad y, por lo tanto, en la tradición rupturista e innovadora. De ninguna otra forma podría entenderse su original apuesta poética/antipoética, basada en la renovación del lenguaje poético mediante la apuesta por un lenguaje directo y coloquial incluido en el discurso poético. Es más, podemos considerarlo como el último representante de la neovanguardia y como autor de una poesía originalísima, a pesar de su escasa repercusión en España (aun con sus constantes aspiraciones al Premio Nobel, reconocidas internacionalmente). Hasta el punto de que esta antipoesía del autor chileno, que arrancaría en la modernidad, se convertiría por antonomasia en la representación de la posmodernidad, con todo su culturalismo, su antisolemnidad, su conversacionalidad, su condición polifónica y pluridiscursiva (en yuxtaposición), su ironía y su desenfado geniales. Todo ello cabe, pues, en el propio discurso poético de la posmodernidad, que canaliza eficazmente el cuestionamiento mismo del discurso poético dentro del ámbito de la propia poesía. En «Epitafio», de *Poemas y antipoemas*, encontramos una muestra sumamente elocuente:

> De estatura mediana,
> Con una voz ni delgada ni gruesa,
> Hijo mayor de un profesor primario
> Y de una modista de
> trastienda;
> Flaco de nacimiento
> Aunque devoto de la buena mesa;
> De mejillas escuálidas
> Y de más bien abundantes orejas;
> Con un rostro cuadrado
> En que los ojos se abren
> apenas
> Y una nariz de boxeador mulato
> Baja a la boca de ídolo azteca
> —Todo esto bañado
> Por una luz entre irónica y pérfida—
> Ni muy listo ni tonto de
> remate
> Fui lo que fui: una mezcla
> De vinagre y de aceite de comer
> ¡Un embutido de ángel y bestia!

En definitiva, la apuesta de Nicanor Parra por la antipoesía parece tener tanto que ver con la superación de la santísima trinidad poética chilena (Huidobro, Neruda, de Rokha) como con el carácter contestatario, humorístico, sarcástico, heterogéneo y polémico de la concepción poética de la posmodernidad.

29

¿CIVILIZACIÓN O BARBARIE?

Esta polémica pregunta celebérrima en Hispanoamérica responde a una concepción dramática de tipo dicotómico, es decir, a una visión del mundo basada en una clasificación en dos partes enfrentadas, al mismo tiempo que complementarias, para construir la totalidad. Este enfrentamiento conceptual, que terminó por hacerse extrapolable a múltiples terrenos, surge de manera mítica del polémico ensayo del argentino Domingo Faustino Sarmiento (que le hizo famosísimo) titulado *Civilización y barbarie. Vida de Juan Facundo Quiroga, y de aspecto físico, costumbres y hábitos de la República Argentina*, publicado en 1845. Sin olvidar las posibles influencias europeas (Tocqueville, Montesquieu y Herder), el autor incluye auténticos cuadros de costumbres inspirados en la realidad cotidiana de su país, que quizá se debatía en una encrucijada similar a la que se enfrentaban las naciones de la América hispana. En realidad, Sarmiento viene a asociar la civilización con las ciudades y su desarrollo, mientras que la barbarie se identifica con el campo, con el desierto, con la Pampa, con el caudillo Juan Manuel de Rosas y con el atraso heredado de la civilización hispánica, además de con los gauchos y los indios. Así, el progreso se asimilaba a la civilización, al desarrollo de las comunicaciones (no en vano, el propio Sarmiento como presidente de Argentina, sucesor de Bartolomé Mitré, además de acabar con ciertos conflictos bélicos como el mantenido con el Paraguay, impulsó numerosos proyectos de ferrocarril, telégrafo, ciencia, cultura y educación basándose en todo momento en los modelos europeos).

Es importante recordar que se trata de una obra publicada en la primera mitad del siglo XIX y que, por tanto, se encuentra superada en cuanto a la visión de una ciudad y una problemática como la de Buenos Aires. En todo caso, la polémica sigue servida con esta publicación, ya que el maniqueísmo que la inspira (esa visión dual entre el bien y el mal sin territorios difusos) la condujo a aseverar que Europa se relacionaba directamente con el concepto de civilización y los indígenas (junto a los negros) con el de barbarie. Además, atribuyó a la Pampa toda la barbarie de la ciudad, sin considerar las causas políticas que el despotismo del caudillo pudieran ocasionar. En realidad, esta obra pretende mostrar los conflictos surgidos en Argentina tras lograr la independencia y demostrar que se basan en el enfrentamiento intranacional entre civilización y barbarie, a pesar de que estos conceptos y este enfrentamiento puedan resultar válidos para entender el desarrollo de toda Sudamérica. De ahí que considere a los unitarios como civilizados (pues pretenden una Constitución) y a los federales (anticonstitucionalistas y herederos del absolutismo de los partidarios de Fernando VII en España). Evidentemente, Sarmiento era partidario de los unitarios, de cuyas filas formó parte. Tanto Rosas como Facundo fueron, sin embargo, destacados líderes federales y, por ello, son considerados como representantes de la barbarie por parte del autor de este controvertido libro. Juan Manuel de Rosas, a pesar de la controversia al respecto, ha sido visto generalmente como un dictador sanguinario, gobernador de la provincia de Buenos Aires, que obligó a marchar al exilio a sus adversarios políticos (tal y como le ocurrió al propio Sarmiento, que escribió la obra que nos ocupa durante su segundo exilio, en Chile). El carácter sanguinario vino a reforzarse por la organización conocida como La Mazorca, un grupo de matones y de espías partidarios y defensores de Rosas, al tiempo que absolutamente expeditivos y brutales. El propio Juan Facundo Quiroga, como gobernador rural de La Rioja, asistió al primer gobierno del general Rosas, aunque después surgirían ciertas discrepancias que, incluso, han llevado a la sospecha de que detrás del asesinato de Facundo estuviera la alargada sombra de Rosas, quien enviaría a Facundo en misión diplomática al norte sin saber que ello lo conduciría a la muerte. Está claro que el autor considera que Rosas es el sucesor de Facundo, y que ambos están cortados por un mismo patrón.

Es reseñable que en la primera parte, la del contexto geográfico y demográfico de Argentina, aparezca la oposición entre la campaña (el campo) y la ciudad como los representantes respectivos, por antonomasia, de la barbarie y de la civilización. Asimismo, precisamente la geografía del país, sus ríos como canales de comunicación, particularmente, promueve un desarrollo comercial y cultural que el autor asocia con la civilización. También en la primera parte (de las tres secciones que tiende a señalar la crítica en esta obra compuesta de quince capítulos), se ocupa principalmente de la población (incluidas sus polémicas opiniones raciales en contra de los indios, de los negros y de los indígenas, a quienes relaciona con la barbarie, en contraposición a los escoceses

Retrato anónimo de Juan Facundo
Quiroga. Esta miniatura perteneció a
Rosas.

y alemanes, considerados como civilización). Además, aborda la
«originalidad y caracteres argentinos», en donde culpa de la situación de barbarie y atraso a la figura del gaucho, representada
por el dictador Rosas, del que propone una clasificación ex-
haustiva (el baqueano, el cantor, el gaucho malo y el rastreador,
así como las maneras de identificarlos), ya que este conocimiento explicaría la identidad de los personajes de aquel momento
en la historia argentina. Finaliza la primera parte con la tesis
determinista para Argentina, desde una perspectiva tanto de tipo
de tipo físico como social. La segunda parte se ocupa de la vida
de quien da nombre a la obra: Juan Facundo Quiroga, conocido
como «el tigre de los Llanos». Por lo que el mismo autor confiesa,
se trata de una parte llena de imprecisiones y errores que los estudiosos han venido a confirmar (el propio Unamuno justificaría
estas faltas por el carácter literario del texto; en todo caso, más que
una novela, la crítica tiende a considerarla como un ensayo, pero
en ningún caso como un ejemplo de obra de carácter histórico).
En la última sección, que constituye el desenlace de la obra, se
aborda la muerte de Facundo (de cuyo asesinato se culpa al propio Rosas) y el porvenir de Argentina en manos de un gobierno
unitario, del que es partidario el autor. Además, disecciona la figura del dictador Rosas, así como su siniestro proceder a la hora de
imponer el miedo.

Realmente, el dilema de civilización y barbarie desborda el
marco de la propia obra de Sarmiento (cuyo hilo cohesionador
es la figura de Facundo, confundido incluso con la geografía
del país como producto del ambiente, al igual que Rosas) y los

129

límites del país, para dar cuenta de la problemática de la América hispana recién independizada y en la encrucijada entre civilización o barbarie. Sin duda, con toda la polémica que conlleva *Facundo* y con la superación de su propuesta determinista del ambiente como causa de fuerza mayor, nos encontramos ante uno de los clásicos de la literatura hispanoamericana que supone, además, la concepción de la literatura como herramienta útil contra la represión, convirtiéndose en fuente de inspiración incuestionable no solo para la llamada novela del dictador hispanoamericana, sino para toda una interpretación de la literatura como vehículo crítico de transformación social, sin olvidar que quizá el problema mayor de esta obra es que contagió cierta visión enfrentada de la realidad, parcelada y no apta para matices, ni hibridismos, ni cuestionamientos a la dualidad absoluta.

30

¿Qué perfil tienen los escritores hispanoamericanos galardonados con el Premio Cervantes de las Letras?

De las cuarenta y dos ocasiones en las que hasta la fecha se ha fallado el Premio Nobel de Literatura en Lengua castellana Miguel de Cervantes, en veinte ocasiones ha recaído sobre autores de la literatura hispanoamericana. Este galardón, concedido por el Ministerio de Cultura español, a propuesta de las Academias de la Lengua de los diferentes países de habla hispana, acaba de cumplir cuarenta años de vigencia como el de mayor prestigio que se puede obtener en relación con la lengua castellana. Se trata de premiar una obra global, cuya contribución al patrimonio literario en lengua castellana haya resultado decisiva y enriquecedora.

Desde sus inicios, en 1976 con Jorge Guillén como galardonado, se concibió como premio indivisible, lo que se hizo ya explícito tras la concesión *ex aequo* al español Gerardo Diego y al argentino Jorge Luis Borges en 1979, única en la historia de este premio, que no puede quedar desierto ni concederse a título póstumo. La concesión en un modelo paritario tácito entre autores españoles e hispanoamericanos viene a demostrar una concepción dinámica, equilibrada y democrática de la lengua castellana, patrimonio de sus hablantes.

El primer autor hispanoamericano que lo recibió fue el cubano Alejo Carpentier, en 1977, que cedió la cuantía del premio al Partido Comunista. Se premiaba la obra de uno de los pioneros en la acuñación del concepto de «lo real maravilloso». Su obra pronto gozó de resonancia internacional, esgrimiendo un estilo neobarroco, musical y mítico. En su producción, el viaje adquiere una especial relevancia y el uso de la lengua alcanza un auténtico virtuosismo. Hablamos de una obra que supone una perspectiva diferente de la experiencia hispanoamericana (incluso respecto al pasado), influida por las propias vivencias multiculturales del autor. El mundo novelístico de Carpentier crea un universo propio. El siguiente autor hispanoamericano que recibió el galardón fue el argentino Jorge Luis Borges, que hubo de compartir el premio —tal y como anticipábamos— con el poeta español del grupo del 27, Gerardo Diego. Muchos entendieron como demérito el hecho de dividirse el premio con un autor cuya obra total no parecía ni tan extensa, ni tan completa, ni tan versátil como la del eterno candidato al Premio Nobel. En todo caso, se premió la universalidad de sus ideas y la apuesta originalísima de su obra, en la que destacó como poeta, como cuentista y como ensayista. Además, sus textos tienen la singularidad de diluir el pensamiento filosófico de manera natural, a pesar de que muchos de los cuentos constituyan auténticos teoremas o increíbles ejemplos de ciencia ficción (pensar en la propuesta del *Aleph*, ese punto en el aire en el que se concentra la totalidad, y relacionarla con Internet, ese punto que lo incluye todo, produce estremecimiento), sin dejar de mencionar su faceta excepcional en el cultivo de lo fantástico. En 1980, el premio recayó en el uruguayo Juan Carlos Onetti, cuyo mundo coherente y originalísimo parece enraizarse en un existencialismo profundo. Parece que su hondo pesimismo solo pueda superarse desde la literatura, tal y como afirma Mario Vargas Llosa. El carácter metanarrativo de sus libros supone un desdoblamiento ficcional sumamente original en un hombre muy peculiar y tímido hasta tal punto que permaneció durante doce años en su apartamento madrileño durante su exilio, por lo que parece, postrado en una cama, leyendo, bebiendo y fumando. El siguiente autor hispanoamericano fue, en 1981, el mexicano Octavio Paz. Poeta y ensayista de renombre internacional, Premio Nobel en 1990, profundamente marcado por el surrealismo y por los surrealistas (aunque muy versátil y, por ello, inclasificable), además de por el misticismo hindú, su obra constituye una verdadera renovación de la lengua castellana por su profundo lirismo y por la creación de bellísimas imágenes poéticas. Después, en 1984, el galardonado fue Ernesto Sábato, segundo argentino que recibiría esta distinción. Como destacado novelista y ensayista, su novela psicológica *El túnel*, rechazada por múltiples editoriales y publicada definitivamente en la revista *Sur*, cosechó entusiastas comentarios por parte de Albert Camus, que la tradujo al francés. También su obra *Sobre héroes y tumbas* gozó de gran popularidad. El gran Carlos Fuentes fue el segundo autor mexicano, aunque su alumbramiento se diese en Panamá, en el que recayó el premio, en 1987. Sin duda, como iremos descubriendo, los mexicanos son los más galardonados en Hispanoamérica (con seis concesiones). Carlos Fuentes propuso con su obra literaria una reflexión apasionante acerca de la historia y del poder, incidiendo en la problemática mexicana de la asunción del mestizaje.

Deja una obra de indiscutible resonancia internacional. Augusto Roa Bastos es el único paraguayo que ha recibido el Premio Cervantes, hasta la fecha. Se lo entregaron en 1989, en gran medida por la publicación (en 1979) de *Yo el supremo*, una novela acerca del dictador paraguayo José Gaspar Rodríguez de Francia que le granjearía fama internacional y que lo convertiría en el escritor paraguayo más célebre, dada su condición de obra cumbre en lengua castellana. Justo en la edición del año siguiente de este premio de periodicidad anual, el homenajeado fue el argentino Adolfo Bioy Casares, colaborador y amigo de Jorge Luis Borges. Desde luego, destacó por su particular concepción de lo fantástico y por su estilo depurado y trabajadísimo del idioma español. *La invención de Morel* es quizá su novela más conocida, además de considerada como perfecta por Borges. Dos años más tarde, conseguiría el premio la poeta cubana Dulce María Loynaz, la primera mujer hispanoamericana en obtenerlo (antes se lo otorgaron a la española María Zambrano). Sin olvidar que Gabriela Mistral ensalzó el uso del español en su novela *Jardín*, una fiesta del idioma, incardinada en el llamado realismo mágico. Por la casa de esta autora cubana pasaron escritores como Federico García Lorca, o los premios nobel Gabriela Mistral y Juan Ramón Jiménez. En 1994, el Cervantes le correspondió al peruano Mario Vargas Llosa, de quien nos ocupamos en varias cuestiones de este volumen y cuya resonancia

Ceremonia de entrega del Premio Cervantes al escritor mexicano Fernando del Paso, el 23 de abril de 2016.

internacional resulta totalmente incuestionable (en 2010 le concederían el Premio Nobel). Habría que esperar tres años para que el premio volviera a Hispanoamérica; esta vez se le entregaría al cubano Guillermo Cabrera Infante, quien nos propone un virtuosismo raramente alcanzado en lengua castellana, basado sobre todo en una experimentación lingüística muy acusada. Piénsese en una obra como *Tres tristes tigres*. Además de la inclusión del humor en su obra, habría que destacar su influencia en generaciones posteriores. En 1999, se le concedería este galardón al autor chileno Jorge Edwards, cuyo nombre anduvo ligado al de los escritores del *boom* y cuya temática citadina se alejó de la habitual de su país. Ha escrito cuentos y novelas, y su producción periodística es más que considerable. Recientemente, en 2016, ha publicado su última novela: *La última hermana*. El siguiente autor hispanoamericano lo recibió ya en el siglo XXI, concretamente en 2001, y se trata del colombiano Álvaro Mutis, poeta y novelista que presenta un original cuidado del idioma y una sugestiva poética del desarraigo. El poeta y profesor chileno Gonzalo Rojas sería su sucesor en la nómina de autores hispanoamericanos agraciados con este galardón, en 2003. Dos años después, el premio le correspondería al escritor mexicano Sergio Pitol, novelista considerado como uno de los representantes de la superación del *boom* hispanoamericano. Vendrían más adelante el argentino Juan Gelman (2007), cuya obra poética destaca especialmente por su carácter expresionista del dolor, según los críticos; el mexicano José Emilio Pacheco (2009), poeta cosmopolita muy destacado en la literatura hispanoamericana; el chileno Nicanor Parra (2011), de cuya singular antipoesía nos hemos ocupado monográficamente en una cuestión, la mexicana Elena Poniatowska (2013), autora muy versátil y de firme compromiso; y el también mexicano Fernando del Paso, gran exponente del género novelístico y último autor hispanoamericano galardonado por el momento (2015), pues en 2016, y siguiendo una alternancia no escrita, le ha correspondido al español Eduardo Mendoza.

En conclusión, el carácter cosmopolita, internacional y marcadamente europeísta parece ser un perfil compartido por los autores hispanoamericanos galardonados con el premio más prestigioso de la lengua española para textos literarios.

IV

RELACIONES ENTRE LA LITERATURA HISPANOAMERICANA Y OTRAS ARTES

31

¿EN LA OBRA DE QUÉ AUTORES HISPANOAMERICANOS DEL *BOOM* PUEDE ESCUCHARSE MÚSICA DE MANERA ESPECIALÍSIMA?

A pesar de que la nómina que conforma el llamado *boom* está lejos de considerarse como cerrada y de que su propia esencia ha sido, es y será permanente revisada, podemos decir que existe un fuerte vínculo entre los autores de este fenómeno (abordado monográficamente en otras cuestiones) y la música. Es cierto que tal conexión es susceptible de enfocarse desde, al menos, dos puntos de vista: el que se refiere a la técnica y el que concierne a la temática. Es decir, la música como manifestación inseparable del estilo literario, de la propia creación literaria, o la música como temática, como asunto incluido de una manera o de otra en el discurso ficcional. Pues bien, en este sentido, como sobresalientes representantes del aclamado *boom* hispanoamericano, tendríamos al argentino Julio Cortázar como muestra paradigmática del primer caso y al cubano Alejo Carpentier como la mejor muestra del segundo. Estas dos modalidades apuntadas por su representatividad en cuanto a las fértiles y enriquecedoras relaciones entre la literatura y la música no se excluyen, ni se oponen, ni se obstaculizan. De hecho, en ocasiones se produce un solapamiento de ambas.

El caso de Julio Cortázar es evidente y sumamente sugestivo. El propio autor afirmó en múltiples entrevistas que necesitaba que sus escritos encerrasen cierta melodía de *jazz*. No se trataba de una metáfora, sino de un compromiso estilístico innegociable. Para el enormísimo cronopio, la literatura y el *jazz* compartían el hálito estético, la improvisación dentro de la técnica, cierta dosis de azar, de espíritu lúdico y algo de inspiración, de duende o como quiera llamársele. Quizá *Rayuela* constituya un ejemplo por antonomasia de la complementariedad de las dos modalidades de las que se dijo algo con anterioridad, ya que sin renunciar a la melodía del *jazz* en su propio estilo, incluye insistentemente menciones a la música (discos de fondo, conversaciones musicales entre los protagonistas, etc.). Hasta tal punto hay una presencia de la música *jazz* en la famosa novela del autor, que llegó a publicarse un curiosísimo trabajo, obra de Pilar Peyrats, titulado *Jazzuela. Julio Cortázar y el jazz*. Este trabajo, publicado por primera vez en 1999 y reeditado dos años después en un formato algo más funcional, incluye los veinte temas de blues y *jazz* que aparecen en la novela (en un CD adjunto) y un estudio enjundioso y creativo; se trata de un libro-disco absolutamente original.

Tiene el mérito, además, de compilar los fragmentos de la novela en los que se alude a la música o a los músicos. Y es que los 155 capítulos que conforman *Rayuela* constituyen todo un homenaje a la música, que se encuentra presente en las relaciones de todos los personajes, y no solo en la brutal historia de amor entre Horacio Oliveira y La Maga. La presencia de la música en la escritura llega a ser tan relevante que el propio Cortázar aseveró que si sus páginas no contenían la melodía del *jazz*, eran destruidas por su autor. Este hecho no tiene que ver solo con su célebre novela, sino que afecta a la totalidad de su obra en cuanto a estilo se refiere, a *swing*. Sin embargo, si nos ceñimos a la música como temática, resulta inevitable acudir expresamente a su magnífico relato «El perseguidor», incluido en *Las armas secretas* y basado en el genial saxofonista Charlie Parker. Como puede comprobarse, el caso de Julio Cortázar aúna tanto la modalidad técnica musical como la de tipo temático.

El gran escritor Julio
Cortázar haciendo sonar
su trompeta, instrumento
por el que sintió auténtica
devoción.

Y es que este maridaje entre literatura y música no podemos
considerarlo casual si tenemos en cuenta que precisamente cuando se da el desarrollo del *boom* hispanoamericano, es decir, en torno a los años sesenta y setenta, es el momento también en el que
ciertas manifestaciones de la música popular hispanoamericana
alcanzan un significativo auge. Es el caso de la música caribeña, de
la trova cubana, del corrido mexicano o del tango argentino, entre otras. En cuanto a la música caribeña, resulta ineludible acudir
a la figura del cubano Alejo Carpentier, para muchos críticos uno
de los precursores del *boom*. Se trata de un autor que inició sus
estudios musicales a muy temprana edad y cuya obra literaria no
puede comprenderse sin la música. Es más, se le puede considerar
como musicólogo, faceta de la que dio buena cuenta no solo en
sus obras literarias, sino también en publicaciones como los tres
tomos de *Ese músico que llevo dentro*, una compilación de más de
quinientos artículos sobre el tema musical, y el volumen de *La
música en Cuba*. Esta melomanía se manifestó, como no podía
de ser de otra manera, en sus obras de ficción. Hablamos de una
impronta que no es constatable exclusivamente en obras cuyo
título presenta resonancias de tipo musical (*Concierto Barroco* o *La
consagración de la primavera*, sin olvidar la curiosidad técnica de su
relato *El acoso*, cuya acción transcurre en los cuarenta y seis minu-
tos de duración de *La Heroica*, la tercera sinfonía de Ludwing van
Beethoven, en mi bemol mayor, considerada por muchos como
el arranque del romanticismo musical. Ya hay varios trabajos aca-
démicos y rigurosos que estudian la presencia de la música en el
escritor cubano, hasta el punto de que es considerada por muchos
críticos como eje estructural, además de como motivo recurrente
en lo tocante a lo temático. Resulta evidente esta presencia de

la música afrocubana (cuyo éxito por Europa celebró Alejo con auténtico entusiasmo) en novelas como Écue-Yamba-Ó, *Los pasos perdidos* o su célebre *El siglo de las luces*. Lo cierto y verdad es que, a pesar de los avances al respecto, resulta esencial seguir indagando en las relaciones fructíferas, culturales e identificativas entre la escritura de Carpentier y la música. Todo para comprobar que la música en su obra no tiene exclusivamente un componente estético, sino incluso político.

En todo caso, resulta fundamental recordar que el *boom* hispanoamericano reivindicó lo autóctono para hacerlo universal también a través de la música y que, de una manera u otra, la música adquiere importancia en las narraciones internacionales de estos escritores hispanoamericanos.

32

¿QUÉ APORTA LA GASTRONOMÍA EN LA CÉLEBRE NOVELA *COMO AGUA PARA CHOCOLATE* DE LAURA ESQUIVEL?

Esta famosísima novela de la escritora mexicana Laura Esquivel, publicada en 1989, no podría entenderse sin la gastronomía. Esto es así no solo porque constituya una parte temática ineludible, sino debido a que, además, resulta un elemento cohesionador desde una perspectiva eminentemente estructural.

Así, la gastronomía en esta novela tendrá una triple dimensión: la de tipo temático, la de tipo estructural y la metafórica, lo que supone dotarla de una pluridimensionalidad poliédrica, cambiante y muy sugestiva. Es un texto narrativo considerado en la órbita del realismo mágico y, en realidad, la gastronomía se convierte en un resorte a su servicio. De esta manera, la gastronomía no solo se convierte en hilo conductor de la narración (y en *leitmotiv*, ya que todos los capítulos se abren con una receta, que se hace corresponder con cada mes del año —doce capítulos, pues—), sino también en metáfora que hace coincidir el plano de la realidad con el plano imaginario, mágico, si se quiere. De suerte que la protagonista, Tita, nacerá con un fuerte vínculo hacia la cocina y aprenderá a transmitir sus sentimientos y emociones a través de los platos que prepara. La cebolla, como no podía ser de otra manera, se asociará con las lágrimas, los pétalos de rosa serán fuente de irrefrenable deseo, las codornices negras inspirarán fe, etc. La gastronomía mexicana (de nuevo lo autóctono) como vertebración narrativa y como generadora de significados que promueven el realismo mágico. De hecho, a pesar de que Tita (la menor de tres hermanas) se encuentra sometida al yugo de su madre viuda (quien le impide casarse con el fin de ser fiel a la tradición de que la hija pequeña se ocupe del cuidado de su progenitora, hasta el punto de que rechaza el casamiento de su hija con Pedro, cuyo amor hacia Tita es claramente correspondido, y decide casarlo con su hija mayor, Rosaura), la cocina —y la gastronomía con la que se asocia— se convierte en su territorio. Es allí donde se relaciona con lo indígena, con lo netamente autóctono, representado por los personajes de Nacha (que la tratará como a una hija, porque su madre se encontraba en duelo por el asesinato de su esposo) y de La Chencha. El personaje de Nacha es quien iniciará y le mostrará a Tita los secretos de la cocina, además de ser quien la consuele y la comprenda mejor (y es que ella también perdió a su amor por causa de Mamá Elena, la madre de Tita). Si Nacha es la cocinera de la familia, La Chencha hace las veces de sirvienta, joven y poco cultivada (también se convertirá en un apoyo afectivo para nuestra protagonista, al igual que su hermana mediana, Gertrudis).

Por lo demás, se nos proponen curiosas recetas en el encabezamiento de cada capítulo, que se relacionan con el mes correspondiente. Enero, tortas de Navidad; febrero, pastel Chabela; marzo, codornices en pétalos de rosa,; abril, mole de guajolote con almendra y ajonjolí; mayo, chorizo norteño; junio, masa para hacer fósforos; julio, caldo de colita de res; agosto, champandongo; septiembre, chocolate y rosca de Reyes; octubre, torrejas de natas; noviembre, frijoles gordos con chile a la Tezcucana y diciembre, chiles en nogada).

Que la novela es todo un canto a los sentidos no es algo que vayamos a descubrir ahora, al igual que la gastronomía acentúa el sentido del gusto y del olfato para dar cuenta de significaciones que desbordan la significación de los alimentos. La gastronomía se convierte, pues, en la manera en la que la protagonista se relaciona con el mundo, en el modo de expresarse y de comprender su realidad. Hasta tal punto la gastronomía se convierte en un *modus vivendi* que el erotismo —experiencia íntima de códigos secretos

Fotograma de la adaptación cinematográfica de *Como agua para chocolate* de Laura Esquivel. La protagonista prepara codornices en pétalos de rosa, precisamente.

e intransferibles— se canalizará también mediante la experiencia de lo gastronómico:

> Trató de buscar apoyo en Tita pero ella estaba ausente, su cuerpo estaba sobre la silla, sentada, y muy correctamente, por cierto, pero no había ningún signo de vida en sus ojos. Tal parecía que en un extraño fenómeno de alquimia su ser se había disuelto en la salsa de las rosas, en el cuerpo de las codornices, en el vino y en cada uno de los olores de la comida. De esta manera penetraba en el cuerpo de Pedro, voluptuosa, aromática, calurosa, completamente sensual.

Este fragmento en el que la hermana mediana, Gertrudis, busca apoyo en nuestra protagonista resulta de total elocuencia al respecto. Lo gastronómico no resulta ser un elemento que se mueve exclusivamente en el ámbito del arte estético —que también; no olvidemos la cuidadosa presentación, al aliento artístico que acompaña los platos de Tita— sino que adquiere un carácter simbólico fundamental (en el fragmento propuesto resulta evidente la utilización de la gastronomía como identificación/expresión del erotismo, pero esta capacidad comunicativa de la que se la dota llegará también a la nostalgia, la tristeza, la soledad, la rabia, etc.). En este sentido, el gusto queda reivindicado como el olfato en los escritos de Marcel Proust (recuérdese su celebérrima magdalena y su capacidad, al dejar su impronta en la pituitaria, para retrotraer al protagonista a escenas vividas en el pasado). Desde luego, el gusto y el olfato se encuentran ligadísimos, así como el hecho de que la gastronomía no permanezca restringida a un ámbito literal, sino que encierre todo un universo de significación figurada.

Por último, no querríamos dejar de mencionar el éxito que ha acompañado siempre tanto a la novela (uno de los libros más vendidos de los últimos veinte años) como a su adaptación cinematográfica, que cosechó importantes premios nacionales y nominaciones en los premios internacionales más prestigiosos.

33

¿CÓMO ENTENDER EL HIBRIDISMO ÚNICO DE LA LITERATURA DEL ARGENTINO OSVALDO LAMBORGHINI?

Conviene señalar, en primer lugar, que la figura del escritor Osvaldo Lamborghini, a pesar de las lúcidas reivindicaciones de autores como César Aira, continúa prácticamente en el olvido. Desde luego, se trata de un autor maldito que, tal y como corresponde a su condición, ha mantenido siempre una posición en la marginalidad, a pesar de su interesante producción y de su apasionante y original apuesta estética. En gran medida, esta apuesta estética se basa precisamente en el hibridismo, en el carácter anfibio de la escritura, entre el significante y el significado, entre la letra y la pintura. De hecho, el hibridismo de este singular autor reivindicable parece nacer de esa enriquecedora comunicación entre pintura y escritura, entre la que se movió siempre. Cuando Osvaldo Lamborghini muere de un infarto en 1985, la totalidad de su obra —breve, por otra parte— es prácticamente secreta.

Lo cierto y verdad es que sin Osvaldo Lamborghini, tal y como nos recuerdan su gran amigo y promotor César Aira (con todos los inconvenientes que ello supone, pues ha promovido inevitablemente la comparación entre ambos), el lúcido Roberto Bolaño y críticos como Antonio Jiménez Morato (que nos habla del «ilustre desconocido»), no podemos entender la literatura argentina actual.

Osvaldo
Lamborghini
en su piso
de Barcelona
(fotografía
de © Hanna
Muck).

Publicó poemas, novelas y cuentos en una obra excesiva y límite. Quienes conocen bien su obra afirman que se trata de una obra conclusiva, que propone un cierre a todo lo anterior. Una literatura que no piensa en lo que ingiere, sino en lo que excreta. Tanto es así que se convierte en tarea imposible pretender seguir el camino que nos dejó sin pasar por ser un mero epígono. Lo que sí parece es que se trata de una obra deudora del marqués de Sade, con quien se le relaciona frecuentemente, y condicionada por la de su hermano mayor Leónidas, poeta muy conocido y apreciado en Argentina. Los vínculos con el divino marqués se hacen evidentes en un relato como *El fiord*, del cual Leopoldo Marechal (que recibió la obra de Leónidas) vino a decir que se trataba de una obra perfecta, de una esfera, «lástima que sea una esfera de mierda», cuyo testimonio se repite con insistencia. Ciertamente, lo escatológico y los fluidos en la obra del argentino maldito ocupan un lugar central que podemos interpretar en cierto ámbito del psicoanálisis. Desde luego, el hibridismo que caracteriza la obra de Lamborghini parece provenir de la técnica del *collage*, de la yuxtaposición excesiva, de la superposición de planos y de lenguajes. Así, la construcción de imágenes deviene mecanismo fundamental y, a través de la metáfora, se construye un universo simultáneo, de superposiciones y excesos. Todo ello orbita en la pretensión misma del marqués de Sade, que también pretendía (mediante la acumulación) nombrarlo todo, hasta lo innombrable, con el fin de indagar en la inefabilidad del lenguaje literario. Pero quizá la concomitancia más destacable de Lamborghini con respecto a Sade venga dada por la confianza que ambos muestran en la potencialidad del lenguaje literal, que intenta evitar la sugerencia para llegar a la denotación, a la representatividad. En este sentido, llaman la atención el carácter imperativo de sus discursos literarios, así como su entrega a la écfrasis, esa capacidad que tiene lo escrito para aludir a lo visual, para crear mediante palabras una imagen precisa. En *El fiord*, su primera novela publicada, en 1969, asistimos a un parto brutal en el que el lenguaje adquiere una plasticidad inusitada para encontrarnos con auténticas pinturas creadas a base de palabras. He ahí un hibridismo genial. Como el que comparten ambos en cuanto al fracaso del lenguaje expresado, paradójicamente, desde la desmesura, el exceso y la hipérbole.

Después de su primera novela, publicará *Sebregondi retrocede*, en 1973. Esta novela constituye un magnífico ejemplo del hibridismo que caracteriza la producción de su autor, tan maldito como ilustre, ya que quizá movido por ciertas presiones editoriales modificó el verso que conformaba la obra en un primer momento por una peculiar prosa que no parece renunciar al lirismo y que, a pesar de reflejarse mediante la escritura, reproduce el torrente de oralidad más plástico imaginable. La versatilidad de este discurso, que parece fluir, supone una apuesta originalísima. Ya en el comienzo de la obra nos percatamos de que no nos enfrentamos a una novela convencional, sino que estamos ante un discurso deconstructivo, ante una interpretación de la escritura entre la masturbación y la muerte: «Sencillamente, hoy se trata de ver y sentir si y pensar si. Si se puede o no dominar el temblor de manos, aunque aquí se trata como siempre —con la arbitrariedad ecuánime de la escritura— de la muerte y la masturbación».

Tal y como puede comprobarse, la sintaxis descoyuntada y el desquiciamiento de la semántica parecen causadas por una reasunción de las consignas vanguardistas, que respiran no solo en la idea del arte como provocación, sino en la necesidad de que el arte se pregunte por su esencia misma. Ello, en el campo de la literatura, nos conduce inevitablemente a una autoindagación en el lenguaje mismo. Estas mismas cualidades podemos encontrarlas en el resto de su obra. Tras esta segunda novela, publicó *Poemas*, en 1980, de una especial resonancia y última publicación en vida. Después de esta última publicación viajó hasta Barcelona, donde transcurrieron los últimos años de su corta vida (muere tan solo con 45 años), con la excepción de un breve regreso a Mar del Plata. La etapa barcelonesa resultó prolífica, ya que además de *Tadeys*, publicado de manera póstuma en 1994, y que encierra un proyecto novelístico amplio —con tres novelas, aunque la última inconclusa—, también se encontraron siete volúmenes del *Teatro proletario de cámara*, en el que trabajaba antes de morir y que presenta un hibridismo genético al superponer imágenes y textos en todo un ejercicio de provocación. La originalidad, la innovación, la asunción de la tradición para proponer su propia superación, la indagación permanente en nuevas posibilidades dan carta de naturaleza a la aseveración de Tamara Kamenszain: «Cuidado con escribir después de Lamborghini: él fatigó todos los conductos».

En definitiva, el hibridismo del genial escritor Osvaldo Lamborghini se enraíza en la superposición de pintura y escritura, de dibujo y poesía, para sustanciarse, a su vez, en un mestizaje entre la literalidad del lenguaje (de ahí su apuesta permanente por la pornoliteralidad, la ausencia de lenguaje figurado enriquecido por las connotaciones) y la asunción de la derrota, el fracaso en la batalla contra el lenguaje; un hibridismo que se manifiesta también tanto en la viveza de la oralidad, en el coloquialismo y en el argot, vehiculados a través de la escritura, como en el verso expresado mediante una prosa que se entrecorta y en el reflejo de la prosa como una reinterpretación del verso; de suerte que nos las habemos con un reinventor de la prosa y del verso desde una particular concepción del hibridismo.

34

¿CÓMO PODRÍAMOS CLASIFICAR EL CULTURALISMO DE UN NARRADOR ACTUAL COMO SERGIO PITOL?

Tiende a considerarse a Sergio Pitol como el narrador mexicano más importante entre los escritores nacionales de la actualidad. Como ya dijimos en la cuestión correspondiente, recibió el Premio Cervantes en 2005, el premio más prestigioso de las letras escritas en lengua española. El culturalismo de Sergio Pitol, esa interrelación inevitable entre los diferentes lenguajes artísticos y su inclusión en la literatura, podemos vincularlo con su anhelo de componer lo que ha venido a denominarse «la novela total». En tan ambicioso proyecto, en el que encuentra una especial cabida la reflexión en torno a la creación literaria misma y, por lo tanto, el desarrollo del propio discurso narrativo, se hacen inevitables las múltiples referencias a las diferentes artes como síntoma globalizador. Además, y en la línea de los géneros fronterizos que propugnan, aparte de Sergio Pitol, autores como Roberto Bolaño o Ricardo Piglia —en España hablaríamos de un Enrique Vila-Matas, que comenzó bajo el magisterio de Pitol y, entre otras causas, atraído por el culturalismo del autor mexicano—, no resulta extraña la convocatoria de lo heterogéneo, de lo diverso, que contribuye poderosamente no solo al tratamiento holístico, sino a potenciar el debilitamiento de fronteras mediante la identificación de lo diferente. Así, el culturalismo de Pitol, que en verdad parece responder a una motivación ontológica (del ser humano en cuanto que tal), vendría promovido tanto por el afán de la novela total, en la que resulta inevitable el llamamiento a la diversidad, como por el cultivo de los géneros fronterizos (autobiografías ficticias, simulacros de ensayos ficcionales, etc.). Cuando decimos que el culturalismo del autor se basa en elementos de carácter ontológico, nos referimos a que para el autor, finalmente, cada ser humano se identifica precisamente en sus lecturas, en sus cuadros contemplados, en su música escuchada. Este culturalismo vital aparecerá en *El arte de la fuga* (1996), una maravillosa colección de artículos y trabajos acerca de la escritura, de la lectura y de la memoria que constituye toda una innovación genérica mediante este discurso memorialístico tan singular. En la línea de un Borges o de su maestro Alfonso Reyes, hace gala de un culturalismo riquísimo y erudito que no se limita en ningún caso a lo nacional, sino que desborda las fronteras para situarnos en lo universal. Además, todo este conocimiento culturalista que despliega no asfixia ni su originalidad ni su mensaje, que parece impregnarse de cierto existencialismo que apuntaría hacia el vacío. Con ello, nos encontraríamos ante un torbellino de referencias culturales, ante una sobreacumulación que perseguiría, en verdad, representar cierta nadería. En este sentido, entrópico como se ve, el culturalismo contribuiría al desbordamiento por exceso para proponer el rebosamiento que superaría los límites e intentaría representar la nada. Se trataría, pues, de un culturalismo que se constituye como máscaras para el ser humano, como representación sin la que no seríamos nada. Pues bien, la cita en concreto es la siguiente: «Uno es los libros que ha leído, la pintura que ha visto, la música escuchada y olvidada, las calles recorridas. Uno es su niñez, su familia, unos cuantos amigos, algunos amores, bastantes fastidios. Uno es una suma mermada por infinitas restas».

Como puede comprobarse, el culturalismo se liga a la esencia del ser humano, a la que se incorpora la literatura, la pintura, la música y la experiencia vital misma. Sin embargo, toda esa acumulación cultural entrópica deja traslucir ese vacío expresado por «las infinitas restas». El culturalismo en sus narraciones, además, se puede y se debe asociar con el aliento polifónico, con la presencia permanente de un entramado de voces que parecen apuntar, en la misma línea que el culturalismo, hacia la sobreabundancia que por acumulación prefigura el vacío, el silencio. Ello puede rastrearse tanto en su primera etapa como creador (muy apegado al cuento) como en las que se darán después, marcadas especialmente por la idea del viaje y por la profundización psicológica de los personajes así como por la voz de un escritor ya maduro, que empezó a publicar tarde. En la misma línea de *El arte a la fuga*, se encontrarían libros como *El viaje* o *El mago de Viena*, aunque en ocasiones a esta colección variada de materiales el genial narrador mexicano le dio cierto carácter novelístico, cierta coherencia de discurso narrativo, entre la ficción y la crónica. En todo caso, el culturalismo aparecerá también en su magnífica trilogía de *El carnaval* (con sus máscaras, tan de Sergio Pitol, tan culturalista), conformada por *El desfile del amor, Domar a la divina garza* y *La vida conyugal*. En ellas, vuelven a mezclarse los referentes constatables con la ficción, que nuevamente se interroga acerca de sí misma. Esta trilogía parece inspirarse en su admiración por los escritores europeos de las novelas río a lo Dickens, Balzac, Thomas Mann o Musil. Un autor a contracorriente que nos propone una trilogía genial, apoyada en la parodia, en el espíritu lúdico y en lo disparatado.

Nos encontramos, pues, ante un culturalismo ontológico y simbólico que el gran narrador mexicano relaciona íntimamente tanto con el ser humano como con la novela, que para el autor es un género que lo acepta todo. Así, el culturalismo, la mezcla de lenguajes artísticos se convierte en un recurso ideal para reforzar su idea peculiar de los géneros, entre los que también se produce una permanente comunicación. Una escritura originalísima en la que el culturalismo adquiere un papel preponderante, como la excentricidad, y que constituye un testimonio fiel de la visión globalizada actual y de la concepción posmoderna decidida a cierta eliminación de fronteras delimitadoras. Como Cervantes, un novelista total.

35

¿Cómo se representa la muerte en las artes mexicanas?

Es bien conocida la representación festiva de la muerte en las artes mexicanas. Para Octavio Paz, se trataba de un síntoma que denotaba cierta despreocupación por la vida y, por lo tanto, también por la muerte. A pesar de la genialidad de los escritos del nobel mexicano, en esta ocasión parece que nos encontremos más ante un ejercicio de humor negro; ante el humor como una manera de conjurar el miedo. Desde luego, llama la atención el hecho de que en los diferentes lenguajes artísticos en las obras mexicanas asistamos a una representación muy similar, muchas veces festiva y lúdica (piénsese en las calaveras dulces o en los esqueletos-juguete, tan frecuentes en México). Y es que el tema de la muerte, como importantísima preocupación humana, ha dejado huella en todas las artes. Ciertamente, aunque hay elementos que se mantienen a lo largo del tiempo en cuanto a representación de la muerte se refiere, el paso del tiempo ha supuesto algunas modificaciones al respecto. Por ejemplo, llama la atención con respecto a otras culturas el desparpajo en utilizar la palabra *muerto*, convertida en tabú en la tradición española (repárese en el contraste entre el Día de Todos los Santos —y el Día de Difuntos, en su versión más extrema— frente al Día de Muertos mexicano, sin eufemismos). El arte mexicano está íntimamente ligado a la muerte, hasta el punto de que no resulta extraño el hecho de que se asocie a los mexicanos con una experiencia muy cercana de la muerte. Y es que es cierto que vinculamos a los mexicanos con los cementerios repletos de flores anaranjadas (flores de cempasúchil, concretamente), con los dulces de calavera (incluso personalizadas con los nombres del consumidor), con las irrespetuosas e histriónicas representaciones de la muerte en los célebres grabados de José Guadalupe Posada, con el pan de muertos (de nuevo sin eufemismos), ese bizcocho adornado con aparentes fémures o con las ofrendas frutales a los muertos. Desde luego, la literatura da buena cuenta de esta unión entre la mexicanidad y la muerte en una representación de la misma marcadamente vital. Quizá con esta representación, lejos de la interpretación de Octavio Paz, se haga gala de una ironía, de una crítica ácida a la solemnidad, a la resignación, a la parálisis y sumisión con las que otras culturas representan a la muerte. Los mexicanos parecen preferir transformar el horror en humor, el miedo en bravuconería. Desde una interpretación carnavalesca y profundamente paródica parece negársele a la muerte su carácter dogmático e irreversible. La muerte forma parte de la vida, pero no debe ensombrecerla, parecen querer decir las representaciones mexicanas respecto a la muerte. Ante lo inevitable, esta representación mexicana prefiere lo humorístico y algo distante. Así, le resta solemnidad y poder. A pesar de la intención distanciadora, no podemos negar la impronta de la muerte en el arte mexicano en general. El caso de la literatura resulta paradigmático, ya que tanto el considerado como mejor poema nacional como la mejor —o al menos la más internacional— novela se relacionan directamente con la muerte y su representación. El poema es obra de José Gorostiza, tabasqueño, publicado en 1939 y de considerable extensión. En él, podemos percibir lo burlesco y lo paródico como elementos esenciales de la representación de la muerte. Dada su extensión, reproducimos tan solo el final del mismo:

> ¡Tan-tan! ¿Quién es? Es el Diablo,
> es una muerte de hormigas
> incansables, que pululan
> ¡oh, Dios! sobre tus astillas,
> que acaso te han muerto allá,
> siglos de edades arriba,
> sin advertirlo nosotros,
> migajas, borra, cenizas
> de ti, que sigues presente
> como una estrella mentida
> por su sola luz, por una
> luz sin estrella, vacía,
> que llega al mundo escondiendo
> su catástrofe infinita.

> [BAILE]

> Desde mis ojos insomnes
> mi muerte me está acechando,
> me acecha, sí, me enamora

con su ojo lánguido.
¡Anda, putilla del rubor helado,
anda, vámonos al diablo!

Se observa el baile, enraizado en la tradición medieval de las danzas de la muerte, lo escalofriante, a pesar de lo paródico, pues al final quedan el diablo y la muerte, y una vinculación especialísima con la música, dada su complejidad rítmica y su parentesco con una fuga musical, sin olvidar su hermetismo y su poso filosófico. De la genial novela de Juan Rulfo, *Pedro Páramo*, nos ocupamos en otras cuestiones. Baste recordar la íntima relación entre muerte y vida, ya que ambas se funden para confundirse en un plano de igualdad.

Esta visión paródica, burlesca, macabra y humorística aparece también en otras manifestaciones artísticas, tal y como se ha abordado con los célebres grabados de Posada, en los que la parodia de la representación de la muerte se confunde con la crítica a las clases altas de la época del general Porfirio Díaz, a los que se podrían añadir a Tomás Mondragón (pura interpretación barroca) o a Diego Rivera, el genial muralista mexicano y su pintura de 1947 *Sueño de una tarde dominical en la Alameda Central*, a partir de la cual la muerte recibirá el famoso nombre de «La Catrina».

Uno de los célebres grabados de José Guadalupe Posada. La muerte parece disfrutar de la cotidianeidad.

Sueño de una tarde dominical en la Alameda Central, en el Museo Mural Diego Rivera, en Ciudad de México

En definitiva, los diferentes lenguajes artísticos abonan un carácter paródico, que parece reservarse en el mundo del arte (el duelo y el miedo vital hacia la muerte no parecen distintos a los experimentados en otras culturas) su propia representación, singular con respecto a las dos grandes tradiciones mexicanas: las culturas prehispánicas (y la figura del Mictlan, relacionada con lo paródico y lo grotesco) y la tradición española, y que identifica el arte, el cine, la arquitectura e incluso la ciencia de los mexicanos desde finales del siglo XIX en adelante de una manera única.

36

EL CUBANO CABRERA INFANTE, ¿CINE O SARDINA?

En la órbita del culturalismo en la literatura hispanoamericana, resulta esencial ocuparse también del cine. Uno de los autores que mejor representa el nexo entre literatura y cine es el escritor cubano Guillermo Cabrera Infante, cuya novela *Tres tristes tigres* para algunos críticos forma parte del llamado *boom*, del que hemos hablado en varias cuestiones, junto a otro tipo de narraciones experimentales similares como *Rayuela*, del gran Julio Cortázar. Sea como fuere, es evidente que se trata de un autor que aunó cine y literatura con auténtica naturalidad. La pregunta que encabeza nos lleva a explicar la afición tempranísima del autor cubano por el cine unida a su propia infancia. Guillermo es el hermano mayor de la familia, Sabá es el pequeño de una pareja de fervientes comunistas perseguidos por el régimen de Batista. Esta carta de presentación, junto al primer momento de adhesión a la Revolución cubana, conducirá a Guillermo Cabrera a presidir desde las instituciones el Instituto de Cine de Cuba, como director del Consejo Nacional de Cultura. Precisamente el cine, sin olvidar su rápido distanciamiento —que se tornará enemistad— con el régimen, protagonizará su separación de Fidel Castro. Pero antes, abordemos la explicación del interrogante. La madre de los Cabrera Infante, aficionadísima al cine, preguntaba a sus hijos «¿Cine o sardina?», debido a que, por las dificultades económicas, en muchas ocasiones había que elegir entre alimentar el estómago o alimentar la pupila. Ante este dilema, tanto Sabá como Guillermo solían decantarse por el cine. De hecho, el propio Guillermo dice recordar que su primera experiencia con el cine fue antes de un mes del nacimiento de su hermano, cuando su madre lo llevó a ver una adaptación cinematográfica de *Los cuatro jinetes del apocalipsis*. Esta pregunta que les formulaba su madre en el período de la infancia del escritor cubano, además, inspiró una de las obras de Guillermo Cabrera Infante en la que se aborda el cine desde la literatura: *Cine o sardina*, publicada por la editorial Alfaguara en 1997. De alguna manera, podríamos responder que el autor cubano exiliado en Londres (y que consiguió la nacionalidad británica), ante la pregunta de «¿cine o sardina?», se decantaría mayoritariamente por lo primero.

En los primeros momentos de la carrera como escritor de Guillermo Cabrera, el cine y la literatura se dan separadamente, pero pronto vienen a yuxtaponerse en una conciliación que ya los acompañará siempre. Quizá el detonante venga con su novela más célebre, *Tres tristes tigres*, basada precisamente en la película en la que colaboró su hermano y que le costó el primer distanciamiento, el más serio hasta el momento, con el régimen cubano. La película reflejaba la vida nocturna de los cubanos, pero fue considerada como desleal y decadente por las autoridades, por lo que fue confiscada. Ante estos hechos, y de manera reivindicativa, Guillermo Cabrera decide escribir su novela, de auténtica base cinematográfica. Después de esta unión hacia sus dos pasiones, se decidió, en torno a 1966 y ya desde su exilio londinense, a escribir guiones para la industria del cine (primero en Londres y después en Hollywood) con el fin de mejorar su situación económica, tal y como él mismo aclararía. En este sentido, merece poner el acento en su guion para *Wonderwall* de Joe Massot, una auténtica joya del cine psicodélico, estrenada en 1968, en la que se enfatiza el *vouyeurismo* (ya que un profesor descubre que puede espiar a su vecina a través de un orificio en la pared, lo que le conduce a la obsesión, y ya que se produce cierta identificación entre el profesor de la película y los espectadores, a su modo tan *vouyeuristas* como aquel) y cuya banda sonora corrió a cargo del *beatle* George Harrison, guitarrista. Esta propuesta irracional del autor cubano formará parte de su experiencia previa a Hollywood, en donde participará con el guion de la exitosa *Vanishing Point*, de Richard C. Sarafian, estrenada en 1971. Por esta participación en un proyecto propiamente hollywoodiense Guillermo Cabrera recibe un elevadísimo salario. Escribe un guion que casa a la perfección con las películas de intriga y aventuras de esta industria del cine en la línea de las llamadas *road movie*. Una apuesta (conducir desde Colorado hasta San Francisco en menos de quince horas) lleva a Barry Newman, actor protagonista de la película, a convertirse en fugitivo y a adquirir la figura de héroe porque nadie es capaz de detenerlo; mientras huye, va descubriendo puntos de fuga (tal y como reza el título, traducido en España como *Punto límite: cero* y en México como *Carrera contra el destino*). A ellos podemos añadir dos participaciones cinematográficas más: por una parte, la fallida para *Under the Volcano*, cuyo guion de nuestro autor no llegó a estrenarse; la adaptación dirigida por John Huston basada en la novela de Malcom Lowry se estrenaría años después con otro guion, el de Guy Gallo. Y, por otra, el guion para *La ciudad perdida*, película estrenada en 2005, el año en el que moriría el escritor cubano, dirigida y protagonizada por Andy García; una película de escaso éxito quizá por su condición maniquea, que tiende a idealizar el período de la dictadura de Batista y a demonizar, sin ningún tipo de reserva, la época revolucionaria.

Sin embargo, la relación de Guillermo Cabrera con el cine no se limita a la composición de guiones, sino que desde muy temprano colaboró como crítico cinéfilo. En sus comienzos, tras la publicación de un cuento —durante la dictadura de Fulgencio Batista— que incluía ciertos elementos obscenos, hubo de publicar sus críticas de cine bajo un seudónimo para burlar la censura: «G. Caín» (contracción por acronimia del principio de sus dos primeros apellidos). Este seudónimo se convirtió en tradición para sus artículos referidos al cine. En ellos, dejaba ver sus preferencias por directores como Alfred Hitchcock, John Ford, Howard Hawks y Orson Welles, en detrimento de Jean-Luc Godard, Ingmar Bergman, o Antonioni. Este oficio de crítico de cine, de verdadero valor y de auténtico placer lector, se traduce en la publicación de cuatro obras, publicadas desde 1963 hasta 2002. La más llamativa, por su especial connivencia con la literatura y por su pretensión estética —en la órbita del retruécano, de la paronomasia y de los juegos de palabras en general—, sería *Cine o sardina*, cuyo título forma parte de la pregunta de esta cuestión y cuya explicación hemos intentado satisfacer anteriormente. Cada artículo, plagado de artificios verbales, constituye un apasionante viaje al mundo del cine desde la literatura, revisitando películas, indagando en actores, actrices, bandas sonoras y todo lo que tenga que ver con el universo cinematográfico. En esta interesantísima obra, por ejemplo, deja traslucir su falta de entusiasmo hacia el cine mudo y su apoyo militante a las versiones originales de las películas. En este sentido, cuando se le recriminaba que ello supondría la eliminación de puestos de trabajo, respondía de manera socarrona —con ese particular humor suyo—: «¿Por qué el vegetariano debe preocuparse por el carnicero?». La obra de Guillermo Cabrera Infante no puede comprenderse sin el cine, pues no solo se limita a las novelas, los guiones y las críticas cinematográficas, sino que llega también a los cuentos y a los ensayos. Esta peculiar manera de interpretar el cine desde la literatura y la literatura desde el cine, en perfecto maridaje, hace que el genial escritor cubano, entre el dilema de cine o sardina, se inclinase tantas veces por el cine, auténtico alimento para nuestro autor.

37

¿QUÉ SE NOS PRESENTA EN LA NOVELA DECADENTE DE SOBREMESA DE JOSÉ ASUNCIÓN SILVA Y CÓMO PODEMOS INTERPRETARLO?

De sobremesa, escrita por el trágico escritor colombiano José Asunción Silva, puede considerarse en la órbita de la novela modernista. Cuando nos referimos a un autor trágico, lo hacemos con absoluto conocimiento de causa, puesto que la tragedia marcó la vida del autor (se suicidó) y su obra (un naufragio se llevó la mayor parte de ella).

En todo caso, el arte de la modernidad que propugna este escritor modernista lleva aparejado el culturalismo como inclusión de referencias culturales y artísticas de esferas diferentes a la literaria, sin menoscabo de una fértil intertextualidad, de copioso diálogo, de esta novela con otros textos. Realmente, el culturalismo parece venir determinado por el afán en las novelas modernistas de referir espacios cerrados y lujosos plagados de obras artísticas, así como de presentar personajes cuya religión es, en verdad, el arte, sin distinciones en cuanto a los lenguajes artísticos. Además, la insistencia en la écfrasis, esa representación detallista verbal de lo visual, promueve el encuentro entre lo dispar, la mezcla de diferentes lenguajes. Ello también lo propiciaría la reacción contraria al realismo, que provocó una intensa intercomunicación entre las artes a finales del siglo XIX, de suerte que resulta frecuentísimo que los escritores se inspiren en la pintura y los pintores, en la literatura, además de que se encuentren íntimamente conectadas la arquitectura, la pintura, la música, la literatura y todas las artes, en general. Este extremo se relacionaría directamente con la interpretación modernista/wagneriana de la obra total (por cierto, también se nos muestra la música de Wagner en esta novela), que concita los esfuerzos de materiales artísticos diversos en una misma obra. No en vano, la novela que nos ocupa principia tanto con referencias pictóricas —con una mención a Rembrandt— como de tapices, cueros, espadas y demás artes que constituyen el dibujo de una estancia preciosista. De hecho, es lo primero que conocemos: la estancia en la que departen despaciosamente José Fernández de Andrade, protagonista de esta historia, y Juan Rovira. Ambos, tras un exótico silencio, salpican de todo tipo de alusiones culturales una charla acontecida en la sobremesa, tal y como indica el título de esta novela. El protagonista es melancólico, contradictorio y voluptuoso, tal y como corresponde al decadente. Busca refugio en el arte, cura para una melancolía de lo cotidiano, de lo rutinario, de la monotonía de la vida. De esta manera, se plantea la fusión de vida y arte, que conlleva la unión de elementos provenientes de los diferentes ámbitos de la cultura.

Predomina, pues, la meditación, debido a que la obra carece prácticamente de argumento y se presenta la posición de un intelectual en crisis que despliega el típico estado del autor finisecular. A modo de *mise en abyme*, la narración plantea, a su vez, otra voz narradora: la del protagonista leyendo su diario. Así, todo lo expuesto, inserto en un estatismo radical, ha acontecido tanto ante los ojos de quienes presencian la lectura del diario de Fernández como ante los ojos de la novela de Silva.

Sin duda, el personaje femenino de Helena funciona como un resorte esencial, ya que mientras que el protagonista muestra una decadente ataraxia frente a todo, Helena produce en él la necesidad de búsqueda. He aquí otro elemento esencial que muestra la novela: confundido con el culturalismo y la superposición de planos entre la vida y el arte, la búsqueda del ideal representado por el eterno femenino también da cuenta tanto de la existencia como del amor. Ciertamente, esta incesante búsqueda de lo inmaterial recuerda inevitablemente a la búsqueda romántica (piénsese

Cubierta de una edición de la novela de José Asunción Silva; además del prologuista, el nobel colombiano Gabriel García Márquez, llama la atención el diseño, al más puro estilo prerrafaelita y decadente, en absoluta consonancia con la narración.

en *Un rayo de luna*, la leyenda de Gustavo Adolfo Bécquer), salvo que pasada por el tamiz de la modernidad, en la que tanto el culturalismo como la pretensión de exaltar la eternidad del instante juegan un papel decisivo. Por otra parte, y en absoluta consonancia con el espíritu modernista, se nos muestra también el erotismo desaforado, tremendamente carnal. En realidad, se presentan dos modelos femeninos: el de la belleza prerrafaelita proveniente de las pinturas primitivas (las menciones a Rossetti, en este sentido, así como las alusiones a J. Everett Millais hablan por sí mismas) y el que representa el ideal clásico, en la línea de las Venus renacentistas. De la fusión culturalista de ambos (*femme fatale* y mujer idealizada), surge el auténtico modelo femenino finisecular: la idealización de la mujer fatal. Se pueden referir muchos fragmentos en los que se percibe una atmósfera culturalista, pero con el fin de aunarlo con la propuesta de modelos femeninos, presentamos uno que destaca Eva Valcárcel para explicar la inclusión de la artesanía y una interesantísima mención a William Morris, artista paradigmático del fin de siglo:

> La salita con las paredes tendidas de una sedería japonesa, amarilla como una naranja madura, y con bordados de oro y plata hechos a mano, amueblada sobriamente con muebles que habrían satisfecho las exquisiteces del esteta más exigente [...] [en] el cuarto de baño, donde lucía una tina de cristal opalescente como los vidrios de Venecia, junto a las mesas de tocador, todas de cristal y

de nikel, sobre la decoración pompeyana de las paredes [se refiere a un mosaico] y del piso, sugerían la idea de que algún poeta que se hubiera consagrado a las artes decorativas, un Walter Crane o un William Morris, por ejemplo, hubiera dirigido la instalación detalle por detalle.

Además del culturalismo, se nos muestra una auténtica fusión entre las artes, en este caso, entre literatura y pintura. Asistimos, pues, a una obra total desde una propuesta narrativa que desborda el trazado de la novela tradicional y que concibe la creación desde la polifonía de las artes. Aúna, incluso, en la figura de su protagonista, al libertino y al místico.

Lo que se nos propone en la novela de Silva, pues, además de otros muchos asuntos, es la actitud del intelectual de fin de siglo, profundamente impregnado por las ideas de Charles Baudelaire. Nos encontramos ante un testimonio de reflexión filosófica y artística del máximo interés, que recoge las preocupaciones de la estética del fin de siglo y reconcilia al lector con el advenimiento de la modernidad y con la concepción del arte como un vehículo de salvación del espíritu humano, en permanente búsqueda del ideal.

38

¿QUÉ RELACIÓN SE ESTABLECE ENTRE EL ESTRIDENTISMO, COMO MOVIMIENTO FUNDAMENTAL EN MÉXICO, Y LA PINTURA?

A pesar de que tendemos a considerar el estridentismo como un movimiento exclusivamente literario, precisamente por su enraizamiento en las experiencias vanguardistas e impelido por los precedentes finiseculares del culturalismo de la obra total, se trata de una aglomeración artística que no concernió solamente a pintores y escritores, sino que se relacionó también con escultores, fotógrafos, grabadores, músicos, etc. Las vanguardias se conducirían desde la interconexión de los diferentes lenguajes artísticos o no tendrían, en realidad, sentido. Esta característica tiene que ver con las vanguardias internacionales y, por lo tanto, también con el estridentismo, pero no podemos olvidar el carácter peculiar de esta vanguardia mexicana, que vendría dado por el contexto histórico nacional; concretamente, por la Revolución mexicana, que dota al movimiento vanguardista de ciertas peculiaridades que lo distancian de los que se limitaban a seguir la estela de los surgidos en Europa (como la de convertir una revolución política en una revuelta tanto estética como social). Es por este motivo por el que podemos entender el estridentismo como la vanguardia mexicana fundamental, en tanto en cuanto se relaciona de manera directa con la propia idiosincrasia nacional, por no hablar de su carácter pionero y de su impulso provocador (es evidente su carácter provocador y subversivo desde su denominación, que apunta hacia aquello «que causa ruido o estruendo»).

Asimismo, las relaciones que se dan en el estridentismo entre literatura y pintura son estrechísimas, puesto que forman parte de él tanto las manifestaciones literarias como las pictóricas (con el añadido de la escultura). En cuanto a la literatura, podríamos abordar dos grandes facetas: la de la poesía y la de la narrativa, como los dos géneros destacados al respecto. Como poetas, hay que destacar las figuras de Manuel Maples Arce (iniciador del estridentismo a finales del año 1921 con la redacción de un manifiesto: *Comprimido estridentista de Manuel Maples Arce*) y de Germán List; como prosistas, a Arqueles Vela y a Xavier Icaza. A ellos, sin lugar a dudas, hay que sumar a pintores como Diego Rivera, Fermín Revueltas, Ramón Alva de la Canal o Jean Charlot. Esta comunión plástica se enfoca de manera obsesiva a la modernización de la ciudad mexicana, que no puede comprenderse desde un punto de vista estético sin la participación de esta vanguardia mexicana tan desconocida, a decir verdad. A pesar de no contar con arquitectos, se convirtieron en auténticos diseñadores de la ciudad, influidos por la rabiosa modernidad del futurismo italiano y por el carácter sincrético del ultraísmo español. Si Maples Arce con su primer manifiesto (escrito en un primer momento de modo individual) inaugura este movimiento, el segundo (escrito por su fundador con la colaboración de Germán List Arzubide, y publicado a finales del año 1923) consolida el movimiento como implementador necesario de la modernidad urbana y social de México, que continúa en desarrollo.

Vendrían después dos manifiestos más: el tercero, que supone la inclusión en el grupo del poeta Salvador Gallardo y que se dio a conocer en 1925 y, por último, el cuarto, presentado por Miguel

Retrato del escritor estridentista Germán List Arzubide; obra del pintor Ramón Alva de la Canal y una muestra más del maridaje del estridentismo entre literatura y pintura.

Aguillón, que remeda el carácter provocador del primer manifiesto estridentista al mandar a Chopin a la silla eléctrica. Al margen del carácter grueso de las expresiones incardinadas en el carácter subversivo, radical e insultante de las vanguardias, el estridentismo, en su apuesta intercultural, promueve una concepción actual de su país, anquilosado en las tradiciones y condicionado —al modo de ver de estos artistas— por el pasado, de ahí que el ataque a todo lo tradicional sea frontal y visceral.

El profesor José Manuel Prieto destaca un fragmento del primer manifiesto estridentista, compuesto por su mentor (Maples Arce), que merece la pena reproducir aquí:

Es necesario exaltar en todos los tonos estridentes de nuestro diapasón propagandista, la belleza actualista de las máquinas, de los puentes gímnicos reciamente extendidos sobre las vertientes por músculos de acero, el humo de las fábricas, las emociones cubistas de los grandes trasatlánticos con humeantes chimeneas de rojo y negro, anclados horoscópicamente —Ruiz Huidobro— junto a los muelles efervescentes y congestionados, el régimen industrialista de las grandes ciudades palpitantes, las bluzas [sic] azules de los obreros explosivos en esta hora emocionante y conmovida; toda esta belleza del siglo […], tan ampliamente dignificada y comprendida por todos los artistas de vanguardia.

El canto a la modernidad y a las máquinas es evidente, como su filiación con otros movimientos y con otros artistas de vanguardia (el fundador del estridentismo llegó a considerar a Guillermo de Torre, señero vanguardista español, como «hermano espiritual»). Además, este elocuente fragmento pone de manifiesto la concepción interdisciplinar, que desde la literatura apela a la plasticidad y desde la pintura, a la literariedad. Así, la relación entre el estridentismo y la pintura es de total identificación, ya que nos encontramos ante una vanguardia que no resulta comprensible si no consideramos también los parámetros pictóricos. No en vano, el propio fundador del estridentismo apeló a pintores y escultores en su primer manifiesto. Así, la contribución de un pintor como Ramón Alva de la Canal —mencionado anteriormente— resulta paradigmática de la fusión que esta vanguardia promueve entre literatura y pintura. De hecho, su célebre cuadro estridentista titulado *El café de nadie* recibió su denominación de una novela corta también estridentista escrita por Arqueles Vela. Este cuadro, además de representar al núcleo de este movimiento, refleja el ambiente de tertulia típico de las vanguardias con una estética cubista que no renuncia a guiños provenientes del futurismo. Tanto en la pintura como en la escritura literaria, además de las imágenes sorprendentes, se aboga por la celeridad, lo citadino, lo moderno, lo dinámico, las imágenes agresivas y el predominio del blanco, del gris y del amarillo. La apuesta urbana, en la línea del *flâneur*, se hace con el apoyo de las Administraciones y en la búsqueda de una utopía urbana, Estridentópolis, que podemos identificar con la ciudad de Xalapa por su naturaleza transcendente en el movimiento artístico que nos ocupa. Y la fusión de pintura y literatura de la que hablamos se retrotrae a los inicios estridentistas, en los que Maples Arce con su obra *Andamios interiores* ya pergeña esta ciudad ideal que representaría y complementaría un año después desde lo plástico el pintor Fermín Revueltas con su obra *Andamios exteriores*. Sin olvidar que este poeta y este pintor, precisamente, codirigieron la revista *Irradiador*, plataforma por excelencia del estridentismo. Las colaboraciones entre pintura y literatura, en esta concepción fusionista, fueron permanentes, fructíferas y sumamente sugestivas.

Se trata, pues, de un movimiento artístico interdisciplinar que nace aparejado al surgimiento de la ciudad moderna mexicana, de la que no puede deslindarse, y que se concibe desde la comunicación entre las artes.

39

¿ESTAMOS ANTE *LA CIVILIZACIÓN DEL ESPECTÁCULO*, TAL Y COMO AFIRMA MARIO VARGAS LLOSA EN SU OBRA?

Este ensayo publicado por el nobel peruano en 2012 da carta de naturaleza a una polémica que pervive en la actualidad. Aunque ciertos sectores opinan que, más que de un diagnóstico sobre el estado de la cultura en nuestros días con respecto al mismo en el pasado, se trata de una reivindicación de la cultura aristocrática, hemos de admitir el intento de radiografiar la postura de nuestra civilización hacia la cultura. En este sentido, Vargas Llosa se muestra tremendamente pesimista, pues entiende que la cultura en su sentido clásico, si no ha desparecido, está muy próxima a hacerlo. Según Llosa, se celebra lo espectacular, lo externo, lo fácil, lo comercial, lo cómodo y en todo ello se ha transformado la cultura, en detrimento de su propia naturaleza. Ello es así debido a que el autor de este ensayo considera que predomina un exceso de superficialidad, incluso en las esferas del conocimiento, unido a la eliminación de todos los criterios diferenciadores. El pastiche, la mezcolanza de la posmodernidad promovería un concepto de cultura que la aboca a su disolución en un magma en el que todo se confunde, en el que se iguala Shakira con Thomas Mann. Todo ello porque el objetivo primordial, incluso en el orden de la cultura, es el ensalzamiento casi sagrado del entretenimiento como bien en sí mismo. El propio autor explica con meridiana claridad la tesis que pretende argumentar en esta obra: «¿Qué quiere decir civilización del espectáculo? La de un mundo donde el primer lugar en la tabla de valores vigente lo ocupa el entretenimiento, y donde divertirse, escapar del aburrimiento, es la pasión universal».

Quizá una de las partes más polémicas radica en que, para el autor, la banalización de la cultura y del arte vendría dada por su democratización. No se muestra contrario a ella, pero considera que su realización ha traído aparejada la deturpación, el vaciamiento tanto de la literatura como del cine, de la música, del arte y de la cultura en general. Algunos críticos han querido ver en esta reflexión una denuncia de la situación actual, pero en el sentido de que se le ha arrebatado al intelectual cierto poder de influencia del que gozó antaño. Así, el intelectual participaría, como todo lo demás, del amarillismo, del entretenimiento y del sensacionalismo en la pérdida del aristocratismo. Esta pérdida de autoridad que sufriría el intelectual se explicaría por el contexto de pérdida general de criterio que afecta a todo. De alguna manera, el mediático narrador peruano relaciona el estado cultural catastrófico con la democratización sobrevenida desde una concepción posmoderna que impide la discriminación entre lo que realmente vale la pena y lo que no. Dicho por él mismo en la obra que nos ocupa: «La desaparición de mínimos consensos sobre los valores estéticos hace que en este ámbito la confusión reine y reinará por mucho tiempo, pues ya no es posible discernir con cierta objetividad qué es tener talento o carecer de él, qué es bello y qué es feo, qué obra representa algo nuevo y durable y cuál no es más que un fuego fatuo».

A los ojos del autor, esta incapacidad de consenso, asfixiada por la dictadura de la opinión indiscriminada, explicaría la destrucción de la cultura y del arte en su sentido originario. Esta confusión victoriosa y esta obsesión por cuestionarlo todo privilegiaría el entretenimiento, la frivolidad y la levedad, que apuntarían necesariamente hacia lo insustancial.

Sin embargo, lo más controvertido no resulta del análisis de la cultura en la actualidad, sino de cierto posicionamiento ideológico de su autor en torno al neoliberalismo. Desde esta óptica, por ejemplo, adopta una posición corrosiva frente a las posturas de Baudrillard o ataca sin reservas al filósofo Michael Foucault, a quien acusa de haber muerto de una enfermedad que el propio filósofo consideró como una estratagema del poder para imponer la represión sexual. En este mismo tono se pronuncia con respecto al Mayo del 68 y su absoluto fracaso en cuanto a conquistas sociales democratizadoras; llega a decir que no logró acabar con la injusticia social. En todo caso, se compartan o no las ideas del autor, hemos de admitir que un ensayo debe destilar una opinión, una ideología que impregna la perspectiva desde la que se reflexiona en torno a un asunto. Al final, el ensayo pone el énfasis en el enfoque mismo que se le da al asunto, por lo que resultaría contradictorio acusar al autor de algo que viene demandado por la propia naturaleza del género en cuestión. Otra cosa es disentir del tipo de argumentos propuestos cuando estos parecen caer del lado del insulto o, en el mejor de los casos, en el apartado de los que buscan la ofensa del que se considera como adversario en el terreno del debate ideológico, los denominados *ad hominem*. La misma tendencia a considerar que se exalta lo superficial, lo banal, lo que incita e invita al mero entretenimiento sin más se extrapola al ámbito de la religiosidad y de la sexualidad. Respecto a esto último, se propone el fin del erotismo y el triunfo aquiescente de la pornografía. Al margen de que asistamos o no a una banalización de la sexualidad (que proponga hombres y mujeres objetos), resulta complejo desde el terreno conceptual pretender distinguir de manera objetiva el erotismo de la pornografía, aunque todos tendamos a diferenciarlos desde una óptica subjetiva y personal. Vaya usted a saber si es otro recadito que nos deja la posmodernidad. Una reflexión final cierra este libro de carácter ensayístico con una controvertida afirmación, según la cual el libro digital impone ciertas características que, de desaparecer el papel, convertirían la literatura en otro producto más de esta civilización del espectáculo de la que nos advierte Mario Vargas Llosa.

Finalmente, compartamos o no el tono de la obra, hemos de admitir que pone sobre la mesa la necesidad de reflexionar sobre el lugar que la cultura ocupa en nuestra sociedad, sobre la concepción del arte que promovemos, ya que, por lo que parece, nuestra cultura nos dirá mucho acerca de quiénes somos en realidad.

40

¿QUÉ TIPO DE INFLUENCIA PRODUCE LA LITERATURA CERVANTINA EN LA LITERATURA HISPANOAMERICANA?

La influencia de Cervantes y de su obra en la literatura hispanoamericana resulta tan evidente como innegable y rica. A modo de anécdota, vale la pena recordar que el mismo Miguel de Cervantes podría haber visitado Hispanoamérica de no haber sido rechazada su petición por el Consejo de Indias. Con visita física o sin ella, podemos hablar de una influencia mutua (hay una presencia americana en *El Quijote*), aunque en esta cuestión nos centraremos en la que supuso la llegada, recepción, reinterpretación, incidencia y repercusión de la obra cervantina en la

América española. En realidad, toda la literatura cervantina tiene un enorme impacto en la literatura hispanoamericana, a pesar de que la universal novela de *El Quijote* resulta paradigmática. La idea de Cervantes como escritor de una novela total, en la que todo puede caber, ha influido sobremanera en grandes novelistas hispanoamericanos del siglo XX y del XXI, sin dejar de mencionar su incidencia en el nacimiento mismo del género novelístico en Hispanoamérica, como descubrimos en el autor mexicano José Joaquín Fernández de Lizardi y su *Periquillo Sarniento* y en sus clásicos (repárese en autores como Irisarri, Montalvo, Alberdi —y su mordaz sátira en su novela *Peregrinación a la luz del día*, donde la Verdad habla, entre otros personajes literarios, con el mismísimo don Quijote de La Mancha— o Rubén Darío, un clásico moderno).

En cuanto a los autores actuales, conviene recordar la figura del grandísimo Carlos Fuentes, quien denominó a todo el universo de influencias cervantinas y quijotescas en la literatura hispanoamericana como «Territorios de La Mancha», aludiendo tanto al ámbito lingüístico (los escritores hispanoamericanos comparten el idioma de Cervantes) como al novelístico, en el que *El Quijote* se muestra como obra pionera e inigualable, universal. Así, no deberíamos olvidar que Cervantes, con los precedentes del anónimo *Lazarillo de Tormes* y la irreverente y sugestiva *Lozana andaluza* de Francisco Delicado (incomprensibles, a su vez, sin el híbrido genial y único de *La Celestina* de Fernando de Rojas), inaugura la novela moderna. Ello se asienta en ciertas innovaciones que valorarán, adaptarán, enriquecerán y revisitarán los autores hispanoamericanos. Nos referimos a dos características fundacionales del género: la heterología y la heterofonía, es decir, la capacidad de aprehender en el discurso novelístico tanto distintas percepciones del mundo —diversas formas de conocimiento— como disímiles formas verbales de expresión. Ambos conceptos acaban con una concepción monolítica y ortodoxamente solidificada de idealización que impedía el desarrollo del género novelístico en un sentido moderno. Evidentemente, la influencia no acaba en Carlos Fuentes; entre otros muchos, podemos mencionar a Jorge Luis Borges (inolvidable su narración *Pierre Minard, autor del «Quijote»* y su caracterización de la inmortal obra de Cervantes como *Evangelio profano*), Ernesto Sábato, Alejandro Carpentier, Jorge Edwards, Miguel Ángel Asturias, César Vallejo, Juan José Arreola, Mario

Vargas Llosa, Agustín Yáñez, José Lezama Lima, Marco Denevi, Reinaldo Arenas, Eduardo Galeano, Augusto Monterroso, Carlos Manuel Varela, Mario Mendoza, Augusto Roa Bastos, Roberto Bolaño, Kathy Acker, Carlos Alsina, Gabriel García Márquez, Teresa de la Parra, Julio Cortázar, Juan Rulfo, Octavio Paz, Cristina Peri Rossi, Angélica Muñiz-Huberman.

Rafael Gutiérrez Girardot, en su trabajo de *Cervantes en América*, lúcido e indispensable, aborda entre otros elementos la transformación sufrida por los famosísimos personajes de Cervantes, don Quijote y Sancho Panza, en la cosmovisión hispanoamericana, así como su riquísima reinterpretación de la locura, desde los autores clásicos de la literatura hispanoamericana hasta los más actuales. Por su aporte esencializador, resulta meritorio para ser reproducido aquí el referido a la interpretación de la locura por parte de los autores clásicos hispanoamericanos, acompañada de una brillante reflexión final:

> Alberdi y Montalvo recurren involuntariamente, sin duda, al aspecto de la locura como necesidad de ella para criticar las falsas ilusiones y variedades de la sociedad. Esta idea de Erasmo […] justifica en su práctica por Alberdi y Montalvo la necesidad del arte de «pensar, analiza, inventar», que colman los locos dedicados a la literatura. Pese a que Cervantes-Quijote ha sido víctima de los «brindis patrióticos, de la soberbia gramatical», nunca ha sido tan necesario como hoy, con su discurso a los cabreros, entre muchos ejemplos más de este loco inspirado por Dios. Gracias a Dios y a Cervantes: vivimos de esos locos.

De esta manera genial, el crítico viene a asociar la presencia de Cervantes y su obra en la literatura hispanoamericana como ficción por antonomasia, como el ejemplo generador de imaginación y creación literarias.

Evidentemente, el espacio de esta publicación nos impide adoptar un enfoque exhaustivo, pero la influencia cervantina no se reduce al ámbito de la narrativa, sino que concierne también a la poesía, al teatro, al ensayo y a todos los géneros posibles, sin obviar los interesantísimos trabajos críticos sobre el escritor y su obra, casi siempre revisitados con muchísima originalidad, novedad y aprovechamiento (sin renunciar a lo paródico), emulando el carácter pionero y profundamente creativo del escritor español más universal. Por otra parte, nos encontramos con la capacidad simbólica de los personajes cervantinos, que permite extraer características heroicas y de reivindicación territorial válidas para múltiples personajes de la literatura hispanoamericana, desde los épicos hasta los trágicos, pasando por los épico-trágicos. Por casi todos.

MUJERES EN LA LITERATURA HISPANOAMERICANA

41

¿LOS AUTORRETRATOS DE FRIDA KAHLO SON SOLO PICTÓRICOS?

La respuesta a esta pregunta es un no rotundo. A pesar de que Frida Kahlo se ha hecho celebérrima por sus magníficas pinturas y muy especialmente por sus originalísimos autorretratos, no podemos olvidar que la pintora mexicana universal nos dejó un diario escrito, durante diez años, que no publicó en vida. Este diario, en realidad, vendría provocado por los propios autorretratos pictóricos que han hecho de Frida Kahlo una artista universal. Esto es así porque esta pintora acostumbra a relatar su biografía mediante los autorretratos, técnica que ha de conducirla de manera natural hacia el diario, autorretratista, introspectivo. Además, no podemos olvidar que el arte de Frida, emotivo, grandioso, catastrofista, luminoso y siniestro se basa sobremanera en el cuerpo y en el dolor. Esta poética del cuerpo mismo, y de sus límites, y esta indagación en el dolor conforman el tono confesional en primera persona que identifica al diario. Desde la reivindicación de esa primera persona, Kahlo promueve una tesis de lo femenino que acaba con la sumisión y ensalza el activismo. En todo

Las dos Fridas, conocidísimo cuadro de la pintora en el que refleja a la Frida mexicana y a la Frida europea. Explicó el porqué de sus autorretratos: «Me pinto a mí misma porque soy a quien mejor conozco».

caso, la propia Kahlo viene a identificar pintura y escritura; una buena muestra de ello aparece en los propios *Diarios* a los que nos referimos: «A todos les estoy escribiendo con mis ojos». En esta mexicana singular, el arte se expresa tanto desde la imagen como desde la escritura, en la que nos propone un apasionante retrato; en literatura, y en los modos del discurso por extensión, se trata de un concepto que da cuenta en lo descriptivo tanto de la apariencia física (prosopografía) como del carácter (etopeya).

Este autorretrato escrito que conforma sus *Diarios* empieza a escribirlo a los treinta y seis o treinta y siete años, cuando se ha divorciado de Diego Rivera (después volverá con él), quien le garantiza una relación sentimental tan intensa como destructiva, y tras el fallecimiento de su padre, el fotógrafo Guillermo Kahlo, a quien le unía un especialísimo lazo de cierto favoritismo respecto de sus hermanas. No publicó en vida este trabajo escrito porque debió considerarlo a modo de diario íntimo. En él, resulta apabullante la permanente presencia de Diego Rivera, al que se refiere permanentemente en sus *Diarios* desde todas las perspectivas posibles: la puramente sexual, la afectiva, la artística, etc. Además de este amor, tan doloroso como místico, aparecen el compromiso político de la artista (estrechamente vinculado al comunismo), su pasión por la cultura precolombina, su concepción de liberación femenina, su enraizamiento en el surrealismo, su profunda mexicanidad, su compromiso social, etc. Sabemos que los escribe durante los diez últimos años de su vida, y da cuenta de un lamentable deterioro físico, plagado de intervenciones quirúrgicas, de sufrimiento, de convalecencia, de libros, de pinturas y de paliativos contra el dolor.

Es difícil determinar una cronología exacta, pues su autora, en muchas ocasiones, no consigna la fecha. La verdad es que esta genial artista mexicana conoció temprano la adversidad y el ambiente de los hospitales y de los médicos, puesto que le diagnosticaron la polio a temprana edad. Después, sobrevino el brutal accidente (cuando viajaba en un autobús que chocó contra una camioneta) que le dejaría múltiples secuelas (una espalda plagada de problemas, la imposibilidad de tener hijos, la posterior amputación de un pie y toda suerte de atrocidades), un carácter fuerte a prueba de todo tipo de contrariedades, y un impulso estético que le permitió transformar el sufrimiento en una permanente obra de arte. Un sufrimiento físico que encontró un perfecto maridaje en el dolor afectivo, sentimental. Estos escritos, además, como sus pinturas, reflejan los conocimientos biológicos de Frida y su concepción de aunar los estudios humanísticos con los científicos. Así, se explican las identificaciones entre venas y raíces, entre cuerpos y tallos, etc.; al igual que su concepción de lo irracional desde lo representativo o, si se quiere, la propuesta surrealista desde una representación realista, detallista, en la línea —salvando las diferencias, obviamente— de un Salvador Dalí o de un René Magritte.

Estos *Diarios* encuentran sus diferencias respecto de los autorretratos en su carácter marcadamente confesional, tanto que en ocasiones deja ver una auténtica desesperación, un sufrimiento inhumano, y por otra parte, en el uso lingüístico que le es propio al texto literario. En cuanto al estilo, podemos decir que nos encontramos ante un peculiarísimo uso del castellano, plagado de humor negro, de ironía, de carácter socarrón, mímico, gestual y profundamente vital. He aquí otra de las características más sobresalientes de la autora: su profundo vitalismo en un contexto radicalmente hostil. Otro elemento del estilo que resultará fundamental es el del surrealismo que gobierna la creación de estos manuscritos, a los que se acompañan dibujos e ilustraciones también insólitos. Se trata de unos textos inconexos (el diario incluso incluye páginas en blanco entre medias) que develan el interior más profundo de Frida. Convierte a su diario en el testigo por excelencia, en el hombro sobre el que llorar. De esta manera, da cuenta de las constantes intervenciones médicas, de las casi permanentes malas noticias en cuanto a su estado, de su dolor, de la poesía que explica la frustración (en este sentido, vale la pena recordar la reproducción de los versos de Rafael Alberti referidos a la paloma y al continuo error de sus concepciones: «Se equivocó la paloma. Se equivocaba». No debemos olvidar que la propia Frida se identificaba con la paloma y, desde luego, el error y la desesperanza la acompañaron desde bien temprano). El diario viene acompañado de numerosos dibujos, aunque muy pocos fueron llevados después a un lienzo. Además, convierte estos peculiares escritos también en un espacio para la gratitud (hacia Diego, hacia su padre Guillermo, hacia sus amistades, hacia los médicos y las enfermeras).

Los *Diarios* de Frida Kahlo constituyen un auténtico testimonio literario por parte de la pintora, que no redujo sus autorretratos al ámbito de lo pictórico. Con ellos pretende una conversación consigo misma, como en sus pinturas, y encuentra en el sufrimiento y en el dolor auténticas fuentes de conocimiento y de maneras de ser. En estos escritos, plagados de surrealismo y de maravilla, inseparablemente del dolor, la belleza se convierte en verdad. Dicho con sus propias palabras: «Yo nunca he pintado mis sueños. Solo he pintado mi propia realidad».

Lo mismo que hizo en sus diarios. Y en su vida. Nació y murió en julio, fue sujeto y objeto artístico de sí misma para dejar un legado universal.

42

¿DESDE DÓNDE SE EXPLICA LITERARIAMENTE EL SACUDIMIENTO INTERIOR DE ALEJANDRA PIZARNIK?

Realmente, Alejandra Pizarnik es una de las voces poéticas más singulares de la literatura hispanoamericana. Convertida en autora de culto, alcanzó su mayor resonancia durante los años setenta y ochenta. Su desgarramiento interior, su profundísimo desarraigo inconsolable es luctuosamente célebre en el mundo de las letras. Como su intensa relación de amistad cómplice con Julio Cortázar, quien mediante sus emotivas cartas intentó en numerosas ocasiones sacarla de ese profundo pozo que pareciera no conocer fondo y con el que compartiría esa visita al otro lado de las cosas, a la dimensión fantástica. Es difícil explicar literariamente ese sacudimiento interior de nuestra escritora desde lo literario. Desde luego, Alejandra demuestra hasta el paroxismo la pulsión de muerte y de destrucción que nos acompaña como seres humanos. Así, hablaríamos de una poesía que encuentra sus influencias más directas en autores que han convertido la destrucción en impulso poético y que han adoptado el proceder surrealista para expresar el sinsentido vital, como César Vallejo, el Conde de Lautréamont, Arthur Rimbaud, Stéphane Mallarmé o André Breton. Desde *La tierra más ajena* (1955) hasta *El infierno musical*, publicado un año antes de quitarse la vida, es decir, en 1971, el tema de la muerte, de la soledad, de la orfandad y del dolor se convertirán en constantes poéticas.

A pesar de su corta vida (36 años), dejó una meritoria obra, sugestiva, estremecedora y llena de sufrimiento. Este sacudimiento interior permanente lo tradujo literariamente a través de los románticos, de los simbolistas franceses, de los surrealistas y, singularmente, del poeta argentino Antonio Porchia, cuya versatilidad fue alabada por el mismísimo Breton, que lo consideraba como «el pensamiento más dúctil de expresión española». No es fácil interpretar por qué la obra de Pizarnik rebosa dolor y, desde luego, nos negamos a psicoanalizarla, a pesar de que ella tuviese esa evidente inclinación, incluso admiración, por el psicoanálisis. Desde luego, parece que pasa una infancia y una adolescencia difíciles en cuanto a su autoestima (castigada por cierto tartamudeo, por su permanente acné, su tendencia a engordar, la rivalidad con su hermana y sus desórdenes del sueño, que pudieron estar motivados por el consumo de anfetaminas, por las que acabó teniendo verdadera adicción).

En todo caso, tal y como aconsejan Ana Becciu y Ana Nuño, especialistas reconocidas de la obra de Alejandra, vamos a evitar la tentación de analizar la obra de esta singular poeta argentina desde el suicidio y la locura, muy habitual en estos casos. Preferimos optar por señalar la escritura perpleja de su autora, la coherencia que permanece y vertebra una especial polifonía que vive en la versatilidad. Como estas mismas críticas vienen a decir, lo que no puede ser es que en los varones con biografías similares se hable de un carácter visionario y torturado, y cuando se hable de mujeres, todo se reduzca a locura y suicidio. También es importante evitar el hecho de asociar a Pizarnik exclusivamente con la poesía (en la que indiscutiblemente destaca), para recordar no solo sus *Diarios* (publicados póstumamente), sino también su obra en prosa. Tanto en su prosa como en su poesía conviene recordar su maestría con el lenguaje literario, que no da cuenta solo de locura y suicidio, sino que viene a revelar a una escritora con mayúsculas. Esta maestría a la que nos referimos viene dada por una concepción lúdica del lenguaje, que en la escritura de Alejandra adquiere una dimensión transgresora genial. Ello se refuerza, además, con su vapuleo a las palabras, a la creación de diferenciadas asociaciones de sentido incardinadas, muy a menudo, en concepciones surrealistas. En este sentido, vale la pena reseñar una breve prosa escrita en 1965 [extraída *Prosa completa*. Edición a cargo de Ana Becciú, prólogo de Ana Nuño. Barcelona: Editorial Lumen, 2002. pág. 31] que cuestiona al lenguaje en una propuesta idéntica a la de su queridísima *Alicia en el País de las Maravillas*, aunque quizá preñada de un melancólico y luctuoso lirismo:

Devoción

Debajo de un árbol, frente a la casa, veíase una mesa y sentados a ella, la muerte y la niña tomaban el té. Una muñeca estaba sentada entre ellas, indeciblemente hermosa, y la muerte y la niña la miraban más que al crepúsculo, a la vez que hablaban por encima de ella.

—Toma un poco de vino —dijo la muerte.

La niña dirigió una mirada a su alrededor, sin ver, sobre la mesa, otra cosa que té.

—No veo que haya vino —dijo.

—Es que no hay —contestó la muerte.

—¿Y por qué me dijo usted que había? —dijo.

—Nunca dije que hubiera sino que tomes —dijo la muerte.

—Pues entonces ha cometido usted una incorrección al ofrecérmelo —respondió la niña muy enojada.

—Soy huérfana. Nadie se ocupó de darme una educación esmerada —se disculpó la muerte.

La muñeca abrió los ojos.

Por lo tanto, hay que añadir a Lewis Carroll como otra de sus influencias determinantes en su obra, cuya muestra del sacudimiento interior también indagó en el humor y en el lenguaje desde una perspectiva lúdica. Al igual que resulta obligatorio mencionar las interesantísimas voces poéticas de Olga Orozco (con quien hubo de mantener una intensa relación, más allá de lo poético, por lo que parece) y de Enrique Molina, ineludibles referentes para nuestra poeta.

Esta lengua creativa, fantástica, creativa, espacio para el silencio y el refugio, lejos de la solemnidad y cerca del misterio convierte a Alejandra Pizarnik, junto a Julio Cortázar, en los dos grandes cronopios de la literatura hispanoamericana. Tan impredecibles como imprescindibles.

43

¿Los libros de Juana de Ibarbourou se vendían tanto como los discos de Gardel?

Esta cuestión incide en la popularidad que la poeta uruguaya Juana Fernández Morales (que pasará a ser Juana de Ibarbourou tras su casamiento con el capitán Lucas a la edad de veinte años) tuvo no solo en Uruguay, sino en toda Hispanoamérica. No en vano, sus poemas se incluían en los estudios de todo el continente y ella llegó a ser conocida y reconocida como Juana de América, en una solemne ceremonia celebrada en 1929, en el Salón de los Pasos Perdidos del Palacio Legislativo. Esta popularidad queda patente en la primera biografía sobre la poeta, obra de Diego Fischer titulada *Al encuentro de las tres Marías: Juana de Ibarbourou, más allá del mito*, cuya cita nos ayudará a resolver, además, la pregunta que nos formulábamos en esta cuestión. Se trata de un breve fragmento extraído de la Editorial Sudamericana en 2012, concretamente de la pág. 56:

> Fronteras adentro, su popularidad era similar a la de la selección nacional de fútbol que en julio de 1930 ganaría el primer campeonato mundial, celebrado en Montevideo. Sus libros se vendían tanto como los discos de Carlos Gardel. En los boliches de barrio, los parroquianos hacían silencio para escucharla cuando su voz —en una costumbre muy de la época— se hacía oír por la radio, recitando sus poemas. Para los jóvenes enamorados era una falta imperdonable no incluir, al menos, un verso de Juana a la hora de declararse a la amada. Nunca como en esa década del treinta nacieron tantas Juanas y Juanitas en el Uruguay.

Así pues, la respuesta ha de ser afirmativa: por lo que parece, los libros de Juana de Ibarbourou se vendían tanto como los discos de Carlos Gardel, hasta el punto de que la popularidad de la escritora se hizo clamorosa. Todos los escritores extranjeros que pasaban por Uruguay entendían la casa de Juana como visita obligada (allí fueron a verla Salvador de Madariaga y el mismísimo Federico García Lorca). Parece evidente que la enorme calidad poética de la uruguaya, unida a la sensualidad, la rebeldía, la reivindicación de lo femenino y del placer en el amor que presentan sus textos —singularmente los poéticos—, se convirtió en uno de los elementos que explican su éxito. El hecho de cantar y ensalzar el placer del amor sin ningún tipo de complejo la situaría en la apasionante línea de poetas como Delmira Agustini, Alfonsina Storni y Gabriela Mistral. Para muchos críticos, se trataría de un particular coro de voces que desde una indiscutible calidad darían una respuesta femenina y singular al exotismo modernista, a su interpretación más rebuscada y formal. La reivindicación del placer desde una óptica femenina y una calidad poética indiscutible confiere a la poesía ibarbouriana un atractivo que la hizo célebre. Como muestra, proponemos «La hora», un poema perteneciente a su primer libro, *Las lenguas de diamante*, publicado en 1918:

> Tómame ahora que aún es temprano
> y que llevo dalias nuevas en la mano.
>
> Ahora que tengo la carne olorosa
> y los ojos limpios y la piel de rosa.
>
> Después… ¡Ah, yo sé
> que nada de eso más tarde tendré!
>
> Que entonces inútil será tu deseo
> como ofrenda puesta sobre el mausoleo.
> Hoy, y no más tarde. Antes que anochezca
> y se vuelva mustia la corola fresca.
>
> Hoy, y no mañana. Oh, amante, ¿no ves
> que la enredadera crecerá ciprés?

Mediante un simbolismo que se inspira en la naturaleza, se nos propone el tópico del *carpe diem* desde una perspectiva moderna y profundamente sensual. El conocimiento de los clásicos por parte de la poeta uruguaya queda patente en este poema, que relaciona la modernidad tanto con los clásicos grecolatinos como con la poesía española del Siglo de Oro. La invitación al disfrute

Juana de Ibarbourou

del momento se promueve desde la sensualidad corporal, que cobra un sentido poético único.

En este marco, encontramos una voz femenina que reivindica su propio cuerpo y que es quien solicita su placer, una doble transgresión para la época que atacaba los tópicos del momento. En la misma línea de los clásicos, Juana contempla la imagen de la flor y de la rosa, unida al uso de un imperativo que recuerda a las composiciones de Ausonio. A pesar de que muchos críticos consideran que su poesía viene a confirmar la concepción del patriarcado, se trata de un erotismo femenino lleno de reivindicación y de belleza. Precisamente el primer poemario perfila esta poética sugestiva y mágica que sigue encandilando a los lectores.

44

ALFONSINA STORNI, ¿LA SUICIDA ENAMORADA?

Desde luego, la voz poética de Alfonsina Storni es una de las ineludibles del siglo XX. La crítica ha considerado su obra como posmodernista, al igual que en el caso de las otras tres grandes poetas con las que se la relaciona: Delmira Agustini, Gabriela Mistral y Juana de Ibarbourou. Con todas las diferencias que podamos encontrar, resulta evidente que el aliento erótico y la reivindicación de la condición femenina parecen ser elementos poéticos compartidos. Ciertamente, mientras que en el caso de Delmira Agustini el erotismo se hace un tanto inmaterial, abstracto, fantasmal, Alfonsina Storni se decanta por una expresión verosímil, «realista» si se quiere, a este respecto. Alfonsina no llevó una vida fácil: emigrante en Argentina primero, madre soltera después y, por lo que parece, enamorada no correspondida más tarde —¿permanentemente?—, unido al cáncer de mama diagnosticado, a su intervención posterior y a su reclusión última. Dedicó sus estudios a formarse como maestra, tuvo un hijo, Alejandro, que tenía 26 años cuando ella se suicidó. Su profunda amistad con Leopoldo Lugones y con Horacio Quiroga (con quien parece que llegaría a algo más) parece marcar su destino (los tres grandísimos escritores, los tres suicidas).

En todo caso, la pregunta que se formula recoge claramente las dos pulsiones que gobiernan tanto la vida como la obra de Alfonsina. El amor y la muerte no aparecen en una concepción de enfrentamiento necesario, sino como expresiones que se implican. Seguramente vengan a reflejar las relaciones freudianas que insisten en la pulsión de destrucción que encierran la vida y el amor, el carácter autodestructivo. La tensión del sujeto poético es evidente en los textos de Alfonsina, que parece encontrar en la muerte cierto descanso al doloroso desarraigo humano. La muerte aparece bajo múltiples coberturas: como rebeldía, como liberación, como temor, como ejercicio del libre albedrío, como amor y como entrega. Resulta evidente el carácter introspectivo de su discurso poético, así como su viaje interior trágico que la conducirá ineluctablemente hacia la muerte. La propia escritora llegará a hablar de sus orígenes, que se convertirán en la clave de su destino trágico:

> Nací al lado de la piedra junto a la montaña, en una madrugada de primavera, cuando la tierra, después de su largo sueño, se corona nuevamente de flores. Las primeras prendas que al nacer me pusieron las hizo mi madre cantando baladas antiguas, mientras el pan casero expandía en la antigua casa su familiar perfume y mis hermanos jugaban alegremente. Me llamaron Alfonsina, nombre árabe que quiere decir dispuesta a todo.

En el caso de Alfonsina, la etimología pareció vencer a la acronimia (sus padres se llamaban Alfonso y Paulina). Se ha repetido incansablemente que Alfonsina Storni escribía desde una mente varonil, extremo con el que tenemos que mostrar desacuerdo. El hecho de que reivindique su placer y de que decida un papel femenino activo no puede convertirla en una mentalidad masculina. Alfonsina encuentra una voz propia a su carácter decidido, visionario, claramente adelantado a su tiempo. Lo que parece evidente es que esta poeta argentina se encontraría en la senda que abriese sor Juana Inés de la Cruz, que vino a reivindicar lo femenino como instancia que no puede definirse desde lo masculino. En este mismo intento se inserta la poética de Storni, llena de lucidez, de magia y de carácter:

Tú me quieres alba,
Me quieres de espumas,
Me quieres de nácar.
Que sea azucena
Sobre todas, casta.
De perfume tenue.
Corola cerrada

Ni un rayo de luna
Filtrado me haya.
Ni una margarita
Se diga mi hermana.
Tú me quieres nívea,
Tú me quieres blanca,
Tú me quieres alba.

Tú que hubiste todas
Las copas a mano,
De frutos y mieles
Los labios morados.
Tú que en el banquete
Cubierto de pámpanos
Dejaste las carnes
Festejando a Baco.
Tú que en los jardines
Negros del Engaño
Vestido de rojo
Corriste al Estrago.

Tú que el esqueleto
Conservas intacto
No sé todavía
Por cuáles milagros,

Me pretendes blanca
(Dios te lo perdone),
Me pretendes casta
(Dios te lo perdone),
¡Me pretendes alba!

Huye hacia los bosques,
Vete a la montaña;
Límpiate la boca;
Vive en las cabañas;
Toca con las manos
La tierra mojada;
Alimenta el cuerpo
Con raíz amarga;
Bebe de las rocas;
Duerme sobre escarcha;
Renueva tejidos
Con salitre y agua;
Habla con los pájaros
Y lévate al alba.
Y cuando las carnes
Te sean tornadas,
Y cuando hayas puesto
En ellas el alma
Que por las alcobas
Se quedó enredada,
Entonces, buen hombre,
Preténdeme blanca,
Preténdeme nívea,
Preténdeme casta.

Con este poema pretendemos dar testimonio de la interesante reivindicación y espíritu libre de su autora, quien legítimamente no se resigna a que lo femenino haya de ser definido desde la masculinidad. Aunque la vida y la obra de Storni se encuentren signadas por la tragedia, no podemos dejar de recordar que en torno a su muerte se ha generado cierto misticismo o Romanticismo (*sui generis*) proveniente, entre otras fuentes, de bellísimas canciones como la que compusieron Ariel Ramírez y Félix César Luna.

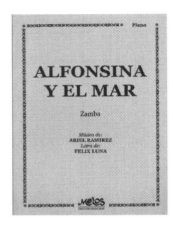

Partitura y letra de *Alfonsina y el mar*, bellísima canción que ha contribuido a idealizar un tanto el trágico final de la poeta argentina nacida en Suiza.

Sí parece que Alfonsina Storni, entre otras muchas facetas, presente la de la suicida enamorada, tal y como deja escrito en el último poema que escribió, *Voy a dormir*, un soneto sin rima del que reproducimos las dos estrofas finales:

Déjame sola: oyes romper los brotes…
te acuna un pie celeste desde arriba
y un pájaro te traza unos compases

para que olvides… Gracias. Ah, un encargo:
si él llama nuevamente por teléfono
le dices que no insista, que he salido…

Desgarro, poesía y maravilla; una poeta que buscó el amor, al que pretendía eliminar el deseo como fuente autodestructiva —sin lograrlo—, y que en vez de adentrase poco a poco en el mar, se arrojó a él; «dispuesta a todo».

45

¿Conoces el «Paraíso perdido» de Teresa de la Parra?

La escritora Ana Teresa Parra Sanojo, conocida como Teresa de la Parra, representa un papel sumamente relevante en cuanto a la reivindicación de lo femenino y es una de las autoras más relevantes del siglo xx. De hecho, la autora venezolana fue invitada en sucesivas ocasiones a participar en conferencias sobre feminismo. La propia Teresa admitió ser «una feminista moderada», ya que en su opinión un cambio drástico no podría conducirnos hacia la igualdad de sexos. Ya en su novela *Ifigenia* presenta a una mujer, María Eugenia Alonso, que busca su propio ser, su identidad, sin considerar su condición desde la perspectiva masculina. La obra adopta la forma de diario íntimo y la protagonista es el *alter ego* de la propia autora. A decir verdad, la obra de Teresa de la Parra es breve (dos grandes novelas, un par de diarios, tres cuentos, cartas y conferencias). Sin embargo, con la expresión del «paraíso perdido» nos referimos a la última novela de la aristócrata (su padre fue cónsul de Venezuela en Berlín): *Las memorias de Mamá Blanca*, de carácter semiautobiográfico y considerada como su obra de madurez. Esta novela, que gozó de mejor acogida en Europa que en América en un primer momento (y, desde luego, tuvo menor repercusión que *Ifigenia*, su primera novela, mucho más combativa y directa respecto del papel de la mujer en la sociedad), viene a ensalzar los recuerdos como el elemento más importante del ser humano. Así, el paraíso perdido se recobra mediante el recuerdo, a través del que podemos recuperar la infancia e instalarnos en ella. De esta manera, la novela potencia el poder de la memoria y su capacidad para hilvanar historias y retrotraernos al origen. Ese paraíso perdido es Piedra Azul, un lugar existencial o vital, más que geográfico, en el que habita la ausencia del dolor adulto. Piedra Azul es el lugar de la infancia, paradisiaco, pleno, esencial, genésico.

En verdad, lo más llamativo de la estructura narrativa de esta novela es su vertebración dicotómica, es decir, su concepción dual en cuanto a todos los elementos. De esta manera, se nos propone un continuo enfrentamiento entre pares, acentuando la interpretación maniquea. El pasado frente al presente, el campo frente a la ciudad, la infancia frente a la madurez, la mujer frente al hombre, el recuerdo —en realidad— frente a todo lo demás. El enfrentamiento entre madurez e infancia lo representan fidedignamente el personaje de Mamá Blanca y Blanca Nieves (en verdad, el mismo personaje, pero con setenta años menos). La novela ensalza por encima de cualquier otro elemento el recuerdo, que se acentúa en la idea del paraíso perdido, ya que la protagonista deja su infancia en Piedra Azul y, cuando consigue regresar, arrastrada por el recuerdo, descubre que todo ha cambiado, que nada es igual que antes, en aquellos tiempos de su infancia, antes de tener que abandonar la hacienda para instalarse en la ciudad. Teresa de la Parra nos descubre el paraíso perdido, la infancia irrecuperable. Al modo proustiano, la escritora hispanoamericana hace literatura del recuerdo para significarlo como el principal constituyente humano. Las oposiciones desde el dualismo se dan, además, de manera conjunta; ello significa, por ejemplo, que la hacienda de azúcar coincida con la libertad de la infancia y que el paso a la edad adulta se identifique con el traslado a la ciudad de Caracas. En realidad, este traslado se produce al final de la novela (en el último capítulo; todos los demás transcurren en la hacienda del campo, sinónimo de libertad, de juego, de espacios ilimitados… y de barbarie), y constituye el auténtico resorte que privilegia el recuerdo y que exalta el paraíso —necesariamente— perdido. De hecho, el padre decide el traslado en aras de que sus hijas se civilicen; así, la ciudad quedará identificada con el progreso, con la civilización, pero también con la ausencia de libertad, con un mundo controlado. Esta misma dualidad la conoce bien nuestra autora, que pudo comprobar gracias a su cosmopolitismo la gran diferencia en el tratamiento que la sociedad daba a la mujer en Venezuela con respecto a Europa. Precisamente, las conferencias que dictó iban destinadas a combatir el papel ancilar que la sociedad venezolana había atribuido a la mujer. En la propia novela que nos ocupa, aunque de manera mitigada con respecto a la primera, se denuncia esta situación. De ahí el contraste que se plantea entre el hombre y la mujer en la narración; en ella, observamos la primacía de lo femenino. No en vano, Mamá Blanca tiene cinco hermanas y una estrecha relación con la madre. Toda la vida en «el Tazón», la hacienda de la infancia, corresponde al ámbito de lo femenino, en el que los juegos de Blanca Nieves y sus hermanas parecen ocuparlo todo. Lo masculino queda claramente relegado a un segundo plano; las sirvientas, las hermanas y la íntima relación con la madre lo llenan prácticamente todo: «Como he dicho ya, nosotras seis ocupábamos en escalera y sin discusión ninguna el centro de ese Cosmos. Sabíamos muy bien que empezando por Papá y Mamá hasta llegar a las culebras, después de haber pasado por Evelyn y Candelaria, todos, absolutamente todos, eran a nuestro lado seres y cosas secundarias creadas únicamente para servirnos».

En definitiva, conocer el paraíso perdido de Teresa de la Parra, pues, supone una loable reivindicación de lo femenino y, sobre todo, un ensalzamiento de la memoria. Cuando el paraíso perdido se vuelve irrecuperable, lo recobramos con el recuerdo. Sin embargo, la pérdida del paraíso no se entiende como algo trágico, sino como una ley natural que se cumple de manera inevitable. En las palabras de la propia voz narradora: «Mamá tenía razón: debemos alojar los recuerdos en nosotros mismos sin volver nunca a posarlos imprudentes sobre las cosas y seres que van variando con el rodar de la vida. Los recuerdos no cambian y cambiar es ley de todo lo existente».

46

¿Quién podría ser la Sancho Panza femenina de Cervantes en la literatura hispanoamericana?

La candidata idónea, por autoproclamación, parece ser Elena Poniatowska, premio Cervantes en 2013 que vino a compararse en su discurso de aceptación del premio con el singular personaje cervantino. Elena fue la primera mujer en el púlpito; sus tres antecesoras, tres Marías, bien por ausencia (los casos de María Zambrano y de Dulce María Loynaz) o bien por impedimentos físicos (Ana María Matute llegó en silla de ruedas) no hablaron desde el púlpito. La propia autora mexicana, pues, se identifica con Sancho Panza, tras admitir que en la actualidad no hay molinos que ver. Al final de la cuestión reproducimos el arranque de su discurso con motivo de la entrega del Premio Cervantes, en el que esta apropiación de la figura cervantina por parte de la periodista y escritora se hace evidente.

Y es que, además, la obra de la escritora laureada rebosa humanidad, con lo que su declaración identificativa adquiere un nuevo relieve de sencillez, de llaneza, de humildad, de carácter auténtico. Elena Poniatowska interpreta que Sancho Panza es un personaje «con los pies en la tierra», y esa dimensión es la que encandila a nuestra autora, cuyo compromiso con la realidad es militante. En este sentido, no podemos olvidar los orígenes periodísticos de la escritora mexicana nacida en París ni su impronta personal, que elevó el lenguaje periodístico a la categoría estética. Además, ha insistido e insiste siempre en las dificultades especiales que entraña el hecho de ser periodista en México, cuyo compromiso ha de ser siempre con la realidad y con los empresarios mexicanos.

Otra de las facetas por las que la autora que nos ocupa es asimilable a la figura de Sancho Panza es por una dimensión que la propia autora destacaría, y que se refiere a que se trata de un personaje que acompaña a don Quijote, y todos querríamos ser compañeros de personaje tan singular. De la misma manera, y a modo de acompañante, Elena siempre ha destacado las figuras del mexicano José Emilio Pacheco y del colombiano internacional Gabriel García Márquez. Al primero, por sus fabulosos poemas y por su bonhomía; al segundo, por ser el responsable de dar alas a la literatura hispanoamericana. Para ella, la publicación de *Cien años de soledad* supuso la dimensión internacional para la literatura escrita por autores hispanoamericanos.

Con la concesión del Premio Cervantes, la autora aprovechó para insistir en la enorme influencia que el autor de *El Quijote* tiente tanto en su vida como en su obra. En este contexto, alude a su propia infancia, salpicada por el entusiasmo de poder acompañar a don Quijote. Esta vocación de «enderezar tuertos y desfacer agravios» le ha hecho estar siempre dispuesta a romper una lanza a favor de las mujeres y, en general, de todos los desfavorecidos, ya que siempre hace referencia a dotar de voz a quienes no la tienen. Por eso no le interesan Dulcinea o Maritornes, ni siquiera Teresa Panza, sino Sancho Panza, figura que concita la sabiduría popular y que reivindica la condición de los humildes que caminan. En esta loable lucha que persigue la denuncia de las situaciones de injusticia vividas por las mujeres, se incardina la exaltación de una figura como sor Juana Inés de la Cruz, escritora barroca que encarna la histórica defensa de lo femenino. Esta disposición permanente por defender a quien se encuentra en inferioridad de condiciones ha conducido a esta escritora no solo a defender a las mujeres anónimas asesinadas en Ciudad Juárez, sino la propia mexicanidad frente a otras posiciones de poder.

En su obra se reflejan todos estos elementos, hasta el punto de que se ha visto en ella la oralidad popular convertida prácticamente en metafísica (hecho que vuelve a dirigirnos hacia la figura de Sancho Panza). El reconocimiento internacional le llegó con la publicación de *Hasta no verte, Jesús mío* en el último año de la década de los sesenta. Esta novela se inspira en la entrevista que le realizó a una lavandera, Josefina Bórquez. Sin embargo, la obra que la convirtió en célebre fue la crónica publicada con el título de *La noche de Tlatelolco. Testimonios de historia oral*, que recoge las diferentes versiones del suceso negado oficialmente: la matanza estudiantil de 1968 acontecida en la plaza de las Tres Culturas (Ciudad de México). El libro se publicó en 1971 y viene a engrosar la denuncia de otros intelectuales mexicanos como Carlos Monsiváis u Octavio Paz. Desde luego, la experiencia de *Hasta no verte, Jesús mío* resultó esencial para enfrentarnos a esta crónica, que desde el punto de vista técnico supone una absoluta renovación del género y un empoderamiento en el sentido estético en el uso de la lengua. Para muchos, esta obra la convirtió en una de las indiscutibles representantes de la prosa democratizadora.

Hasta tal punto encontramos una identificación por parte de la autora con Sancho Panza que, aunque admite que le gustaría ser don Quijote, ha vuelto a mostrar su inquebrantable adhesión hacia tal figura en una de sus últimas ponencias (cuyo título reza: «Sancho Panza, santo de mi devoción»), en el marco del Festival Internacional Cervantino, celebrado en Guanajuato a finales de octubre de 2016. Ya lo dejó claro en su discurso motivado por la concesión del Premio Cervantes:

> Ningún acontecimiento más importante en mi vida profesional que este premio que el jurado del Cervantes otorga a una Sancho Panza femenina que no es Teresa Panza ni Dulcinea del Toboso, ni Maritornes, ni la princesa Micomicona que tanto le gustaba a Carlos Fuentes, sino una escritora que no puede hablar de molinos porque ya no los hay y en cambio lo hace de los andariegos comunes y corrientes que cargan su bolsa del mandado, su pico o su pala, duermen a la buena ventura y confían en una cronista impulsiva que retiene lo que le cuentan.

47

¿Cómo son las Mujeres de ojos grandes de Ángeles Mastretta?

Las mujeres que aparecen en esta colección de relatos cortos son auténticas heroínas. Se trata de protagonistas que con su rebeldía conquistan sus propias parcelas de libertad. La misma autora mexicana admite que configura estos personajes femeninos como pioneros en la búsqueda de la igualdad entre sexos. Tanto es así, que Ángeles Mastretta considera los tipos de mujeres que construye en estos textos breves como las antecesoras necesarias de las luchas actuales por la liberación de la mujer. Así pues, se trata de mujeres rebeldes y valientes que no se resignan a acatar un esquema preconcebido que les impone un determinado rol en la ciudad mexicana de Puebla durante la primera mitad del siglo xx. Con un finísimo humor de la autora del *posboom* que lograra un enorme éxito de ventas con la publicación de *Arráncame la vida*, se suceden las historias de mujeres que ensalzan el derecho de tomar sus propias decisiones y de transgredir las sólidas barreras que la sociedad impone a su condición femenina. Para algunos críticos, la obra formaría parte de la polémica denominación de «escritura femenina». En cada una de las historias se nos propone una estrategia concreta mediante la cual las mujeres logran conquistar su propia libertad, entendida como apropiación del propio placer sin sentimientos de culpabilidad. Estas mujeres de sus cuentos, además, encajan en la concepción que la autora tiene acerca del feminismo, en cuanto lo considera más que como una corriente ideológica, como una cuestión de instinto. Pues bien, las mujeres de sus textos presentan esa sabiduría instintiva anterior a cualquier movimiento liberalizador de lo femenino.

Nos encontramos ante treinta y siete cuentos breves que no presentan título independiente y que se van sucediendo. Ciertamente, hacia el final el lector tiene la sensación de asistir a una suerte de historias anudadas en el discurso de una madre que le relata a su hija recién nacida y enferma, ingresada en el hospital, las vicisitudes de aquellas mujeres de ojos grandes, cuya denominación parece obedecer a la condición decidida, al deseo de experimentación, a la mirada profunda, intensa y propia que estas

Edición de bolsillo de la compilación
de cuentos de Ángeles Mastretta

mujeres proyectan hacia todo lo que viven. De esta forma, las protagonistas logran liberarse de la vida cotidiana, propugnando un concepto de libertad que profundiza en la intimidad. En realidad, para comprender la rebeldía de las protagonistas, se hace necesario conocer el contexto ideológico en el que intentan desenvolverse. La sociedad ha construido de manera desigual los estereotipos sexuales, que se basan en antinomias profundamente primitivas. Así, con el fin de alcanzar una caracterización general del modelo, se puede afirmar que este patrón obsoleto se fundamenta en la creencia de que mientras el rol masculino surge de una creación cultural elaborada, el femenino proviene de la espontaneidad natural. De esta forma, se le atribuye al hombre la actividad, la razón, el deseo sexual, la relación con el exterior y a la mujer, la pasividad, la emocionalidad, el escaso o inexistente apetito sexual y los íntimos vínculos con el interior. Para que la transgresión resulte más efectiva, las mujeres de Mastretta asumen en un principio el rol tradicional, pero el instinto de experimentación, el carácter decidido y el placer íntimo las conducen a romper con esquemas que imposibilitan la libertad. Aceptan una situación de subordinación y, ante la sorpresa del lector, en un momento dado deciden romper con la imposición cotidiana y con toda la red de convenciones que constriñen a las mujeres.

En todo caso, la transgresión no viene dada de manera exclusiva por el comportamiento de sus protagonistas, sino que también reside en el discurso narrativo mismo. Así, asistimos a una polifonía que en realidad surge de un mismo universo. En esta especie de ventriloquia, según la cual la autora proyecta en distintas voces una sola voz, también encontramos una ruptura con el discurso tradicional. Las muestras del carácter heroico de estas mujeres son permanentes en la compilación de estos relatos. A modo de muestra, sirva este breve fragmento, reivindicador de la fortaleza femenina como conquista de la propia libertad y como enfrentamiento a la idea antediluviana de que un hombre gana con los años mientras que una mujer pierde:

Nadie se atrevió a compadecerla nunca. Era tan extravagante su fortaleza, que la gente empezó a buscarla para pedirle ayuda. ¿Cuál era su secreto? ¿Quién amparaba sus aflicciones? ¿De dónde sacaba el talento que la mantenía erguida frente a las peores desgracias?

Un día le contó su secreto a una mujer joven cuya pena parecía no tener remedio:

—Hay muchas maneras de dividir a los seres humanos —le dijo—. Yo los divido entre los que se arrugan para arriba y los que se arrugan para abajo, y quiero pertenecer a los primeros. Quiero que mi cara de vieja no sea triste, quiero tener las arrugas de la risa y llevármelas conmigo al otro mundo. Quién sabe lo que habrá que enfrentar allá.

Estas mujeres de ojos grandes dejan una conclusión ineludible: por mucho que el universo femenino sea educado para la sumisión, su propio instinto se convertirá en la mejor herramienta para poner en práctica las más diversas estrategias que conduzcan necesariamente a sacudirse un yugo que impide la libertad.

48

¿Cómo son los versos de Delmira Agustini y qué papel ocupan en el mundo hispánico?

La primera cuestión llamativa respecto de la poeta uruguaya es el hecho de que lo que se ha escrito sobre ella, sobre sus contradicciones y misterios, desborda sobradamente la extensión de lo que se ha expresado respecto de sus producciones literarias, a pesar de que constituyan el inicio de la poesía femenina de la literatura hispanoamericana del siglo XX, marcada en el caso de Delmira, a diferencia de sus sucesoras, por la estética modernista. Ciertamente, el hecho de que su poesía desborde erotismo y sensualidad parecía contrastar con una vida acomodada de joven que vivía bajo el amparo de su madre. Todo ello vino a aderezarse con un convulso casamiento, nuestra poeta solicitará el divorcio al mes y medio de casarse, con unas turbulentas relaciones íntimas con su exmarido, convertido ahora en amante, y con el posterior asesinato que padeció a manos de este, quien acto seguido se quitaría la vida. Desde luego, la materia biográfica en cuanto a escabrosos pormenores da mucho de sí, pero no queremos abundar en la tendencia de ocupar más tiempo y espacio en la biografía de la autora que en su propia obra literaria.

Los versos de Delmira constituyen un caso singular en la literatura hispánica por varios motivos: por una parte, porque suponen el inicio de la literatura femenina del siglo XX sin incardinarse en una estética posmodernista y, por otra, debido a que se caracterizan por un erotismo y una sensualidad absolutamente notorios. Tanto es así, que para Rubén Darío (no olvidemos que la obra poética de la poeta uruguaya se incardina en el modernismo), su poesía se identifica con la de santa Teresa de Jesús, en tanto en cuanto representa la auténtica voz femenina (sálvese la diferencia radical de que mientras la santa parece buscar a Dios con la ayuda de la imagen del erotismo, el discurso erótico de Delmira perseguiría, en verdad, encontrarse consigo misma). Aun así, no pretendemos reducir a la poeta únicamente a su vertiente erótica, sino poner de manifiesto que el erotismo de sus versos alcanza incluso una dimensión ontológica. Además, no podemos olvidar el espíritu erótico que insuflan el modernismo y el tardorromanticismo a la poesía del fin de siglo, en general. Es evidente en su poesía tanto el profundo lirismo como la reivindicación de la voz femenina. Aunque podamos rastrear diversas fuentes de inspiración en su poesía, se trata de un lirismo marcadamente original. Y es que a pesar de su relación con la poesía erótica mística, modernista o romántica, los versos de Delmira Agustini despliegan las virtudes de una voz singular.

Uno de los grandes méritos de su poesía reside en el hecho de dotar de voz al deseo femenino en primera persona. Aunque este extremo puede comprobarse a lo largo y ancho de su producción poética, el poema «Explosión» tiene la particularidad de representar el despertar sexual y de aparecer en su primer poemario: *El libro blanco*, publicado en 1907, en el que comenzará a reivindicarse el deseo:

Si la vida es amor, ¡bendita sea!
¡Quiero más vida para amar! Hoy siento
que no valen mil años de la idea
lo que un minuto azul de sentimiento.

Mi corazón moría triste y lento…
Hoy abre en luz como una flor febea;
¡La vida brota como un mar violento
donde la mano del amor golpea!

Hoy partió hacia la noche, triste, fría,
rotas las alas, mi melancolía;
como una vieja mancha de dolor.

En la sombra lejana se deslíe…
¡Mi vida toda canta, besa, ríe!
¡Mi vida toda es una boca en flor!

Este erotismo se irá haciendo más patente en los diferentes libros poéticos; así resulta más evidente en *Cantos de la mañana* (1910), para intensificarse en sus últimos libros: *Los cálices vacíos* (1913) y, publicados póstumamente, *El rosario de eros*, *Los astros del abismo* y *Correspondencia sexual*. En el último poemario que publicó en vida, precisamente, el mismísimo Rubén Darío alaba la poesía de la uruguaya en el pórtico: «De todas cuantas mujeres hoy escriben verso ninguna ha impresionado mi ánimo como Delmira Agustini, por su alma sin velos y su corazón de flor».

Nos encontramos, pues, con una poesía singular que ha pretendido ser interpretada con demasiada frecuencia desde claves biográficas, lo que ha supuesto un empobrecimiento del valor literario de su obra. A pesar de que la realidad se convierte en un obvio referente inspirador de la poesía, explicar su producción exclusivamente desde sus circunstancias de vida asordina la creación literaria en su cultivo de la ensoñación y del magín. Quizá el distanciamiento obvio entre la interioridad expresada poéticamente y el comportamiento externo que se le viene atribuyendo se explique desde la necesidad de no identificar matemáticamente su obra y su vida, en aras de otorgarle a la literatura la parte de ficción que pueda corresponderle. Sea como fuere, la poeta uruguaya deja como legado la voz poética del deseo femenino en primera persona, incardinada en un erotismo existencial y una abierta sensualidad, así como el terreno abonado para las poetas que seguirán su estela ya desde una estética posmodernista.

49

¿QUÉ TIPO DE RELACIÓN SE ESTABLECE ENTRE LA ESCRITURA FEMENINA Y LOS GÉNEROS DISCURSIVOS NO CANÓNICOS EN LA LITERATURA HISPANOAMERICANA?

En un primer momento, puede parecer reduccionista y un tanto extremo el hecho de relacionar la escritura femenina con determinados géneros discursivos o tipos de texto. Es más, el propio concepto de «escritura femenina», tal y como hemos expresado en el desarrollo correspondiente a otras preguntas, también está en cuestión. Sin embargo, también parece evidente que la hegemonía masculina supusiera cierta tendencia femenina hacia los géneros discursivos considerados como no canónicos, como una expresión más de la condición marginal a la que se le había relegado y que se negaba a admitir. Además, el carácter fronterizo de estos géneros *menores*, que se definen entre la realidad y la ficción, entre el ámbito de lo privado y de lo público, parecía acomodarse bien al carácter fronterizo que le correspondía también a la escritura femenina. Con estos géneros menores no canónicos nos referimos a tipos de textos como las cartas, las crónicas, los artículos o los testimonios. En este mismo sentido, más que asociar de manera rígida unos determinados géneros a la escritura femenina, podemos hablar de determinadas incidencias en el uso de los discursos producidos desde una escritura femenina. Si los trabajos acerca de la escritura realizada por mujeres se encuentran asociados a conceptos como los de «minoría», «marginalidad» y «multiculturalidad», tal y como nos recuerda María Caballero Wangüemert, y, a su vez, esos mismos términos se relacionan con determinados géneros, ya

Gertrudis Gómez de Avellaneda (1814-1873), según el pintor Francisco Madrazo. Museo Lázaro Galdiano

tenemos cierto tipo de identificaciones que supondrán un determinado uso discursivo particular.

Lo que resulta incontestable es el hecho de que la mujer, tradicionalmente, no solo no ha formado parte del canon de la literatura hispanoamericana, sino que ni siquiera ha sido considerada como parte del corpus literario. Esta injusticia hace necesaria la reflexión en torno a la escritura de las mujeres, con todo lo que ello suponga, así como el replanteamiento urgente del canon. Así, hemos de atender la generalización de estudios realizados en torno a la especial relación (aunque no de exclusividad) que se establece entre la escritura de las mujeres y los géneros no canónicos. Los estudios hacen arrancar estos vínculos desde la época colonial, en la que las monjas recluidas hacían uso de las cartas, de las confesiones, etc. como manifestaciones de la escritura femenina. Los esfuerzos por recuperar la figura de las mujeres escritoras empiezan a ser fructíferos a partir del siglo XIX, avalados por trabajos críticos que reivindican el nombre de las escritoras románticas y realistas (se alude, así, a escritoras como Juana Manuela Gorriti, Mariquita Sánchez, Eduarda Mansilla de García o Clorinda Matto de Turner). Desde luego que tenemos precedentes, pero de recuperaciones aisladas, además de referidas a autoras cuya producción literaria resulta ineludible (piénsese en sor Juana Inés de la Cruz o en Gertrudis Gómez de Avellaneda).

Estos esfuerzos también se producen en la recuperación de figuras femeninas del siglo XX, como Teresa de la Parra o Carmina

Henríquez Ureña. De esta forma, podríamos decir que cierta escritura femenina ha podido seleccionar géneros como las cartas, los testimonios, las confesiones o las crónicas como géneros para cuestionar la autoridad, como márgenes desde los que denunciar un arrumbamiento absurdo al que se destinaba a las mujeres. Aunque Silvina Ocampo y Gabriela Mistral cultivan con maestría el género epistolar, considerado como uno de los géneros menores y ejemplo ilustrativo al respecto, no querríamos incurrir en la aseveración de Ortega y Gasset, para quien el discurso femenino era el epistolar mientras que el lírico se reservaba para los hombres. Tal encorsetamiento parece a todas luces excesivo; extremo diferente sería el de considerar que estas escritoras aportan renovación y frescura al género en cuestión mediante la reivindicación de lo femenino y un mayor ahondamiento en lo autobiográfico de tono confesional y conversacional, pergeñando una voz propia.

Lo cierto y verdad es que la propia Gabriela Mistral parece abonar, curiosamente, la teoría de que la escritura femenina presente cierta inclinación hacia determinados géneros discursivos:

> Aunque resulte amarga y dura la poesía que hago me lava de los polvos del mundo [...]. Tal vez el pecado original no sea sino nuestra caída en la expresión racional y antirrítmica a la cual bajó el género humano castigado, y que más nos duele a las mujeres por el gozo que perdimos en la gracia de una lengua de intuición y de música que iba a ser la lengua del género humano.

La senda que abrió la propia autora hizo que la crítica se emplease a fondo en torno a la posibilidad de relacionar la escritura femenina con determinados tipos de géneros. Aunque, tal y como anticipábamos, no parece que pueda establecerse una correspondencia directa, entre otros aspectos hemos de admitir que los géneros menores promueven con mayor facilidad una voz propia alejada de los géneros mayores, asociados tradicionalmente con la masculinidad. Ahora bien, elementos como el dialogismo dinámico o el carácter conversacional sí parecen especificidades que la escritura femenina aportará a este tipo de géneros. Precisamente, las figuras de Ocampo y de Mistral resultan elucidadoras a este respecto.

En cualquier caso, de la escritura femenina de Gabriela Mistral y sus posibles repercusiones, nos ocuparemos en la siguiente cuestión.

191

50

¿Gabriela Mistral representa una literatura femenina o feminista?

La genial poesía de Gabriela Mistral, seudónimo de Lucila de María del Perpetuo Socorro Godoy Alcayaga, presenta tal carácter totalizador, universal, que hemos de admitir que parece reduccionista intentar someterla de manera exclusiva a la condición de literatura feminista. La propia concesión del Premio Nobel de Literatura en 1945 nos proporciona un argumento definitivo al respecto, ya que se le concede a «su obra lírica que, inspirada en poderosas emociones, ha convertido su nombre en un símbolo de las aspiraciones idealistas de todo el mundo latinoamericano». Con ello, se pone de manifiesto el carácter abarcador de su poesía. El seudónimo que eligió (desde sus inicios poéticos) apunta también la inspiración universal de su obra. Así, este surgió de su admiración por la poesía del italiano Gabriele D'Annunzio, escritor decadentista, y del francés Frédéric Mistral, firme defensor de la lengua provenzal en altos tonos épicos y también Premio Nobel de Literatura en 1904 (fue la primera mujer hispanoamericana en obtenerlo), compartido con el dramaturgo español José de Echegaray. Todo ello da buena cuenta de una poesía de vocación universalista que aborda grandes temáticas como la muerte, el amor, la sublimación de la maternidad y la identidad americanista, sin olvidar la temática femenina o la locura, de las que también se ocuparon sus poemas.

Desolación, que es su primer libro (cuya primera publicación se produce en Estados Unidos gracias al entusiasmo del crítico español Federico de Onís), es un libro amargo, del que se disculparía la propia autora porque ensombrecería la luminosa visión que algunos pudieran tener sobre la vida. Esta obra poética, que supuso su reconocimiento internacional, está dividida en varias secciones. En una de ellas («Dolor») incluye los «Sonetos de la muerte», un conjunto de poemas que en 1914 le dieron el premio en unos Juegos Florales que supuso su primer reconocimiento literario. El poema «Desolación», que da nombre al conjunto del poemario, nos presenta una temática existencial que trasciende la reducción de la obra de nuestra autora a una interpretación exclusivamente feminista. A partir de este poemario, predominaron en sus escritos la luminosidad y el protagonismo de los desfavorecidos. Reproducimos el principio del poema:

> La bruma espesa, eterna, para que olvide dónde
> me ha arrojado la mar en su ola de salmuera.
> La tierra a la que vine no tiene primavera:
> tiene su noche larga que cual madre me esconde.
> El viento hace a mi casa su ronda de sollozos
> y de alarido, y quiebra, como un cristal, mi grito.
> Y en la llanura blanca, de horizonte infinito,
> miro morir inmensos ocasos dolorosos.
> ¿A quién podrá llamar la que hasta aquí ha venido
> si más lejos que ella solo fueron los muertos?

Así pues, la poesía de esta maestra vocacional concita múltiples vertientes, entre las que se encuentra su interesantísima aportación a la literatura escolar infantil, que ya aparece en su primer libro. Tampoco podemos olvidar en la producción poética de la chilena internacional su vertiente femenina/feminista. A este respecto, podríamos hablar de una poesía profundamente femenina pero, quizá, no tanto de una poesía feminista. Para muchos críticos, el hecho de que el feminismo como tal no empezase a mostrar visos hasta 1930 aproximadamente, junto a la sensación de que la poesía de Lucila Godoy parecía confirmar la visión tradicional de la mujer (en cuanto que la maestra andina cantaba a la maternidad y a la situación cotidiana de la mujer chilena, basada en una concepción que convertía a lo masculino en elemento central), parece obstaculizar el aserto de que la poesía de Gabriela pueda encasillarse en un tipo de poesía feminista. Sin embargo, nadie puede negar ni la condición femenina de su poesía (en cuanto que aborda las limitaciones de las mujeres, quizá más desde una perspectiva trascendental), ni su ejemplo vital diferenciado de la mujer tradicional (Gabriela es una mujer independiente y viajera insólita para su tiempo, pero no ensalza este *modus vivendi* desde su poesía), ni sus escritos a favor de la educación cultural y formativa de las mujeres.

Aun así, considerar que los libros poéticos de *Ternura*, *Noches blancas* o *Tala* son libros feministas sigue pareciendo tanto una exageración como un reduccionismo interpretativo de su obra. A modo de conclusión, reproducimos un fragmento perteneciente

Como homenaje a la poeta Gabriela Mistral, Fernando Daza
pintó este mural conmemorativo en 1970.

a un intenso poema de la autora que, a nuestro juicio, muestra
la reivindicación de lo femenino (desde el protagonismo activo
del placer y de la sensualidad) imbricada en toda una red de temáticas universales, acerca del amor, del recuerdo y de la locura,
entre otras:

Hay besos que pronuncian por sí solos
la sentencia de amor condenatoria,
hay besos que se dan con la mirada
hay besos que se dan con la memoria.

[...]

Desde entonces en los besos palpita
el amor, la traición y los dolores,
en las bodas humanas se parecen
a la brisa que juega con las flores.

Hay besos que producen desvaríos
de amorosa pasión ardiente y loca,
tú los conoces bien son besos míos
inventados por mí, para tu boca.

Besos de llama que en rastro impreso
llevan los surcos de un amor vedado,
besos de tempestad, salvajes besos
que solo nuestros labios han probado.

¿Te acuerdas del primero...? Indefinible;
cubrió tu faz de cárdenos sonrojos
y en los espasmos de emoción terrible,
llenáronse de lágrimas tus ojos.

¿Te acuerdas que una tarde en loco exceso
te vi celoso imaginando agravios,
te suspendí en mis brazos... vibró un beso,
y qué viste después...? Sangre en mis labios.

Yo te enseñé a besar: los besos fríos
son de impasible corazón de roca,
yo te enseñé a besar con besos míos
inventados por mí, para tu boca.

VI

EROTISMO Y LITERATURA

51

¿QUÉ RELACIÓN PROPONE OCTAVIO PAZ ENTRE EROTISMO Y LITERATURA?

Es sabido que el premio nobel mexicano ha dedicado parte de su obra literaria a la reflexión vehiculada a través del escurridizo género ensayístico. En este ámbito, destaca por encima de todos sus títulos *El laberinto de la soledad*, ejemplo ya paradigmático al respecto. Sin embargo, Octavio Paz se caracterizó por publicar numerosos trabajos dedicados a la amena disertación. Entre ellos se encuentra *La llama doble: amor y erotismo*, un fantástico libro publicado en 1993, tres años después de recibir el máximo galardón de las letras, en el que reflexiona acerca del amor, de la sexualidad, del erotismo y de la literatura, y de los lazos que vienen a relacionarlos. En verdad, se trata de un ensayo que en la vasta producción del mexicano se encuentra a la altura del mencionado *El laberinto de la soledad* o del célebre trabajo titulado *El arco y la lira*, sobre el hecho poético. En *La llama doble* aborda las relaciones entre amor, erotismo y sexualidad, sin olvidar sus posibles vínculos con la literatura. El propio autor explica la metáfora que da título al libro y la estrecha relación que existe entre los conceptos: «El fuego original y primordial, la sexualidad, levanta la llama roja del erotismo y esta, a su vez, sostiene y alza otra llama, azul y trémula: la del amor. Erotismo y amor: la llama doble de la vida».

En este apasionante trabajo, en todos los sentidos que pretendamos darle al término, Paz sostiene que el erotismo es una metaforización de la sexualidad, un artificio cultural que traduce la mera sexualidad biológica en una manifestación humana. De hecho, sería uno de los elementos identificativos del ser humano, diferenciador respecto de otros animales. El humano se definiría por su capacidad simbólica, esencia misma del erotismo. Este interesantísimo razonamiento le lleva a vincular el erotismo con la literatura. Ello es así porque también la literatura es producto de la simbolización, en su caso respecto del lenguaje. De esta forma, nos encontramos ante un vínculo ineludible y compartido entre erotismo y literatura, que incluso llega a contaminarse. De esta contaminación surgirá la literatura como erótica verbal y el erotismo como metáfora corporal. Así, tanto la literatura como el erotismo coincidirían en su universo simbólico, tan afín al ser humano. La literatura se manifestaría como un lenguaje que no se encuentra al servicio de la mera comunicación, sino que busca también el efecto estético y el erotismo como un tamiz cultural que metaforiza la sexualidad, eludiendo la mera reproducción como fin. Llega a recordarnos Paz que estas concomitancias entre ambos vienen dadas por el hecho de que provienen de una misma fuente: la imaginación. Precisamente, la imaginación es esa instancia que convierte en ceremonia, en rito a la sexualidad (el erotismo) y la que transforma el lenguaje en ritmo, en metáfora. Con ello, incide en la novedad que conlleva el erotismo frente al mecanicismo de la sexualidad y la literatura frente al intercambio comunicativo que subyuga al lenguaje cotidiano.

Además, se le atribuye al erotismo la necesidad de la otredad, de la apertura hacia un otro siquiera imaginado. En este orden de cosas, podemos percatarnos de que también la literatura parece abrirse a otro, ya que sin un destinatario —al menos ideal, abstracto— el texto literario quedaría desnaturalizado (no solo porque necesite de un receptor que construya el propio acto comunicativo, sino porque el propio autor, para construir su texto, precisa de un destinatario que lo condicione, esto es, que lo defina y lo delimite, al igual que necesitará reclamar su condición de emisor o un código, un canal y un contexto que doten de sentido a su mensaje). La literatura y el erotismo, pues, alcanzan

Octavio Paz
La llama doble
Amor y erotismo

La conexión íntima entre sexo,
erotismo y amor, desde la memoria histórica
hasta la vida cotidiana más inmediata

Cubierta del fantástico ensayo en el que
el nobel mexicano aborda las similitudes
y las divergencias entre sexualidad, amor
y erotismo. Se publicó por primera vez en
1993.

una dimensión ontológica (en tanto en cuanto, para definirnos como seres humanos, nos vemos en la tesitura de abrirnos al otro, de huir de nosotros mismos para encontrarnos; lo que el autor denomina «sed de otredad»). En este acto de entrega al otro, nos perdemos, realmente, para recobrarnos. Sin olvidar estos lazos esenciales que anudan erotismo y literatura, el fantástico ensayista mexicano ahonda también en el vínculo que se establece entre ambos en lo que concierne al tratamiento del amor, como motor excepcional para la creación, en la historia de la literatura. Esta fructífera e íntima relación motiva al autor a presentar un recorrido sincrónico (de manera no lineal) a través del tratamiento del erotismo por parte de la literatura. En el territorio de las contradicciones, suele militar el amor, que puede llegar a alcanzar la sublimidad del erotismo tanto en el amor cortés medieval como en la idealización renacentista. Sin olvidar el tratamiento del eros por parte del pensamiento, analiza con lucidez la concepción erótica de las diferentes culturas, sin obviar la cosmovisión religiosa (con atención, por ejemplo, a la separación que el catolicismo ha tratado de imponer entre el erotismo y lo transcendente, a pesar de que desde la Biblia aparezca la metáfora de los esposos para dar cuenta del afán fusionista entre el alma del creyente y Dios, y a pesar de la delirante, soberbia, connotativa y sumamente erótica poesía mística escrita en español a partir de la segunda mitad del siglo XVI; todo ello, a diferencia de otras religiones, que incluso han promovido las representaciones de tipo erótico en sus templos).

En este mismo ensayo, desarrollará no solo las relaciones entre sexualidad, amor, erotismo y literatura, sino que también dirimirá las coincidencias y divergencias entre el amor y la amistad.

Octavio Paz, pues, con *La llama doble* propone unas atractivas relaciones de identificación entre el erotismo y la literatura, promoviendo el contacto entre el placer estético textual y el goce de los deleites del cuerpo para construir una dimensión transcendente a nuestra condición de seres humanos.

52

¿QUÉ TIPO DE EROS PODEMOS ENCONTRARNOS EN LA NARRATIVA DECADENTE HISPANOAMERICANA?

El tratamiento erótico de la narrativa decadentista, tanto en los cuentos como en las novelas, se convierte en un elemento identificador y fundamental de la literatura de fin de siglo. El eros es, pues, uno de los grandes temas de esta literatura, pero desde una singular perspectiva. La asfixia materialista del utilitarismo reinante a finales del siglo XIX provocó una reacción frontal en el mundo de las artes; los artistas finiseculares deciden adoptar una postura de marginación con respecto al aburguesamiento de la sociedad biempensante. Ahítos de un racionalismo del intercambio material, se refugian en el arte, al que conceden un impulso espiritual de primer orden, convirtiéndolo en herramienta eficaz contra aquella mentalidad del momento. El erotismo, además, presenta una serie de características especialmente interesantes, puesto que además de convertirse en un vehículo esencial hacia la transcendencia, encierra un carácter subversivo que conjura el utilitarismo, ya que reniega de la mera reproducción sexual para instalarse en el poder transformador de la metáfora. De ello nos ocuparemos en la cuestión relacionada con el tratamiento del erotismo por parte de Rubén Darío, vate universal.

El decadentismo, como corriente importantísima finisecular, entre otros géneros literarios, eligió también el narrativo. Las narraciones hispanoamericanas que podríamos considerar como decadentistas exponen de manera apasionante su óptica peculiar acerca de la exaltación urbana que supone la época. Quizá esa modernidad literaria, en el contexto de la modernidad tecnológica y a contracorriente, nazca en parte de presentar la honda crisis espiritual del hombre moderno en el entorno citadino. Hablamos de un tipo de novelas y de cuentos escritos entre 1885 y 1926, aproximadamente, que presenta a un protagonista decadente proveniente de la novela francesa. Es verdad que este tipo de narrativa encuentra, por lo general, sus sinónimos en la novela modernista o novela de fin de siglo, debido a que se trata de una estética literaria aglutinadora y proteica, producto de corrientes diversas. En todo caso, sin entrar en interpretaciones psicologistas (al tiempo que evitamos la identificación total de los personajes ficticios/literarios con la realidad del autor), se trata de una serie de narraciones que utilizan el erotismo como medio de transgresión. Así, nos encontramos ante un tratamiento del erotismo como oposición a los convencionalismos, lo que supone abrazar las tendencias del erotismo menos tradicionales. Incluso, puede llegarse a la perversión erótica (piénsese en un relato tan conmovedor al respecto como *El amante de las torturas* de Julián del Casal). Resulta elucidador a este respecto el siguiente fragmento:

> Estábamos en una pieza vasta, casi cuadrada, cubierta por una alfombra roja, de un rojo quemado, floreada de mandrágoras, de enforbios, de eléboros y de todo género de plantas letales. Una red inmensa, tramada de hilos de seda, cubría las vigas del techo, mostrando en el centro, a manera de roseta, un quitasol japonés, de fondo plateado, donde se abrían flores monstruosas, quiméricas, extravagantes y amenazadoras. En cada uno de los ángulos del techo, se destacaba la silueta de un animal, bordada en relieve sobre los hilos de la red, pero trabajada con arte, que yo sentía acrecentarse mi malestar. En el uno, se veía un murciélago, abiertas las alas de terciopelo gris, próxima ya a agitarse sobre nuestras cabezas; en el otro un cocodrilo estiraba su cuerpo de un verde metálico, como dispuesto a abalanzarse sobre la presa olfateada; en éste, una serpiente desenroscaba sus anillos, erectando su lengua húmeda de baba. [...] La mesa en que escribía, toda de ébano, con incrustaciones de marfil, estaba cubierta de objetos adecuados, pero todos representaban, desde el tintero hasta la espátula, instrumentos de tortura.

La extensión se perdona por el carácter sumamente ilustrativo del texto, que vuelca los impulsos eróticos hacia los animales (dibujando un erotismo bestial) y hacia los objetos, promoviendo un erotismo que ataca los convencionalismos, que cuestiona frontalmente la visión tradicional y que se enmarca en lo ruinoso de una época que se extingue en la fundación mítica de algo nuevo. Nos encontramos, pues, ante un tratamiento subversivo del erotismo, que se empeña en reforzar todas las tendencias rechazadas por la sociedad biempensante. Nos referimos a un considerable número de narraciones, tanto novelas como relatos. Con el fin de no resultar prolijos, podemos mencionar obras como *El oro de Mallorca* de Rubén Darío, celebérrimo como poeta y un tanto olvidado como narrador (a pesar del valor que la crítica le concede a sus cuentos), *El ángel de la sombra* de Leopoldo Lugones (narración de carácter teosófico), *Tres novelas inmorales* de Enrique Gómez Carrillo (cuyo protagonista decadente se encuentra inmerso en el ambiente literario del París de fin de siglo), *De sobremesa* de José Asunción Silva (de la que nos hemos ocupado específicamente en otra cuestión), y *Dionysos: Costumbres de la antigua Grecia*, de Pedro César Dominici (una muestra evidente del gusto finisecular por el exotismo y, concretamente, por la antigua Grecia), entre otras.

Nos encontramos, por lo tanto, ante un erotismo perverso que reivindica tanto la espiritualidad del mismo en oposición al materialismo reinante como su potencial para enfrentarse a los convencionalismos de la época. Así, a este erotismo transgresor se le dota en las novelas decadentes del mismo poder transformador de la realidad que se le atribuye al arte.

53

¿CÓMO INTERPRETAR «LA CELESTE CARNE DE MUJER» EN LA POESÍA MODERNISTA HISPANOAMERICANA?

En realidad, esta cuestión enlaza bien con la anterior. Mientras que la novela decadente hispanoamericana opta generalmente por el tratamiento de un erotismo pervertido, la poesía modernista hispanoamericana se inclinará por una sublimación erótica identificada con la idealización femenina prerrafaelista de la *femme fatale* de fin de siglo. De esta manera, la fusión de los dos modelos femeninos por excelencia encuentra perfecto acomodo en la poesía modernista hispanoamericana. El autor del verso que incluye la pregunta no podía ser otro que el inmenso Rubén Darío, en cuya poesía el erotismo se convierte en el gran tema, como ya apuntara el sagaz Pedro Salinas. Ahora bien, no se trata de cualquier tratamiento del erotismo, sino de una sublimación del mismo. Para Darío, y para los modernistas en general, el eterno femenino constituye el mejor garante para acceder al absoluto. Así, el erotismo adquiere visos ontológicos que se enraízan en la idea de que nosotros, seres limitados, en realidad provenimos de lo ilimitado, hacia lo que sentimos una irrefrenable nostalgia. Recuperamos nuestro origen al morir, pero durante la vida, el erotismo es el resorte que nos conecta con nuestra auténtica procedencia. Ello supone dotar a lo carnal de una significación espiritual sin precedentes que convierte en celeste (absoluto, ilimitado) a la carne, el eterno femenino. No es de extrañar que el erotismo se convierta en tema por excelencia del modernismo, si consideramos, además, el énfasis que este movimiento supone en cuanto a sensualidad y hedonismo. Esta sublimación del erotismo, pues, no renunciaría en ningún caso a lo carnal, que puede incluso llegar a la lujuria y a la desmesura, planteando una esencial diferencia, en general, respecto del Romanticismo, si no esquivo con la carne, más proclive a presentar el erotismo desde la óptica del pecado. Concretamente, el poema en el que se encuentra inserto el verso en cuestión es el que sigue, publicado en el poemario de *Cantos de vida y esperanza*, que supone una auténtica revisión y reinterpretación del modernismo sin renunciar a sus más puras esencias y asumiendo, para actualizarla, la inspiración romántica, verbigracia, de un Víctor Hugo:

> ¡Carne, celeste carne de la mujer!
> Arcilla —dijo Hugo—, ambrosía más bien,
> ¡oh, maravilla!, la vida se soporta,
> tan doliente y tan corta,
> solamente por eso: roce, mordisco o beso
> en ese pan divino
> para el cual nuestra sangre es nuestro vino.

> En ella está la lira,
> en ella está la rosa,
> en ella está la ciencia armoniosa,

en ella se respira
el perfume vital de toda cosa.
Eva y Cipris concentran el misterio
del corazón del mundo.

Cuando el áureo Pegaso
en la victoria matinal se lanza
con el mágico ritmo de su paso
hacia la vida y hacia la esperanza,
si alza la crin y las narices hincha
y sobre las montañas pone el casco sonoro
y hacia la mar relincha,
y el espacio se llena
de un gran temblor de oro,
es que ha visto desnuda a Anadiomena.

De manera soberbia, Darío presenta el erotismo como motivo tanto ético como estético, como razón artística de vida. La celeste carne de mujer es la belleza, el erotismo, el infinito, el arte y el motor ontológico del ser humano.

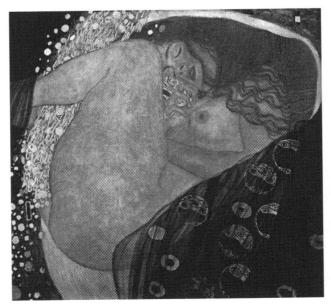

Dánae de Gustav Klimt, prototipo de mujer modernista, tan decadente como sublime.

Esta concepción del erotismo no se da solo en la poesía del nicaragüense, sino que resulta común a otros poetas modernistas hispanoamericanos. Es el caso también de los poetas modernistas Salvador Díaz Mirón, Julián del Casal, el puertorriqueño José de Diego, Manuel Gutiérrez Nájera, y muchos otros. No debemos olvidar que esta celeste carne de mujer, con todo lo que conlleva, supone una concepción del erotismo que identifica la escritura modernista, y que la diferencia con respecto al posmodernismo y las vanguardias, que van renunciando paulatinamente al platonismo que inspira la propuesta finisecular, que mediante el cuerpo femenino permite el acceso al absoluto ilimitado; a ese deseo de lo sublime (esa categoría estética de lo sublime que, por otra parte, caracteriza la modernidad) que rebasa nuestros propios límites mortales y rosas, en el decir del enorme Pedro Salinas.

54

¿CÓMO PODEMOS CARACTERIZAR EL TRATAMIENTO ERÓTICO Y NOVELÍSTICO DE MARIO VARGAS LLOSA?

El nobel peruano siempre ha mostrado un explícito interés por el erotismo. Sus reflexiones en torno a la polémica de si pueden diferenciarse los conceptos de «erotismo» y «pornografía» resultan conocidas y de interés. Sin embargo, quizá en el terreno narrativo es en el que el autor ha dejado más patente su fabulosa obsesión por el erotismo. Podríamos mencionar muchos textos narrativos en este sentido, pero baste señalar al menos los siguientes títulos novelísticos: *Pantaleón y las visitadoras* (1973), *La tía Julia y el escribidor* (1977), *Elogio de la madrastra* (1988), *Los cuadernos de don Rigoberto* (1997), *El Paraíso en la otra esquina* (2003) y *Travesuras de la niña mala* (2006), entre aquellas en las que se explicita una fabulación del erotismo y la sexualidad. Por otra parte, es absolutamente esperable el tratamiento del erotismo en la narrativa de Vargas Llosa si tenemos en cuenta la concepción que este novelista universal tiene del género. Para él, el mejor ejemplo de novela es aquel que se aproxime más a la propia realidad de la vida (en la idea de su admirado Flaubert), que aspire a ser una novela total. En esta línea, encaja a la perfección el tratamiento del erotismo en la novela, habida cuenta de que aquel forma parte inexcusable de la vida. Tal y como señala la crítica, además, el tratamiento del erotismo en la narrativa del peruano adquiere una pluridimensionalidad atractivísima, ya que al mismo tiempo, la propia representación del erotismo da cuenta tanto de toda una suerte de recursos estilísticos específicos como de una determinada sociedad. Así pues, el erotismo se convierte en un territorio generador de la ficción novelesca y en una irradiación caleidoscópica, teniendo en cuenta que a través de él se manifiestan los resortes estilísticos y sociales. José Carlos González Boixo, en un lúcido artículo acerca de *Elogio de la madrastra* (cuya continuación novelesca será *Los cuadernos de don Rigoberto*), reproduce una cita muy elocuente de Vargas Llosa:

La literatura exclusivamente erótica suele ser aburrida, una retórica en la que las variantes posibles de la experiencia amorosa se agotan pronto y comienzan a repetirse de manera mecánica. Su sello característico es la monotonía y comunicar una impresión de irrealidad, de fantasías desconectadas de la experiencia objetiva [...] la literatura que solo aspira a ser erótica está condenada, como el género policial o la ciencia ficción, a ser menor. No hay gran literatura erótica; o, mejor dicho, la gran literatura nunca ha sido solo erótica, aunque dudo que haya gran literatura que, además de otras cosas, no sea también erótica.

Ello viene a confirmar la idea que el autor tiene en cuanto a la literatura exclusivamente erótica (para él, subliteratura) y en cuanto a la gran literatura (concebida como un discurso total que no puede prescindir de la vertiente erótica). Esta lección la aprendió de su queridísima novela de caballerías medieval *Tirant lo Blanch* del valenciano Joan Martorell, un auténtico ejemplo de obra total que concede especial relevancia al erotismo. Aun así, en el caso de *Elogio* y de su continuación (*Los cuadernos de don Rigoberto*) no debemos tomar el erotismo desde una perspectiva ortodoxa, pues en ambas novelas se funde para confundirse con el tono paródico. Además, la primera parece más una especie de divertimento (al modo de novela corta), al tiempo que la segunda presenta una vocación de perdurabilidad. A pesar de que en estas dos novelas el erotismo adquiere un papel preponderante (la primera incluso llegó a ser publicada por La sonrisa vertical, y ambas recrean las perversas relaciones sexuales entre un hijo —que tiende a reproducir las fantasías sexuales del padre— y su madrastra), no queremos dejar de mencionar la importancia que este presenta ya en su segunda novela, *La casa verde* (1965), título que da nombre precisamente a un burdel. En esta misma dirección apuntará *Pantaleón*, cuyo marbete se refiere a su protagonista, un capitán al que le encargan organizar un servicio de prostitutas para satisfacer al ejército de Perú. Ya en esta narración el erotismo se confunde en muchas ocasiones con el humor. En *La tía Julia y el escribidor* se dará rienda suelta a la relación incestuosa del narrador, que no escatima en detalles cuando refiere sus experiencias: «Mientras bailábamos mis labios se hundían con morosidad en su cuello, mi lengua entraba a su boca y sorbía su saliva, la estrechaba con fuerza para sentir sus pechos, su vientre y sus muslos, y luego, en la mesa, al amparo de las sombras, le acaricié las piernas y los senos».

El paraíso en la otra esquina, para algunos críticos, encuentra como eje de las historias paralelas de Flora Tristán y de su nieto, el célebre pintor Gauguin; asimismo, incluye también escenas explícitas de carácter sexual *Travesuras de la niña mala*, una novela que se ocupa de una relación amorosa —entre un adolescente y una «niña mala»— que transcurre durante cuatro décadas.

Queda, pues, de manifiesto que Mario Vargas Llosa, como narrador, le concede un papel vertebral al erotismo y que en las novelas que hemos citado (con desigual acogida entre la crítica) asistimos desde al erotismo más refinado hasta a ciertas menciones de la pornografía o de un sexo explícito. Parece evidente la estrecha relación que el novelista encuentra entre la literatura y el erotismo, hasta llegar a confundir estos conceptos, por momentos.

55

¿SON ERÓTICOS LOS *VEINTE POEMAS DE AMOR Y UNA CANCIÓN DESESPERADA* DE PABLO NERUDA?

Parece que la respuesta solo puede ser afirmativa, ya que se trata de un poemario adolescente en el que el genial poeta chileno cantaría los deleites y goces del amor sensual. Aunque no se insiste demasiado en ello, hay que recordar que este poemario tuvo dos títulos anteriores que fueron desechados: *Poemas de una mujer y de un hombre* y, después, *Doce poemas de amor y una canción desesperada*. Este rastreo hasta el título definitivo (incluido) da buena cuenta

Veinte poemas de amor y una canción desesperada

17

Poema 15

Me gustas cuando callas...

Me gustas cuando callas porque estás como ausente
y me oyes desde lejos, y mi voz no te toca.
Parece que los ojos se te hubieran volado
y parece que un beso te cerrara la boca.

Como todas las cosas están llenas de mi alma
emerges de las cosas, llena del alma mía.
Mariposa de sueño, te pareces a mi alma,
y te pareces a la palabra melancolía.

Me gustas cuando callas y estás como distante.
Y estás como quejándote, mariposa en arrullo.
Y me oyes desde lejos, y mi voz no te alcanza:
Déjame que me calle con el silencio tuyo.

Déjame que te hable también con tu silencio
claro como una lámpara, simple como un anillo.
Eres como la noche, callada y constelada.
Tu silencio es de estrella, tan lejano y sencillo.

Me gustas cuando callas porque estás como ausente.
Distante y dolorosa como si hubieras muerto.
Una palabra entonces, una sonrisa bastan.
Y estoy alegre, alegre de que no sea cierto.

Conocidísima poesía del poemario: «Me gustas cuando callas porque estás como ausente...».

de que el erotismo ha sido demiurgo del poemario desde el primer momento. Que se trata de una celebración del goce sexual de un joven poeta que aún no ha cumplido los veinte años parece lejos de toda duda; al igual que el hecho de que nos encontramos ante un erotismo fundido y confundido con la naturaleza, en el que el cuerpo y el paisaje difuminan sus fronteras para asimilarse. De hecho, tanto la naturaleza como el erotismo compartirán en su poemario una dimensión cósmica, un hálito trascendental. Así, lo telúrico y lo corpóreo ofrecen su sensualidad como infalible acceso al absoluto. Esta concepción nerudiana se inspira en numerosos precedentes, aunque quizá el más cercano e intenso sea el del genial poeta nicaragüense Rubén Darío, quien también confiere un halo espiritual al cuerpo femenino. Esa sublimidad del cuerpo y la naturaleza sometidos a una simbología común apunta, por una parte, a la influencias de la poesía de Whitman y Darío, y por otra, a los poetas simbolistas. Efectivamente, nos encontramos ante una orquestación de símbolos que pretende establecer correspondencias que constituyan el todo. Se trata también, pues, de una apuesta panteísta. Esta identificación y este carácter totalizador pueden comprobarse en la yuxtaposición de miembros del cuerpo/elementos naturales desde el primer poema:

Cuerpo de mujer, blancas colinas, muslos blancos,
te pareces al mundo en tu actitud de entrega.
Mi cuerpo de labriego salvaje te socava
y hace saltar el hijo del fondo de la tierra.

Fui solo como un túnel. De mí huían los pájaros
y en mí la noche entraba su invasión poderosa.
Para sobrevivirme te forjé como un arma,
como una flecha en mi arco, como una piedra en mi honda.

Pero cae la hora de la venganza, y te amo.
Cuerpo de piel, de musgo, de leche ávida y firme.
¡Ah, los vasos del pecho! ¡Ah, los ojos de ausencia!
¡Ah, las rosas del pubis! ¡Ah, tu voz lenta y triste!

Cuerpo de mujer mía, persistiré en tu gracia.
Mi sed, mi ansia sin límite, ¡mi camino indeciso!
Oscuros cauces donde la sed eterna sigue,
y la fatiga sigue, y el dolor infinito.

En este poema podemos percibir que este poemario, un tanto obviado por la crítica, propone un singular tratamiento del erotismo, que en su instinto sublime articula la divinidad de la mujer desde la más absoluta carnalidad. Además, este poema testimonia el poder de lo telúrico, la evocación de la tierra como matriz genésica, que al igual que el cuerpo femenino es también el ocaso. Quizá esta coincidencia de dotar a la tierra/cuerpo de mujer tanto de la capacidad de crear (genésica) como de destruir (apocalíptica) nos sitúa en la entropía conducente de manera inexorable a lo sublime, a lo ilimitado, donde el fin y el principio se confunden en un mismo magma. Sin embargo, ese gozoso amor (que arranca con absoluta plenitud) devendrá, paradójicamente, nostalgia, sufrimiento, literalmente, «desesperación» y lamento. El propio poema anterior preanuncia la soledad (el túnel) y el dolor, formulado ya como infinito. Esa terrible nostalgia que promueve la pérdida dibuja el erotismo como promotor finalista de la ausencia, en una concepción contradictoria de dolor/placer. La soledad se define desde el disfrute desaparecido del erotismo, de cuyo extremo da cuenta por excelencia el celebérrimo poema veinte, anterior a la canción desesperada que cierra la obra:

Puedo escribir los versos más tristes esta noche.

Escribir, por ejemplo: «La noche está estrellada,
y tiritan, azules, los astros, a lo lejos».

El viento de la noche gira en el cielo y canta.

En las noches como ésta la tuve entre mis brazos.
La besé tantas veces bajo el cielo infinito.

Ella me quiso, a veces yo también la quería.
Cómo no haber amado sus grandes ojos fijos.

Puedo escribir los versos más tristes esta noche.
Pensar que no la tengo. Sentir que la he perdido.

Oír la noche inmensa, más inmensa sin ella.
Y el verso cae al alma como al pasto el rocío.

Qué importa que mi amor no pudiera guardarla.
La noche está estrellada y ella no está conmigo.

Eso es todo. A lo lejos alguien canta. A lo lejos.
Mi alma no se contenta con haberla perdido.

Como para acercarla mi mirada la busca.
Mi corazón la busca, y ella no está conmigo.

La misma noche que hace blanquear los mismos árboles.

Nosotros, los de entonces, ya no somos los mismos.

Ya no la quiero, es cierto, pero cuánto la quise.
Mi voz buscaba el viento para tocar su oído.

De otro. Será de otro. Como antes de mis besos.
Su voz, su cuerpo claro. Sus ojos infinitos.

Ya no la quiero, es cierto, pero tal vez la quiero.
Es tan corto el amor, y es tan largo el olvido.

Porque en noches como ésta la tuve entre mis brazos,
mi alma no se contenta con haberla perdido.

Aunque éste sea el último dolor que ella me causa,
y estos sean los últimos versos que yo le escribo.

56

¿CONOCES LOS TEXTOS MÁS ERÓTICOS DE JULIO CORTÁZAR?

Hemos de aceptar que, en primer lugar, por lo que resulta más conocido el argentino Julio Cortázar es por el género cuentístico. Quizá, en segundo lugar, por su célebre novela titulada *Rayuela*, que supuso una auténtica renovación del género novelístico y en la percepción de la literatura, en general. Puede que, en tercer lugar, también sea conocido por su labor ensayística, y como escritor heterodoxo de géneros híbridos o anfibios, lindando con la producción de almanaques. Y, finalmente, algunos lectores y críticos lo recuerdan como poeta. Pues bien, la labor de creación literaria del argentino nacido en Bruselas y nacionalizado francés en 1981 comienza por el cultivo de la poesía; es más, el propio autor siempre se consideró como un poeta que anduvo en otros géneros. A pesar de que el erotismo de los textos cortazarianos no se reduce al ámbito poético, como intentaremos demostrar, también aparece en este, aunque se trate de un territorio poco explorado por lectores y críticos en el caso del autor que nos ocupa.

Para Julio, el erotismo resulta ineludible en el arte y es necesario tratarlo; ahora bien, él mismo se jactaba de haber escrito textos eróticos, a ratos sumamente eróticos, y, sin embargo, de no haber utilizado nunca la palabra «concha». Con ello, quiere expresar que concibe el erotismo como un ejercicio necesario de imaginación y de inteligencia que debe traducir culturalmente una experiencia imposible de reducir exclusivamente al ámbito de lo explícito y de lo mostrativo sin pulir. A su juicio, lo meramente pornográfico (si entendemos por ello la muestra literal que no deja nada para la imaginación), adolece de falta de ternura, de ausencia de sentimentalidad que procure la dimensión humana; de ahí la necesidad de la imaginación y de la pátina de lo lúdico, esencial en la cosmovisión del autor que nos ocupa. A través de esta concepción del erotismo, escribió diversos textos que pertenecen a diferentes géneros literarios. Comencemos por el género lírico. Son varios los textos poéticos de Cortázar que se ocupan directamente de una temática de tipo erótico. Aunque se pueden proponer varios ejemplos, por razones de espacio presentaremos los que pueden resultar más significativos al respecto. Merece la pena recordar un soneto, que respeta al máximo las convenciones métricas tradicionales, por una parte, y que, por otra, contraviene en lo temático toda la tradición sonetista. Se trata de un poema extraído de su obra *Salvo el crepúsculo,* publicada en 1981 (en ella recoge la producción lírica que ha venido acumulando al menos durante cuatro décadas):

Su mono azul le ciñe la cintura,
le amanzana las nalgas y los senos,
la vuelve un muchachito y le da plenos
poderes de liviana arquitectura.

Al viento va la cabellera oscura,
es toda fruta y es toda venenos;
el remar de sus muslos epicenos
inventa una fugaz piscicultura.

Amazona de mono azul, el arte
la fija en este rito paralelo,
cambiante estela a salvo de mudanza;

viejo poeta, mírala mirarte
con ojos que constelan otro cielo
donde no tiene puerto tu esperanza.

Como podemos comprobar, no renuncia a la imaginación (hecha metáfora a lo largo de soneto, casi ya alegoría por su continuidad) ni a la creación léxica, llevada a un magnífico paroxismo con el verbo «amanzanar». Pero no queremos dejar de mencionar, al hilo de la creación léxica, un originalísimo capítulo que habita *Rayuela,* el número 68, y que se incardina en la temática erótica de

Julio Cortázar fotografiado en la UNESCO (París). El erotismo constituye un elemento fundamental de su exitosa novela, *Rayuela*.

esta cuestión. Se aborda, pues, el erotismo, pero mediante la invención de un lenguaje inexistente (glíglico) que, sin embargo, se hace abiertamente comprensible para el lector:

Apenas él le amalaba el noema, a ella se le agolpaba el clémiso y caían en hidromurias, en salvajes ambonios, en sustalos exasperantes. Cada vez que él procuraba relamar las incopelusas, se enredaba en un grimado quejumbroso y tenía que envulsionarse de cara al nóvalo, sintiendo cómo poco a poco las arnillas se espejunaban, se iban apeltronando, reduplimiendo, hasta quedar tendido como el trimalciato de ergomanina al que se le han dejado caer unas fílulas de cariaconcia. Y sin embargo era apenas el principio, porque en un momento dado ella se tordulaba los hurgalios, consintiendo en que él aproximara suavemente su orfelunios. Apenas se entreplumaban, algo como un ulucordio los encrestoriaba, los extrayuxtaba y paramovía, de pronto era el clinón, las esterfurosa convulcante de las mátricas, la jadehollante embocapluvia del orgumio, los esproemios del merpasmo en una sobrehumítica agopausa. ¡Evohé! ¡Evohé!

Evidentemente, el contexto en el que se produce, junto al hecho de mantener ciertas palabras existentes o de someterlas solo a ciertas modificaciones formales, supone una inestimable colaboración para comprender el texto. En todo caso, además de la originalidad, esta apuesta supone cuando menos un cuestionamiento de las clásicas propiedades textuales que hacen viable un texto si entendemos por tal la unidad comunicativa mayor cuya intencionalidad del emisor sea correctamente interpretada por parte del destinatario. No podemos olvidar que *Rayuela* presenta, entre otros elementos, un claro interés por el erotismo, tan intenso, azaroso, creativo y genial como la relación entre el protagonista y La Maga.

Por último, cabe mencionar la presencia de textos con temática erótica tanto en el género cuentístico (piénsese en el relato «La señorita Cora» o «Ciclismo en Grigna», publicados en el heterogéneo *Último round*) como en el ensayístico o similares, desplegados en las curiosas publicaciones de *La vuelta al día en ochenta mundos* o *Último round*, presentados a manera de almanaque y de los que se dijo algo con anterioridad.

Así las cosas, el erotismo en Julio Cortázar se convierte en elemento esencial de la imaginación y la creación literarias, convirtiéndose en un territorio especialmente fértil para la invención lingüística y como catalizador excepcional para un surrealismo genético.

57

¿QUÉ MATIZ ADQUIERE LO ERÓTICO EN LA NARRATIVA DE GABRIEL GARCÍA MÁRQUEZ?

No descubrimos nada nuevo si aseveramos que el erotismo resulta esencial en la narrativa del nobel cataquero Gabriel García Márquez. Es una evidencia que *El otoño del patriarca*, *El amor en los tiempos del cólera*, *Memoria de mis putas tristes*, *Cien años de soledad*, *Del amor y otros demonios*, o *La increíble y triste historia de la cándida Eréndira y de su abuela desalmada* son novelas señeras del colombiano universal en las que aparece con especial pujanza el erotismo. Lo que nos conduce a escudriñar el tratamiento del mismo; el enfoque que le otorga el autor. En este sentido, siquiera de manera un tanto gruesa, nos encontramos con que, a pesar de toda la sensualidad que se le asocia al erotismo, este aparece como elemento crítico, transgresor. En general, el erotismo en la narrativa de García Márquez se convierte sobre todo en una manifestación del imposible amoroso, en una especie de lenitivo para la insatisfacción. Sus personajes ansían en la mayoría de las ocasiones un amor absoluto, pero terminan conformándose con encuentros eróticos, a modo de mal menor. Puede resultar ilustrativa al respecto la opinión del patriarca (cuyo nombre, Zacarías, aparece tan solo en una ocasión durante el transcurso de la novela) en la célebre novela del dictador legendario (*El otoño del patriarca*), quien considera el amor como «estreñimiento del hombre», para lo que propone una eficaz solución, enraizada en una concepción casi animal, que reduce a la pareja a hembra y a macho, al mismo tiempo que plantea el amor en meros términos de violencia:

Los hombres cuando están estreñidos de mujer, le propuso secuestrársela como hizo con tantas mujeres retrecheras que habían sido sus concubinas, te la pongo a la fuerza en la cama con cuatro hombres de tropa que la sujeten por los pies y las manos mientras tú te despachas con la cuchara grande, qué carajo, te la comes barbeada, hasta las más estrechas se revuelcan de rabia al principio y después te suplican que no me deje así mi general como una triste pomarrosa con la semilla suelta.

Así pues, percibimos con claridad un tratamiento del erotismo vehemente, instintivo y un tanto animalizado que relata una violación. Este mismo personaje, al recordar su primera experiencia sexual, a través de la fícticia instancia del narrador, nos dibuja a una mujer bañándose en el río que acepta a ese ser miedoso y trémulo para iniciarlo, misericordiosa, en las artes eróticas. En general, en esta novela, el protagonista —según le hacen saber las propias mujeres— confunde el deseo y la satisfacción sexual con el amor.

También en *El amor en los tiempos del cólera* aparece un erotismo sin concesiones; recuérdese la reacción del doctor Urbina ante Fermina Daza, a medio vestir:

No era fácil saber quién estaba más cohibido, si el médico con su tacto púdico o la enferma con su recato de virgen dentro del camisón de seda, pero ninguno miró al otro a los ojos, sino que él preguntaba con voz impersonal y ella respondía con voz trémula. […] Al final el doctor Juvenal Urbina le pidió a la enferma que se sentara, y le abrió la camisa de dormir hasta la cintura con un cuidado exquisito: el pecho intacto y altivo, de pezones infantiles, resplandeció un instante como un fogonazo en las sombras de la alcoba, antes de que ella se apresurara a ocultarlo con los brazos cruzados. Imperturbable, el médico le apartó los brazos sin mirarla, y le hizo una auscultación directa con la oreja contra la piel, primero el pecho y luego la espalda.

Precisamente, en esta novela descubrimos un tratamiento del erotismo (entendido como placer sensual) que lo diferencia del amor. Mientras que el amor resulta un espejismo que hay que llevar hasta la muerte, para que la calme, el erotismo como goce se comporta como recurso excepcional para soportar la vida. De ahí, el arrebato de las pasiones, la animalidad de los encuentros. Esta concepción aparece también en *La increíble y triste historia de la cándida Eréndira y de su abuela desalmada*, en la que la protagonista (Eréndira) es prostituida, por parte de su abuela, con infinidad de hombres para sufragar las deudas (recuérdese que la casa de la abuela queda reducida a cenizas tras un incendio ocasionado por un descuido de Eréndira, lo que le supondrá prostituirse para compensar a la abuela). Una vez más, se trata de un erotismo salvaje, que animaliza a los protagonistas. Ello queda patente desde el primer encuentro de la protagonista con un hombre para empezar a pagar su deuda:

A la primera tentativa del viudo Eréndira gritó algo inaudible y trató de escapar. El viudo le contestó sin voz, le torció el brazo por la muñeca y la arrastró hacia la hamaca. Ella le resistió con un arañazo en la cara y volvió a gritar en silencio, y él le respondió con una bofetada solemne que la levantó del suelo y la hizo flotar un instante en el aire con el largo cabello de medusa ondulando en el vacío, la abrazó por la cintura antes de que volviera a pisar la tierra, la derribó dentro de la hamaca con un golpe brutal, y la inmovilizó con las rodillas. Eréndira sucumbió entonces al terror, perdió el sentido, y se quedó como fascinada con las franjas de luna de un pescado que pasó navegando en el aire de la tormenta, mientras el viudo la desnudaba desgarrándole la ropa con zarpazos espaciados, como arrancando hierba, desbaratándosela en largas tiras de colores que ondulaban como serpentinas y se iban con el viento.

La extensión del fragmento se justifica por su carácter ilustrativo y por el hecho de que, además, aparece la capacidad metafórica que se asocia con lo erótico, lenitivo para la vida y transformador metafórico de la realidad. Así, en la órbita del realismo mágico, el erotismo también adquiere carta de naturaleza mediante su capacidad onírica, entroncada en cierto surrealismo. En su célebre novela titulada *Cien años de soledad*, también predomina esta visión animal del erotismo, al mismo tiempo que se convierte en resorte de la imaginación y de la creatividad. Y queda patente en el carácter transgresor que vuelve a conferirle al erotismo (la adolescente con la que se inicia Aureliano es capaz de realizar setenta relaciones sexuales por noche; el propio Aureliano tendrá diecisiete hijos bastardos; hay menciones directas de lo descomunal en el caso del último Aureliano; etc.). De hecho, Macondo es un lugar invadido por un erotismo lúbrico prácticamente generalizado. Resulta un erotismo en muchas ocasiones arrebatado, instintivo, como un recurso para que la existencia se haga más soportable. Esto mismo le sucede al protagonista de *Memoria de mis putas tristes*, que anota sus quinientos catorce encuentros con mujeres, basados mayoritariamente en el apresuramiento y la violencia. Así asalta a Damiana, su sirvienta:

> Recuerdo que yo estaba leyendo La lozana andaluza (Biblia de la putería) en la hamaca del corredor, y la vi (a la fiel Damiana) por casualidad inclinada en el lavadero con una pollera tan corta que dejaba al descubierto sus corvas suculentas. Presa de una fiebre irresistible se la levanté por detrás, le bajé las mutandas hasta las rodillas y la embestí en reversa. Ay, señor, dijo ella, con un quejido lúgubre, eso no se hizo para entrar sino para salir.

Abunda en su narrativa la sexualidad salvaje y tempestuosa, el erotismo como búsqueda desesperada e inevitable de un amor que parece, casi siempre, inalcanzable. El erotismo en la narrativa marquesina, pues, como canal de acceso al amor, casi como sucedáneo posible, adquiere una dimensión crítica, transgresora, repleta de contradicciones y de magia.

58

¿CUÁL ES EL CARÁCTER QUE PRESENTA EL EROTISMO DE *AURA* DE CARLOS FUENTES?

Esta novela del escritor mexicano Carlos Fuentes resulta singular por diversos motivos. Uno de ellos, desde luego, resulta de su condición de novela corta, que no fue el formato que participaría activamente en el *boom*, a pesar de que sí se publicó durante los años del famoso fenómeno, concretamente en 1962. Por otra parte, es una narración que adopta la segunda persona del singular, un tratamiento reservado, eminentemente, para el género teatral y, de manera inevitable, para la reproducción de diálogos. Esta peculiaridad hace que la historia enganche por la solapa al lector y lo introduzca en sus vicisitudes. Además, su dimensión fantástica adquiere un matiz especial al tratar de manera fantasmagórica el siniestro asunto del doble.

El papel del erotismo en esta novela resulta especialmente llamativo. Ante el hechizo y la brujería de la anciana Consuelo, que parece desdoblarse en la joven Aura, el erotismo (como placer sensual) se convierte en elemento que contrarresta los efectos. Cuando Felipe Montero, que será a su vez el joven marido de Consuelo antes de fallecer prematuramente, se encuentra con Aura, esta es muy joven. Sin embargo, conforme mantiene relaciones sexuales, Aura se va degradando, envejece con sorprendente rapidez. En este sentido, el erotismo aparece como el antagonista del mal y de la brujería, lo que provoca que contrarreste sus efectos. Además, el erotismo aparece vinculado íntimamente a lo fantasmal y a lo onírico de diversas maneras. Por una parte, el ambiente fantástico de la novela se encuentra potenciado por un erotismo que impulsa lo imaginativo y la pátina de lo irracional. No en vano, como sostienen los críticos y estudiosos, el erotismo supone, de alguna forma, proyectar imágenes imposibles, ensoñadas, con el deseo de acceder a ellas. Pues bien, esa capacidad imaginista del erotismo potencia el carácter fantástico de la narración, contribuye a generar una esfera onírica que habita ya en lo irracional. Por otra, algunos críticos han insistido en la concepción del erotismo medieval que recupera en este texto. Según la concepción del medioevo, vienen a sostener, el erotismo se asociaba a lo fantasmagórico como una imagen inventada del deseo que permitía acceder al tú erótico. Desde esta perspectiva, Aura deviene fantasmal reiteradamente, puesto que parece tanto producto de la brujería y el sortilegio como resultado fantasmal de lo erótico, carnalización ficticia del erotismo.

La experiencia erótica se manifiesta con cierto carácter fantasmal, en la que se diluyen las fronteras convencionales, sin olvidar que este mismo hecho supone también la dimensión sublime del ser humano. En la infinitud del erotismo se prescinde la mortalidad y las circunstancias concretas de cada cual. Consuelo ha perdido a su marido, pero parece recuperarlo en la figura del historiador Felipe Montero a través del erotismo.

De alguna forma, la anciana Consuelo se reencuentra (sempi-ternamente), en cada acto erótico, con su esposo fallecido. En la narración, se producen tres encuentros entre el historiador y Aura. Estos tres encuentros eróticos dibujan una línea ascen-dente hacia lo transcendente. Así, desde el primer encuentro, que propone una unión carnal, pasaríamos a la exaltación de lo sagrado en el segundo —la profanación del misterio, de la que también habló Georges Bataille—, hasta el último encuentro erótico, en el que asistimos a lo inefable, a la puesta de palabras para lo que no las tiene, aquello que nos transciende al tiempo que nos define. Entre el onirismo, la fantasía, la irracionalidad y la magia describe así el autor mexicano uno de los encuentros:

Sientes esas manos que acarician tu rostro y tu pelo, esos labios que murmuran con la voz más baja, te consuelan, te piden cal-ma y cariño. Alargas tus propias manos para encontrar el otro cuerpo, desnudo, que entonces agitará levemente el llavín que tú reconoces, y con él a la mujer que se recuesta encima de ti, te besa, te recorre el cuerpo entero con besos. No puedes verla en la oscuridad de la noche sin estrellas, pero hueles en su pelo el perfume de las plantas del patio, sientes en sus brazos la piel más suave y ansiosa, tocas en sus senos la flor entrelazada de las venas sensibles, vuelves a besarla y no le pides palabras.

A pesar de que las interpretaciones en torno a esta obra originalísima, y por lo tanto también acerca del tratamiento del erotismo en ella, son numerosísimas (no olvidemos las interpre-taciones colonizadoras desde lo erótico, muy interesantes), pode-mos aceptar que, si la novela propone dos dimensiones paralelas (el exterior y el interior, la realidad y la fantasía, lo material y lo transcendente), el erotismo se convierte en resorte fundamental para generar la dimensión interior, fantástica y transcendente. La fantasmagoría de lo erótico permite canalizar la imaginación tanto como lo irracional, lo onírico y la creación artística. Así, Aura es la Dulcinea, ese espectro erótico generado por nuestras propias ansias de absoluto, tan siniestro como ansiado, que todos necesitamos abrazar para reafirmarnos en nuestra condición de seres humanos, nacidos con la tragedia de vivir una sola vida y desear infinitas.

59

¿Cómo es el amor en la famosa novela romántica María de Jorge Isaacs?

La novela colombiana del Romanticismo encuentra con la publicación, en 1867, de *María* de Jorge Isaacs su caso paradigmático. Hasta tal punto es así que, en realidad, podemos afirmar que se trata de una novela que representa la novela romántica hispanoamericana, entre otros pocos títulos modélicos. Esto significa que el tratamiento del amor, tal y como corresponde a una novela de esta laya, ha de ser necesariamente romántico. Esta novela se ocupa de dar cuenta de los amores entre dos primos: Efraín y María. Ya desde el principio nos encontramos con una concepción catastrofista del amor, plenamente romántica. El amor romántico, pese a la imagen vulgarizada y generalizada del mismo, no es nunca un amor inocuo. En el Romanticismo, y también en la narración que nos ocupa, el amor es el gran desestabilizador, la transgresión por excelencia que conducirá indefectiblemente hacia la muerte. Este es el binomio romántico: amor–muerte, y así se refleja en esta historia. Y es que, junto a esta concepción, surge con fuerza el amor idealizado. La novela se ocupa del amor puro, de ese primer amor que habita en las instancias de la abstracción, prácticamente del enamoramiento del amor mismo, sin corporeidad material. En realidad, esta concepción tiene mucho que ver con la fusión de la sentimentalidad y del paisajismo, ya que el amor se sublima en diferentes dimensiones para evitar el cuerpo como producto del intercambio erótico (cuerpo que elogia y ensalza el amante como dimensión transcendente e inasible, por otra parte), aunque por ello caiga precisamente en cierta suerte de fetichismo (recordemos los éxtasis de Efraín cuando besa las prendas de su enamorada). Se trata de un amor tan funesto como eterno, tan idílico como irrealizable, tan puro como imaginado, tan primero como último, finalista. Da la sensación de inspirarse en toda la tradición del amor cortés y de la idealización amorosa renacentista. La separación con respecto a la amada, que es inalcanzable por definición, solo sirve como acicate para acrecer el amor. Las privaciones y sufrimientos no solo no constituyen obstáculo, sino que enardecen y alimentan ese amor con mayúsculas, convertido ya en experiencia ontológica, existencial.

Monumento a la
novela *María* de
Jorge Isaacs, en Cali
(Colombia)

Verdaderamente, ello encaja con una concepción neoplatónica amorosa, ya que ese amor irrealizable se convierte en extensión necesaria de la existencia humana.

El propio Efraín hará explícito este tratamiento del amor en un parlamento suyo:

> ¡Primer amor!... Noble orgullo de sentirnos amados: sacrificio dulce de todo lo que antes nos era caro a favor de la mujer querida; felicidad que compraba para un día con las lágrimas de toda una existencia, recibiríamos como un don de Dios; perfume para todas las obras del porvenir; luz inextinguible del pasado; flor guardada en el alma y que no es dado marchitar a los desengaños; único tesoro que no puede arrebatarnos la envidia de los hombres; delirio delicioso... inspiración del cielo...¡María! ¡María! ¡Cuánto te amé! ¡Cuánto te amara!

El amante, pues, se realiza, se identifica, resuelve su identidad en el amor. Evidentemente, María, como buena heroína romántica prototípica, ha de ser enfermiza. Aquí lo es trágicamente y, por añadidura, genéticamente. La madre de María muere a temprana edad debido a una enfermedad epiléptica que, por supuesto, habrá de heredar su hija. De esta manera, cuando Efraín se ve obligado a separarse de su amada para conseguir que, transcurrido un tiempo, nadie se oponga a su puro amor, la frágil María empeora y muere. Así, la novela establece un camino directo entre amor y muerte. Esta senda parece responder a una continuidad compartida (el absoluto y la condición eterna del amor romántico vienen a coincidir con el carácter irreversible de la muerte, con su esencia permanente y absoluta). El amor se reviste de paciencia a sabiendas de que ha de desembocar en la muerte para permanecer en lo ilimitado, para satisfacer el tragicismo que acompaña a la esencia de la existencia humana y, también, a la del amor desde una cosmovisión romántica.

Esta novela sentimental tuvo tal éxito que eclipsó todas las producciones poéticas posteriores del autor, cuya suerte quedó unida ya en la historia de la literatura a su inmortal novela.

María, por lo tanto, ensalza la idealización amorosa, el amor puro e imposible al mismo tiempo que relaciona trágicamente el amor con la muerte. El carácter prohibido del amor conduce hacia el desastre a los amantes; si el amor se convierte en la razón de ser de los protagonistas, también supone su propia consunción, inevitable.

60

¿SE HA ABORDADO SUFICIENTEMENTE EL EROTISMO Y LA RELACIÓN DE ESTE CON LAS VANGUARDIAS EN EL POEMARIO *TRILCE* DE CÉSAR VALLEJO?

Sin lugar a dudas, la poesía del peruano César Vallejo constituye un jalón esencial en la literatura escrita en lengua castellana o española. El erotismo es un elemento constitutivo de su propio discurso poético, por lo que tanto el autor como su producción tienen mucho que decir en este bloque de cuestiones. *Trilce* es un poemario único, el segundo que publicó su autor, en 1922. Después de la experiencia de *Los heraldos negros*, inspirada directamente en la estética modernista, desemboca en una experiencia que encuentra su caldo de cultivo en las vanguardias. Para muchos críticos, la madurez poética de Vallejo llegará con publicaciones posteriores, pero lo cierto y verdad es que este peculiarísimo libro sigue dando mucho de lo que hablar. No solo desde su propio título (para algunos un anagrama de las palabras triste y dulce; para otros, mera experimentación vanguardista que apunta hacia el sinsentido), sino precisamente desde el tratamiento del erotismo. Como es sabido, escribe este libro en difíciles circunstancias (secuelas de la Primera Guerra Mundial, fallecimiento de su madre, complicaciones afectivas y prisión). Son setenta y siete poemas que muestran una evidente influencia de los movimientos de vanguardia (tanto del surrealismo como del ultraísmo o del futurismo) y que provocan una auténtica sensación de sorpresa en el lector, pues después de la renovación lingüística de su primer poemario, vuelve a colocarse a la cabeza de la innovación literaria mediante una estética diferente a la anterior. Es de señalar el hecho de que, finalmente, el grandísimo poeta peruano violenta igual el lenguaje que el erotismo, es decir, que nos encontramos ante una concepción agresiva del erotismo que pasa por el forzamiento mismo de las palabras. Esto puede comprobarse con claridad en el poema XIII:

Pienso en tu sexo.
Simplificado el corazón, pienso en tu sexo,
ante el hijar maduro del día.
Palpo el botón de dicha, está en sazón.
Y muere un sentimiento antiguo
degenerado en seso.

Pienso en tu sexo, surco más prolífico
y armonioso que el vientre de la Sombra,
aunque la Muerte concibe y pare
de Dios mismo.
Oh, Conciencia,
pienso, sí, en el bruto libre
que goza donde quiere, donde puede.

Oh, escándalo de miel de los crepúsculos.
Oh, estruendo mudo.

Odumodneurtse!

Un tratamiento erótico sumamente sexual, puramente instintivo. Tanto es así que el poeta encuentra en el surrealismo vanguardista, en la desautomatización e irracionalidad, la mejor manera de privar al instinto erótico, a la pulsión, de la reflexión y el raciocinio. Esta antítesis se materializa en la paronomasia existente entre los vocablos «sexo» y «seso», de los versos primero y sexto respectivamente. Se reivindica, pues, un erotismo casi primitivo; de hecho, se exalta al bruto, incapaz de racionalizar sus instintos. Es más, ese torrente erótico, además de arrastrar la razón, reduce, simplifica y aplaca el sentimiento. El ansia erótica libérrima del poeta contrasta con su tozuda realidad: le resulta casi imposible escapar de una interpretación racional y de una conciencia que se niega a liberarlo. El final del poema resulta sencillamente apoteósico, ya que llega a condensarse la definición del erotismo a través de los recursos retóricos. Ello se condensa, por antonomasia, en los últimos tres versos. Para explicar el erotismo como placer sensual, parte de una sinestesia enraizada en lo metafórico («escándalo de miel en los crepúsculos»), se diluye en un fantástico oxímoron («Oh, estruendo mudo») que se funde con una interjección onomatopéyica, atribuyendo el sentido al significante. Asistimos así a la privación de lo racional, al territorio ocupado por el gemido y el grito que han de conducirnos, ineluctablemente, a la desarticulación misma del lenguaje, sustituido por el éxtasis lingüístico del sinsentido, de la explosión del placer sin palabras: de lo inefable («¡Odumodneurtse!»). Ese grito que pone del revés al «mudo estruendo», escrito de derecha a izquierda y todo junto.

Las vanguardias y su proceder se convierten en el mecanismo por excelencia para privar de razón a la experiencia erótica, necesitada de reconciliarse con la esencialidad del ser humano, privado de todo artificio, incluso de su propio lenguaje.

ALGUNAS CUESTIONES
DÍFICILES DE RESOLVER

61

¿QUÉ RIFIRRAFE HUBO ENTRE VARGAS LLOSA Y GARCÍA MÁRQUEZ?

Aunque es cierto que sí trascendió el momento que supuso la ruptura, para siempre, de estos dos nobeles y grandes amigos, también es verdad que ni los protagonistas ni los testigos del hecho aclararon los motivos. Sabemos que el 12 de febrero de 1976, antes de la exhibición privada de la película *Sobrevivientes de los Andes* en el Palacio de Bellas Artes de México, Gabriel García Márquez, con 49 años de edad, se acercó a su gran amigo Mario Vargas Llosa, nueve años menor que él, con los brazos abiertos para abrazarlo. Según relató Gabo, que nunca habló acerca de los motivos que pudieron provocar el altercado, se acercó a su amigo con los brazos abiertos y recibió un puñetazo inesperado. Como no se lo esperaba, no pudo cubrirse ni defenderse, sino encajar el golpe directo que le propinó el escritor peruano al tiempo que parecía recriminarlo por el comportamiento que el colombiano (o por sus palabras, que esto tampoco está claro) tuvo con la mujer del autor de *La ciudad y los perros*. Por lo que parece, Patricia

Llosa, prima hermana y esposa entonces de Mario, fue en el coche con Gabriel García Márquez, quien la llevó al aeropuerto de Barcelona a que tomara un avión. No se sabe si Gabriel García le insinuó algo a Patricia (ni siquiera en qué tono pudo hacerlo) o si ocurrió algo más, lo que está claro es que no llegaron al aeropuerto, Gabriel García Márquez devolvió a Patricia a su domicilio y esta le relató lo sucedido a su esposo, Mario Vargas Llosa, visiblemente enfadada. El hecho de la agresión tuvo la desagradable capacidad de desunir a dos amigos cuya amistad se había gestado en 1967 debido a las estrechas afinidades literarias y a la admiración mutua que se profesaban. Hasta el punto de que Vargas Llosa defendió y leyó su tesis doctoral en la Universidad Complutense de Madrid en 1971 sobre la narrativa del escritor colombiano hasta la genial novela de *Cien años de soledad*, con el título más atractivo que el de la tesis: *Historia de un deicidio*, del que se tiró una primera edición y cuya segunda edición —tras el rifirrafe del que nos ocupamos en esta cuestión— el arequipeño decidió no publicar. Tal fue su amistad que incluso compartieron agente literaria: Carmen Balcells, fallecida en 2015.

Se han manejado tres hipótesis que pudieran explicar la agresión de Mario a García Márquez, de la que no cabe duda alguna. Una de ellas sostiene que el peruano pensó que el escritor colombiano pretendió arrebatarle la mujer, otra se inclina por una discusión ideológica de tipo político que encontró el pretexto en lo acontecido entre Gabo y Patricia Llosa y, por último, otra hipótesis mantiene que García Márquez pudo aconsejarle a Patricia Llosa que se separase de Mario, pues este andaría flirteando con otra mujer.

En este volumen, huimos de sensacionalismos y de datos sin contrastar, por lo que le concedemos importancia a la fotografía que publicó la prensa dos días después de los hechos. En ella, aparece Gabriel García Márquez, a petición propia y en el estudio de un fotógrafo amigo suyo, luciendo el ojo izquierdo morado y un corte en la nariz. El mismo autor de *Cien años de soledad* afirmó que Mario le había propinado un puñetazo que le provocó un corte en la nariz porque llevaba un anillo en la mano con la que le golpeó.

En todo caso, ambos se comprometieron a no contar nada de aquel suceso y así ha sido; Gabriel García Márquez se ha llevado consigo su secreto y Mario Vargas Llosa no parece estar dispuesto a romper, a este respecto, ese pacto de silencio.

62

¿Tiene algún sentido enfrentar las obras de Borges y Cortázar?

A pesar de que en algunos círculos literarios se ha extendido la necesidad de enfrentar las obras de estos dos argentinos universales, creemos que es erróneo, porque a pesar de las divergencias en el estilo, en la concepción literaria, en los modelos y en las cuestiones de tipo ideológico, lo cierto es que son obras que también presentan algunas convergencias, como puede ser la inclinación de ambos por lo fantástico o su meridiana tendencia al culturalismo, concitando en sus obras literarias los más diversos lenguajes artísticos (música, cine, pintura, escultura, etc.). También sus biografías nos dejaron curiosas similitudes (a pesar de que Borges nació en 1899 y Cortázar en 1914, cumplían años con tan solo dos días de diferencia: el primero, el 24 de agosto; el segundo, el 26. Además, ambos se casaron dos veces y se los llevó el mismo mal: el cáncer; en el caso de Borges, hepático y en el de Cortázar, leucemia. Murieron con dos años de diferencia: primero Cortázar, en 1984, con 69 años; después Borges, con 86).

Quizá esta tendencia al enfrentamiento de sus obras provenga de dos causas muy extendidas: por una parte, la idea de confrontar la manera en que ambos conciliaban vida y literatura: mientras que Borges hacía literatura de la vida, Cortázar haría vida de la literatura. Cuando Yates se refirió a Borges, precisamente vino a decir que, a pesar de la ceguera genética que lo aquejó, en el caso del autor de *Ficciones*, la letra impresa había sustituido a la realidad circundante; el mundo de Borges estaba hecho a golpe de biblioteca.

Es cierto que ambos promovieron una transversalidad muy enriquecedora respecto de los géneros literarios (piénsese en sus magníficos libros pseudoensayísticos o en la búsqueda de las costuras tanto de los géneros narrativos como de los líricos) y que cultivaron con absoluta entrega y con rotundo éxito el llamado género fantástico o la literatura fantástica, si se quiere, por evitar incómodas disquisiciones teóricas que en esta cuestión no vienen al caso. Pero también es verdad, y nos lo recordó Saúl Yurkievich en sus estudios críticos, que su concepción acerca de lo fantástico

Borges (en la primera imagen) y Cortázar no son autores incompatibles; ambos, además de magníficos escritores, fueron lúcidos y soberbios lectores.

se mueve en distintas dimensiones. Mientras que lo fantástico en Borges surge de lo legendario, de lo mítico, de la fantasía literaria, en Cortázar surge de lo cotidiano. Este último hace aflorar lo sobrenatural de lo cotidiano como una especie de cuña que cuestionase el entorno a base del incumplimiento de las normas que impone la razón. Para Julio, lo fantástico convive naturalmente con lo cotidiano (de hecho, en la célebre entrevista que concedió al popular Joaquín Soler Serrano, admitió que en su vida particular asume con total desenvoltura el hecho de que lo sobrenatural acontezca; de esta manera explica la grieta que, en su casa de París, unía las fotografías de una manera selectiva, relacionándolas con una clara intencionalidad de sentido, impelida por lo irracional y lo azaroso). Sin embargo, Borges parecía reservar el tratamiento de lo fantástico desde un compromiso estético que tocaba el ámbito de la creación literaria, en la que sí hacía coincidir lo fantástico con lo natural (si es que podemos emplear tal denominación), pero siempre en los territorios de la ficción.

Aunque no se prodigaron en elogios mutuos, ni mucho menos, ambos dejaron opiniones sobre el otro. Quizá Cortázar en este campo fue más generoso, puesto que a pesar de que Borges reconocería el hecho de sentirse orgulloso de haber publicado en la revista que entonces dirigía, el relato *Casa tomada* del joven Julio, este siempre reconoció el talento y la deuda que le debía en el aprendizaje del tratamiento del lenguaje literario al autor de *El jardín de los senderos que se bifurcan*. Por su carácter demostrativo, reproducimos las palabras que Julio Cortázar dedicó a

Borges en una entrevista que le realizó el periodista del Uruguay Omar Prego:

En principio soy —y creo que lo soy cada vez más— muy severo, muy riguroso frente a las palabras. Lo he dicho, porque es una deuda que no me cansaré nunca de pagar, que eso se lo debo a Borges. Mis lecturas de los cuentos y de los ensayos de Borges, en la época en que publicó *El jardín de senderos que se bifurcan*, me mostraron un lenguaje del que yo no tenía idea. Lo primero que me sorprendió fue una impresión de sequedad. Yo me preguntaba: ¿qué pasa aquí? Esto está admirablemente dicho, pero parecería que más que una adición de cosas se trata de una continua sustracción. Y, efectivamente, me di cuenta de que Borges, si podía no poner ningún adjetivo y al mismo tiempo calificar lo que quería, lo iba a hacer. O, en todo caso, iba a poner un adjetivo, el único, pero no iba a caer en ese tipo de enumeración que lleva fácilmente al floripondio.

Esta breve intervención, además, contravendría la idea de que el autor nacido en Bruselas no era un intelectual. Ciertamente, él siempre negó serlo, pero sus enjundiosas explicaciones, su capacidad para presentar ideas, relacionarlas entre sí y crear nuevos silogismos lo desmienten. También parece falaz la postura que sostiene que la escritura de Borges se puede caracterizar como intelectual y complicada y, por el contrario, la de Cortázar tendería más, por su enraizamiento en lo cotidiano, a la accesibilidad y sencillez. No se trata de obras fáciles, sino de textos —cada cual con sus peculiaridades— que pretenden un lector exigente, que necesariamente ha de adoptar un papel activo.

Por otra parte, sus divergencias ideológicas eran evidentes y estas pudieron alentar (como segunda causa principal) las discrepancias entre los lectores y críticos, que acabarían por presentar a ambos escritores, junto con sus obras, como antagónicos e irreconciliables. Sus posiciones frente a la dictadura militar argentina no pudieron ser más opuestas, desde luego. Incluso, para muchos, tal y como abordaremos en la cuestión pertinente, el conservadurismo político de Borges pudo ser uno de los motivos por los que no le concedieron el Premio Nobel; Cortázar, por su parte, rehuía todo tipo de galardones, descreía del mundo academicista y aborrecía la idea de ingresar en una Academia o de poder formar parte alguna vez de los contenidos desarrollados en un libro de texto.

Luego está el humor, claro; el propio Julio desataba las risas en unas de sus míticas lecturas ante un numeroso público cuando entre un par de relatos, para introducir el que iba a leer a continuación, que guardaba relación con un largo ingreso hospitalario que había padecido, explicó cómo al escritor Julio Cortázar, así, en tercera persona, lo habían ingresado en el pabellón «Borges». El instinto cortazariano daba un giro irónico y divertido a una polémica que, aunque no preocupó nunca a sus protagonistas (con la salvedad quizá de las discrepancias ideológicas), estaba ya en boca de todos.

Finalmente, ni que los autores presenten divergencias estilísticas o estéticas en general, ni el que puedan concebir la creación literaria de manera distinta ha de enfrentarlos necesariamente, como tampoco el hecho de pertenecer al mismo país y de ser grandísimos escritores. Es evidente que nos encontramos ante producciones literarias del más alto nivel, y que no dejaría de representar una pérdida irrecuperable renunciar a la obra de cualquiera de los dos por no sé qué prejuicios y vaya usted a saber qué menudencias.

63

¿A QUIÉN DEBEMOS EL CREACIONISMO, QUE TANTA INFLUENCIA TUVO EN LOS POETAS ESPAÑOLES DE LA GENERACIÓN DEL 27?

No descubrimos nada nuevo si recordamos el peso que las vanguardias supusieron en la producción poética del llamado grupo del 27 (para algunos, resulta discutible que se pueda hablar *stricto sensu* de «generación», puesto que, entre otras posibles motivaciones, no les uniría un hecho histórico común con la debida relevancia; ni el advenimiento de la República en el 31 ni la celebración del tercer centenario de la muerte de Luis de Góngora, poeta Barroco rehabilitado exitosamente por este grupo de poetas, parecen tener la entidad necesaria que atribuía Petersen a la constitución de una auténtica generación literaria). Sea como fuere, a pesar de que se podría profundizar mucho más en esta incidencia, la presencia de las vanguardias (y no solo del surrealismo) resulta esencial en la poesía del 27 y, en general, en la poesía española vanguardista del momento. Poemas de Gerardo Diego, Pedro Salinas, Juan Larrea, Dámaso Alonso, Federico García Lorca, Rafael Alberti, Luis Cernuda, Vicente Aleixandre, entre otros muchos del 27 y poetas de vanguardia, avalan esta influencia. Tampoco la literatura hispanoamericana vivió ajena a las repercusiones vanguardistas; es más, en el caso de la cuestión que nos ocupa, podemos hablar de una participación pionera. Ciertamente, el peso de las vanguardias artísticas europeas lo llenó casi todo y, en cuanto a vanguardias puramente hispánicas (entendidas como las compuestas en castellano o español), se reduciría a las iniciativas del ultraísmo y del creacionismo. Por cierto, la primera de ellas con la presencia hispanoamericana de Jorge Luis Borges, entre sus célebres cultores. Con ello, llegamos al creacionismo como movimiento de vanguardia y a la polémica en torno a su paternidad.

Mucho se ha escrito sobre quién «inventó» el creacionismo, a pesar de que las posibilidades que se han presentado son, a grandes rasgos, dos: o el chileno Vicente Huidobro o el francés Pierre Reverdy. Decimos a grandes rasgos porque se podría hablar de un tercero en discordia, al que si bien no puede atribuírsele la autoría de un manifiesto creacionista concreto o de una obra singularmente generadora del creacionismo, sí se le puede conceder una condición magistral en la concepción y creación vanguardista de la obra artística: Guillaume Apollinaire, cuyo énfasis en la autonomía de la obra artística, en las propuestas surrealistas y en una vida salpicada de polémicas (incluso se le acusó del robo de *La Gioconda*, a pesar de su inocencia) resultó definitivo en las obras consideradas dentro del llamado «arte nuevo». Evidentemente, no vamos a entrar en qué puede ser influencia o camino inaugural, puesto que en la creación literaria, salvo el plagio directo, todo puede explicarse desde la intertextualidad. Así pues, la verdadera polémica se centra en atribuir la paternidad del creacionismo como movimiento literario de vanguardia a Huidobro o a Reverdy. Como puede suponerse, no estábamos allí y, por lo tanto, no podemos dilucidar la cuestión como conviene. Para esclarecerla, nos quedan los documentos. Al hablar de ellos se hace imprescindible acudir al poeta español Guillermo de Torre, quien de manera bastante contradictoria vino a cuestionar la paternidad del chileno aduciendo que este modificó espuriamente la fecha de publicación de uno de sus libros (por cierto, en unas declaraciones se refiere al libro *Horizonte Cuadrado*, publicado originariamente en francés, y en otras, aludiendo al mismo hecho, a la obra titulada *El espejo de agua*) para colocar a Reverdy como continuador de su hallazgo estético y no como fundador. Con todo el interés que pueda representar la polémica, creemos que, en resumidas cuentas, no importan tanto las fechas ni el orden en que se publicaran, sino las obras mismas en cuanto a productos artísticos y culturales. Desde este orden de cosas, en nuestra opinión, cobra especial interés la figura del chileno Vicente Huidobro, puesto que sus disquisiciones teóricas (recuérdese al respecto, verbigracia, el temprano manifiesto *Non serviam*, en el que el autor sienta las bases del creacionismo al afirmar que el artista no debe ser esclavo de la naturaleza ni imitarla, sino optar por crear una realidad propia) resultan del máximo interés.

Si nos damos cuenta, no solo las reflexiones teóricas del célebre autor chileno, sino sus propias producciones líricas —el creacionismo es eminentemente poético— abonan de manera singular y paradigmática la autonomía de la obra artística que propugnaban las vanguardias. No en vano, el creacionismo pretende independizar la creación artística de la realidad circundante, convirtiéndola en la propia emisora de su realidad/referencialidad, ajena a todo lo que no sea ella misma. Precisamente Huidobro llevará esta máxima hasta sus últimas consecuencias en su poemario *Altazor o el viaje en paracaídas*, en el que asistimos, al final, a un lenguaje desarticulado y agramatical que practica la autorreferencialidad, la significación extremadamente arbitraria, consumida por la dictadura del significante, cargado de toda suerte de connotaciones. Además, no podemos dejar de mencionar el trascendental papel que jugó el poeta chileno en las vanguardias españolas tras su participación parisina en las convulsionantes vanguardias europeas. Autores como Juan Larrea o Gerardo Diego cultivaron poemas que se inspiraban directamente en el credo creacionista que se gestó durante el primer tercio del siglo xx.

Lo que sí podemos afirmar es que tanto Vicente Huidobro como Pierre Reverdy contribuyeron de manera directa a dar carta de naturaleza a una corriente artística de vanguardia que consideraba al poeta como un pequeño dios (por su capacidad de crear referentes propios, realidades distintas a la naturaleza), que tendía a evitar lo anecdótico y descriptivo (contribuyendo excepcionalmente a la deshumanización del arte mediante la que

Ortega explicaría la mentalidad subyacente a estos movimientos de vanguardia), que enfatizaba los efectos visuales (en la órbita de la experimentación formal vanguardista) y que, en palabras del chileno, propugnaba que la primera condición del poeta era crear; la segunda, crear y la tercera, crear. Más que la paternidad de la corriente en sí, importa el legado de su propuesta. Así es el creacionismo.

64

¿HA INFLUIDO EL REALISMO MÁGICO HISPANOAMERICANO EN OTRAS LITERATURAS?

Tal y como hemos intentado mostrar en las cuestiones correspondientes, la eclosión del realismo mágico hispanoamericano coincide con la renovación narrativa y con el magnífico éxito comercial del llamado *boom* hispanoamericano. A pesar de que podamos encontrar otros autores de la literatura universal que cultivaron el realismo mágico, el sello de identidad de la literatura hispanoamericana en cuanto a su tratamiento resulta tan representativo de su literatura como exclusivo. Un fenómeno literario, sin negar que también pudiera ser editorial (de esto ya hablamos a su debido momento), de estas características, representado por narradores de primerísima fila, había necesariamente de suponer influencias en literaturas foráneas. Podemos afirmar que la incidencia definitiva la encontró en la literatura española. De hecho, los grandes narradores españoles actuales (Antonio Muñoz Molina o Javier Marías, quien siempre ha afirmado que admiró mucho a los autores del *boom* en aquel momento, pero que no influyeron demasiado en sus novelas, más receptivas a influencias inglesas y francesas, Rosa Montero, etc.) han reconocido siempre su deuda con los escritores del *boom*, profundamente apegados al realismo mágico, que supondría la definitiva internacionalización de la literatura hispanoamericana. Para estos escritores españoles, la influencia que recibieron del *boom* no supuso solo la llegada de aire fresco (tal y como sostuvieron de manera literal), sino una manera de sacar la escritura del español de patrones academicistas que resultaban ya un tanto rígidos. Incluso han llegado a afirmar los propios novelistas españoles que muchos de ellos llegaron a la narrativa literaria escrita en español de aquel momento directamente a través de los autores del *boom* hispanoamericano, hasta el punto de que los autores contemporáneos españoles apenas eran leídos. Se ha llegado a comparar la influencia de esta narrativa en los escritores españoles con la que ejercería Rubén Darío en España desde finales del siglo XIX, y no parece ninguna exageración. Ahora bien, sería un error reducir las influencias de los célebres narradores de los sesenta en Hispanoamérica, enraizados en el realismo mágico, a España. Algunos críticos han llegado a explicar las repercusiones internacionales de estos escritores hispanoamericanos (quizá internacionalmente más conocidos como latinoamericanos) como un universo en expansión. Fueron estos narradores quienes dieron a conocer Hispanoamérica al resto del mundo, internacionalizada a partir de 1960; en palabras de Gerald Martin, crítico:

> No es una exageración afirmar que el sur del continente fue conocido por dos cosas por encima de todas las demás en la década de 1960; estas fueron, en primer lugar, la Revolución cubana y su impacto tanto en América Latina como en el Tercer Mundo en general; y en segundo lugar, el auge de la literatura latinoamericana, cuyo ascenso y caída coincidieron con el auge y caída de las percepciones liberales de Cuba entre 1959 y 1971.

En el caso de la literatura española, podemos comprobar cómo la narrativa hispanoamericana del realismo mágico de los años sesenta marcó una auténtica renovación del género novelístico español. Es así porque, junto a *Tiempo de silencio* de Luis Martín-Santos, ejercen una influencia sin precedentes las novelas de Vargas Llosa (*La ciudad y los perros* coincide en su año de publicación con la novedosísima apuesta experimental del médico español), *Rayuela* de Julio Cortázar, publicada un año después y, en 1967, *Cien años de soledad* de García Márquez. Estas novelas desvelan un universo totalmente nuevo para los novelistas españoles que consigue atraerlos especialmente.

Para muchos críticos, a partir de los años sesenta y setenta se produjo en España una auténtica «invasión de la novela hispanoamericana» que consiguió minimizar el impacto de la novela de Luis Martín-Santos, prácticamente asfixiada por la preeminencia que se le concedió a la novela escrita

Cubierta de la edición conmemorativa de *Cien años de soledad*, a cargo de la RAE y de la Asociación de Academias de la Lengua Española (2007).

por autores hispanoamericanos. En realidad, la influencia de la novela hispanoamericana en la narrativa española encuentra su auge desde 1962 (fecha de la publicación de la novela de Vargas Llosa a la que nos referimos con anterioridad y de la concesión del premio recién inaugurado «Biblioteca Breve» por parte de la Editorial Seix Barral) hasta 1969 (con la publicación de la novela *Coronación*, del chileno José Donoso). Entre medias, se dieron a conocer unos cincuenta narradores hispanoamericanos totalmente desconocidos en España; podemos destacar, además de los ya señalados, a autores como los cubanos Alejo Carpentier y Guillermo Cabrera Infante, el mexicano Carlos Fuentes, el venezolano Fernández León. Todos estos autores hispanoamericanos habilitaron ramificaciones que dieron a conocer a otros tantos: los peruanos Alfredo Bryce Echenique y Julio Ramón Ribeyro, los uruguayos Juan Carlos Onetti y Mario Benedetti, el cubano José Lezama Lima, los argentinos Ernesto Sábato, Osvaldo Soriano, Adolfo Bioy Casares y Silvina Ocampo, el colombiano Álvaro Mutis, el chileno Jorge Edwards, etc.

En un interesante artículo de Miguel Herráez acerca de la ruptura respecto de los moldes novelísticos tradicionales, incluso de los que podía ser representante la novela social española de los años cincuenta, se aborda el hecho de que este punto de inflexión coincida con el fenómeno del *boom* hispanoamericano y se recogen la palabras de un narrador español actual: Eduardo Mendoza, Premio Cervantes 2016. Debido a su carácter esclarecedor, pasamos a reproducir un fragmento proveniente de una entrevista que concedió:

Yo creo que para nosotros [el *boom*] fue importante. Mira, con respecto al *boom* ha habido siempre una actitud hostil por parte de los escritores españoles, una actitud a mi modo de ver injusta, aunque explicable: acostumbrados a ser el hazmerreír de Europa, nos resultaba muy duro tener que admitir además la superioridad de los latinoamericanos. Pero eso no quita que no fuera importante. Yo creo que, desaparecida en el exilio la generación de los que debían haber sido nuestros maestros (Sender, Max Aub, Serrano Poncela, Ayala, etc.), a los que recuperamos tarde y con veneración, y contra los que nunca pudimos sublevarnos, los escritores del *boom* suplieron un poco ese papel. Sigo pensando aún hoy que fue una experiencia irrepetible: no acudir a unos clásicos consagrados por el tiempo y la opinión común, sino asistir al nacimiento de novelas como *Pedro Páramo, Cien años de soledad, La casa verde* o *Paradiso*... eso fue importante. Ellos nos enseñaron (a los escritores y sobre todo a los editores) que podía conjugarse la calidad con la popularidad.

Aunque la influencia de la narrativa hispanoamericana del realismo mágico/de lo real maravilloso a partir de los años sesenta es conocida por su papel preponderante en la renovación novelística española, podemos decir que se internacionalizó. Así, la repercusión de la narrativa hispanoamericana en el mundo fue muy intensa desde los años sesenta, y sigue siéndolo, tal y como podemos comprobarlo en *Leviatán* de Paul Auster, en Italo Calvino (*El barón rampante, El vizconde demediado* y *El caballero inexistente*), en la narrativa de Antonio Tabucchi (las colecciones de *El juego del revés* o *El ángel negro*), o en los españoles Álvaro Cunqueiro (*As crónicas do sochantre*), Gonzalo Torrente Ballester (*La saga/fuga de JB* o *La isla de los jacintos cortados*), Ana María Matute (*Olvidado Rey Gudú*), José María Merino (*La orilla oscura*), Bernardo Atxaga (*Obabakoak*), Luis Mateo Díez (*El espíritu del páramo* o *La ruina del cielo*) y Rosa Montero (*Historia del rey transparente*), por citar algunos de los más conocidos.

65

¿Por qué no le entregaron el Premio Nobel a Borges?

No deja de resultar sorprendente que la obra de este argentino universal, uno de los autores más influyentes del siglo XX, se quedara sin ser reconocida con el premio más prestigioso de las letras. La profundidad, la lucidez, el hecho de haber creado una auténtica literatura virtual parecen reclamar su merecimiento. A pesar de todo ello, no debemos olvidar que tampoco Kafka, ni Joyce, ni otros grandes creadores han sido honrados con tan prestigioso galardón.

Sea como fuere, se han esgrimido diferentes motivos que podrían explicar este hecho. Los motivos políticos, a pesar de que la Academia Sueca los ha rechazado cuando se le ha preguntado después, pudieron pesar para disuadir al jurado. Jorge Luis Borges, invitado por la dictadura de Pinochet, decide aceptar en 1976. No solo acude, sino que, ante el régimen considerado como monstruoso en toda Europa y en la propia América Latina, ofrece un discurso de alabanza. Incluso, en declaraciones posteriores, llegaría a ensalzar al general Augusto Pinochet, al que describiría como «una buena persona». El propio escritor argentino se arrepentiría tiempo después de todas estas palabras. Sin embargo, tal y como anticipábamos, la propia Academia ha rechazado siempre que los criterios ideológicos puedan considerarse en la concesión de un premio tan prestigioso. No es difícil pensar que a esta motivación pudo sumarse la conocida anécdota con respecto a un poeta sueco que resultó ser no solo miembro del jurado del Premio Nobel, sino secretario permanente. Nos referimos a Artur Lundkvist, poeta muy comprometido con la izquierda ideológica, por lo que parece. Este mismo escritor llegó a admitir en alguna ocasión que la Academia Sueca no solía premiar a alguien que había elogiado a un dictador, que tenía esos antecedentes. Pero lo cierto y verdad es que, además, se comenta una anécdota que le habría de suceder al propio Artur Lundkvist a cuenta de Jorge Luis Borges. El escritor argentino asistiría a una comida entre escritores en Estocolmo allá por 1964 y, ante la lectura de un poema, proferiría comentarios que lo ridicularizarían. El poema ridiculizado

Buenos Aires. Busto del escritor argentino eterno candidato al Nobel que se quedó sin el galardón, aunque parece que su obra, desde luego, sí lo hizo meritorio de tal concesión.

por Borges pertenecería al jurado de la Academia Sueca, después secretario permanente de la misma: Lundkvist. Hay que decir que para la viuda de Borges, María Kodama, no hubo otras razones que no fueran políticas en el hecho de que no le concedieran el Nobel al autor de *El Aleph*. Además, su viuda siempre reitera que Borges no fue invitado por la dictadura de Pinochet, sino por la Universidad Católica de Chile, que lo distinguió con un doctorado *honoris causa*. En este tipo de ceremonias, la presencia del mandatario del país era y es habitual por motivos protocolarios.

Aun en el caso de que aceptemos estos matices, Jorge Luis Borges, en contra del consejo de sus amigos, aceptó condecoraciones de la dictadura (la orden del mérito chilena) y manifestó tibieza, cuando no apoyo, respecto a regímenes como el de Videla en Argentina o el de Franco en España. Ello, desde luego, no hubo de facilitarle, según acontecieron los hechos, el acceso al Premio Nobel. En todo caso, parece que el perfil que debiera considerarse a la hora de otorgar un galardón de esta índole haya de ser exclusivamente literario, ajeno a los avatares ideológicos de cada cual, por muy políticamente incorrectos que puedan parecer. Quizá el propio poder mediático, la influencia internacional, la resonancia sin precedentes que supone ganar un premio como el Nobel implique cuestiones que rebasan la mera creación literaria. Desde luego, de lo que no cabe duda alguna es de que la obra del bonaerense satisface sobradamente los méritos que ha de contener una obra literaria para convertirse en merecedora de un premio tan prestigioso. La propia historia de la literatura, con todos sus dimes y diretes, da la razón a una monumental obra plagada de creación, de lucidez, de erudición, de intelectualismo, de finísima ironía y de un encomiable trabajo con la lengua castellana o española, conducida de la mano del escritor argentino hasta un grado de excelencia incuestionable. Tanto es así, que el propio escritor peruano Mario Vargas Llosa, cuando recibió en 2010 el máximo galardón de las letras, admitió sentir vergüenza por recibir el premio que no le otorgaron a Borges.

En resumidas cuentas, y en espera de que la Academia Sueca abra sus archivos para intentar esclarecer este vacío, conviene quedarse con las palabras de Alicia Jurado, miembro de la Academia Argentina de las Letras y amiga del escritor: «Lo importante no es tener el Nobel, sino merecerlo». Las constantes reivindicaciones de la genial obra de Jorge Luis Borges y su eterna candidatura al premio avalan, con creces, un merecimiento que sus poemas, cuentos y ensayos nos revelan de manera permanente.

66

¿PODEMOS ENCONTRAR LA INFLUENCIA DE PABLO NERUDA EN POETAS ESPAÑOLES ACTUALES?

Se dice que Borges y Neruda son los autores hispanoamericanos que más influencia han tenido en la literatura española. Evidentemente, entendemos por poetas actuales a los que han cultivado o cultivan la poesía en el siglo XX y en el XXI. Tradicionalmente, se ha asociado la figura del poeta chileno con la guerra civil española, debido al compromiso político militante que siempre presentó. Aunque es innegable que su ideología comunista lo condujo a defender al bando republicano durante la contienda, aún parece más obvio que no podamos entender al grupo poético del 27 de la literatura española sin el concurso del genial poeta. Si *España en el corazón* da buena cuenta no solo de la influencia que Neruda tuvo en España sino de la honda impronta que España dejó en él, algunos poemarios de Luis Cernuda, la poesía de Manolo Altolaguirre, la pasión lorquiana o el surrealismo de Rafael Alberti no podrían

239

entenderse sin los poemarios nerudianos que los precedieron. Aunque su presencia pudo acentuar las influencias en el período transcurrido entre 1934 y 1938, su poesía incidió antes en los poetas españoles. De hecho, siempre se ha relacionado la publicación nerudiana de *Tentativa del hombre infinito*, marcada por la ausencia de signos de puntuación, con la redacción de *Los placeres prohibidos* de Luis Cernuda, caracterizada exactamente por el mismo motivo. Al igual que la prosa poética cernudiana, que no puede entenderse sin la que cultivara el autor chileno, por ejemplo, en una obra como *Anillos*. Tampoco parece que el surrealismo hubiera calado de la misma forma en los poetas del 27 sin la dimensión poética y humana del autor de *Residencia en la tierra*. Hasta el punto de que, al parecer, la influencia de los ángeles nerudianos se hizo trascendental para la creación del impactante poemario del poeta gaditano Rafael Alberti, *Sobre los ángeles*.

Desde luego, su llegada a España y su posterior presentación en la Universidad Complutense de Madrid por parte de Federico García Lorca se convirtieron en acontecimientos de absoluta relevancia cultural. Lorca lo presenta desde la más sincera admiración y desde un conocimiento riguroso y creativo de la obra del chileno:

> Esto que yo hago ahora se llama una presentación en el protocolo convencional de conferencias y lecturas, pero yo no presento, porque a un poeta de la calidad del chileno Pablo Neruda no se le puede presentar, sino que, con toda sencillez y cobijado por mi pequeña historia de poeta, señalo, doy un suave pero profundo toque de atención.
>
> Y digo que os dispongáis para oír a un auténtico poeta, de los que tienen sus sentidos amaestrados en un mundo que no es el nuestro y que la gente percibe. Un poeta lleno de voces. Un poeta más cerca de la muerte que de la filosofía; más cerca del dolor que de la inteligencia; más cerca de la sangre que de la tinta. Un poeta lleno de voces misteriosas que, afortunadamente, él mismo no sabe descifrar; de un hombre verdadero que ya sabe que el junco y la golondrina son más eternos que la mejilla dura y la estatua.

Pronto, esta amistad llena de literatura supone la creación por parte de Pablo Neruda de una revista crucial: *Caballo verde para la poesía*, fundada en 1935 e impresa por Concha Méndez y Manuel Altolaguirre. Como tantos otros proyectos, este también quedó truncado por la Guerra Civil; aun así, la influencia de esta publicación periódica y su repercusión en la poesía española llega hasta nuestros días, a pesar de sus escasos números. En realidad, el magisterio de Pablo Neruda en la poesía española se convierte en indiscutible, ya que termina por representar una corriente poética contraria a la que se estilaba, en la línea de la pureza juanramoniana. Así, la poesía de Neruda se identifica con la impureza, con la intromisión decidida de lo humano, del compromiso y de lo sentimental en la creación poética. Al convertirse sin pretenderlo en el adalid de una corriente poética diferente, llega a declarar su apuesta por otro tipo de poesía en toda una declaración de intenciones: «Sobre una poesía sin pureza»; en ella, muestra una adhesión sin concesiones a favor de una poesía que renuncia al hermetismo de lo abstracto, que no persigue la pureza de la poesía privada de lo humano, que no la entiende exclusivamente como mero ejercicio intelectual:

La sagrada ley del madrigal y los decretos del tacto, olfato, gusto, vista, oído, el deseo de justicia, el deseo sexual, el ruido del océano, sin excluir deliberadamente nada, sin aceptar deliberadamente nada, la entrada en la profundidad de las cosas en un acto de arrebatado amor, y el producto poesía manchado de palomas digitales, con huellas de dientes y hielo, roído tal vez levemente por el sudor y el uso. Hasta alcanzar esa dulce superficie del instrumento tocado sin descanso, esa suavidad durísima de la madera manejada, del orgulloso hierro. La flor, el trigo, el agua tienen también esa consistencia especial, ese recurso de un magnífico tacto.

Esta concepción poética no solo abonará el terreno para la poesía comprometida de la contienda, sino que sentará las bases de la poesía desarraigada, otorgará carta de naturaleza a la poesía social del compromiso, desembocará en la actualísima poesía de la experiencia e impregnará de impureza la poesía anecdótica, de cierto carácter narrativo, de nuestros días. Por lo tanto, parece difícil entender la poesía actual española sin la mítica impureza poética nerudiana, impregnada de humanidad en su sentido más lírico.

67

¿Quién es José Martí y qué representa tanto para los cubanos como para los hispanoamericanos?

José Julián Martí Pérez, hijo de valenciano y de tinerfeña, fue un escritor, pensador, político y periodista cubano que lideró la independencia de su país respecto a España. Como es sabido, no solo es que José Martí, nombre por el que es conocido popularmente, fundase el Partido Revolucionario de Cuba, sino que tras padecer cárcel por sus ideas promovió una contienda que otorgaría a su pueblo una república libre: la llamada guerra del 95 o Guerra Necesaria, último episodio bélico de Cuba contra la dominación española. Dio la vida por la causa; fue abatido por tres disparos del bando de los realistas cuando contaba tan solo con cuarenta y dos años de edad. De esta manera, para los cubanos, además de héroe nacional, es considerado mártir (no en vano, ha pasado a la posteridad con el sobrenombre de El apóstol de la Independencia de Cuba). Todo ello ha hecho que la Revolución cubana, y el régimen que salió de ella, lo haya convertido en un auténtico icono libertador, en la mismísima línea de un Bolívar o un San Martín. Sin olvidar que con la publicación en 1891 de su ensayo *Nuestra América* promueve la fundación de la identidad del continente. Esto, sucintamente, por lo que toca a su perfil histórico-político tanto en Cuba como en Hispanoamérica, que para muchos habría de ser el perfil más recordado, no porque Martí no fuese un magnífico escritor, sino porque en aquel momento, y para la posteridad, el perfil sobresaliente del cubano era su condición de revolucionario; y su ejemplo. El escritor Ezequiel Martínez Estrada, que estudió en profundidad la obra de Martí, fue muy elocuente al respecto:

> La magnitud y el mérito insigne de la obra literaria de Martí han eclipsado el rasgo más auténtico de su personalidad, que es la del revolucionario. [...] Creo que una valoración exclusivamente literaria de Martí, o apenas superada con algunas tímidas e incidentales consideraciones de carácter filosófico y político, desfigura más que empequeñece su imagen verdadera. ¿Por qué

Fotografía de José Martí, 1892
(Foto de Juan Bautista Valdés)

no decirlo profundamente? Martí fue sencillamente, por naturaleza, por temperamento y por inteligencia, un revolucionario, en la más cabal acepción del término. Me atrevo a decir: de los más conscientes y perseverantes que conoce la historia. Un revolucionario, «y todo el resto es literatura».

Si bien es cierto que el perfil histórico, político e ideológico de José Martí resulta ineludible, tampoco podemos prescindir de su faceta literaria como escritor y de sus consiguientes repercusiones en Hispanoamérica si queremos ofrecer una visión mínimamente rigurosa sobre el autor. La conciliación entre ambos perfiles hace que se trate de una pregunta difícil de responder. En este sentido, en el de la dimensión literaria a la que nos queremos referir ahora, José Martí es considerado como el padre del modernismo hispanoamericano. Rubén Darío es, sin lugar a dudas, el mejor «relaciones públicas» del modernismo, su mejor representante internacional, pero este escritor cubano fue el primer cultor modernista de Hispanoamérica (y a Rubén Darío lo llamó «hijo»), con la publicación en 1882 de su poemario *Ismaelillo*, cuyo título se inspira en uno de sus hijos y que pasa por ser la primera obra modernista hispanoamericana. Y, a pesar de su brevedad, debemos recordar que su repercusión es enorme, porque no solo representa el nacimiento del modernismo hispanoamericano, sino la incorporación de la literatura hispanoamericana a la modernidad. Además, implica la incorporación a la modernidad desde la visión del modernismo, lo que supone una reivindicación de la espiritualidad frente al materialismo que propugnaría el capitalismo asociado al desarrollismo de lo moderno, además de un rechazo a la industrialización en aras de la defensa de lo humano. La siguiente obra poética que publicó, *Versos libres*, supone la apuesta decidida por la innovación formal y la búsqueda de la sonoridad. El propio Martí aludirá a la honestidad y novedad de su obra. En esa misma línea de originalidad, verán la luz sus *Versos Sencillos*, publicados en 1891. Se trata de una obra que mantiene el carácter modernista de las anteriores y que incluye elementos autobiográficos; entre ellos, este célebre autorretrato literario:

Yo soy un hombre sincero
De donde crece la palma.
Y antes de morirme quiero
Echar mis versos del alma.

Yo vengo de todas partes,
Y hacia todas partes voy:
Arte soy entre las artes,
En los montes, monte soy.

Yo sé los nombres extraños
De las yerbas y las flores,
Y de mortales engaños,
Y de sublimes dolores.

Yo he visto en la noche oscura
Llover sobre mi cabeza
Los rayos de lumbre pura
De la divina belleza.

Alas nacer vi en los hombros
De las mujeres hermosas:
Y salir de los escombros,
Volando las mariposas.

He visto vivir a un hombre
Con el puñal al costado,
Sin decir jamás el nombre
De aquella que lo ha matado.

Rápida como un reflejo,
Dos veces vi el alma, dos:
Cuando murió el pobre viejo,
Cuando ella me dijo adiós.

Temblé una vez —en la reja,
A la entrada de la viña,—
Cuando la bárbara abeja
Picó en la frente a mi niña.

Gocé una vez, de tal suerte
Que gocé cual nunca: cuando
La sentencia de mi muerte
Leyó el alcalde llorando.

Oigo un suspiro, a través
De las tierras y la mar,
Y no es un suspiro. Es
Que mi hijo va a despertar.

Si dicen que del joyero
Tome la joya mejor,
Tomo a un amigo sincero
Y pongo a un lado el amor.

Yo he visto al águila herida
Volar al azul sereno,
Y morir en su guarida
La víbora del veneno.

Yo sé bien que cuando el mundo
Cede, lívido, al descanso,
Sobre el silencio profundo
Murmura el arroyo manso.

Yo he puesto la mano osada
De horror y júbilo yerta,
Sobre la estrella apagada
Que cayó frente a mi puerta.

Oculto en mi pecho bravo
La pena que me lo hiere:
El hijo de un pueblo esclavo
Vive por él, calla y muere.

Todo es hermoso y constante,
Todo es música y razón,
Y todo, como el diamante,
Antes que luz es carbón.

Yo sé que el necio se entierra
Con gran lujo y con gran llanto,
Y que no hay fruta en la tierra
Como la del camposanto.

Callo, y entiendo, y me quito
La pompa del rimador:
Cuelgo de un árbol marchito
Mi muceta de doctor.

En este poema, además, encontramos esa fusión con la naturaleza, la identificación humana con el entorno que la define. Dentro de su producción literaria, que destaca en el género lírico y en el ensayístico, debemos recordar que a él se debe la primera novela modernista hispanoamericana: *Amistad funesta*, publicada en 1885. A pesar de que se trata de su única novela y de que la escribe bajo la obligación de las presiones económicas, el hecho de carecer de una finalidad práctica concreta sirvió para que plagase la narración de metáforas y de un refinado esteticismo. Con ella se inaugura la prosa modernista. Y es que, aunque su faceta como lírico es sobresaliente, hay que recordar que Rubén Darío llegó a decir de la prosa martiana que es la más bella del mundo.

Sin lugar a dudas, la sombra de José Martí es más que alargada, tanto en la historia como en la literatura, y se trata de una de las figuras señeras de Hispanoamérica; fue y sigue siendo en el imaginario colectivo un hombre entregado a la libertad:

La libertad ha de ser una práctica constante para que no degenere en una fórmula banal. El mismo campo que cría la era, cría las ortigas. Todo poder amplia y prolongadamente ejercido degenera en casta. Con la casta, vienen los intereses, las altas posiciones, los miedos de perderlas, las intrigas para sostenerlas. Las castas se entrebuscan, y se hombrean unas a otras.

68

¿Es Isabel Allende una escritora de *best seller*?

Tal y como planteamos la pregunta, antes de indagar en las posibles respuestas se hace imprescindible intentar definir el término *best seller* (en español, lo traduciríamos como «superventas»). Con el fin de ser rigurosos, intentaremos eludir la contaminación de ciertas subjetividades al respecto. Así, el término anglosajón se refiere a elementos relacionados con la producción y consumo del libro, que han de conducir a una lectura masiva. Por lo tanto, el *best seller* es un libro que se pone de moda, generalmente referido a una novela, y ello se consigue mediante ciertas características generales difíciles de precisar. Desde luego, se trata de un tipo de obras en las que el lector busca que ocurran bastantes cosas, que tenga una lectura fácil y que contagie ciertas emociones. No es un fenómeno nuevo; seguramente sería comparable al acontecido durante el siglo xix con las novelas de folletín, de amplio consumo lector. Queda, pues, de manifiesto que el autor que pretende escribir una obra de esta índole, difícil de caracterizar con precisión, debe prescindir de la experimentación y ahondar en los estereotipos que resultan exitosos en el mercado, añadiendo a su narración las correspondientes dosis de erotismo, de violencia y de lacrimosidad para obtener el producto deseado.

Sí parece que, en general, las obras publicadas por la famosa narradora chilena se ajustan a cierta repetición estructural que facilitaría la lectura de sus novelas de manera seriada, promoviendo determinados estereotipos que allanarían por reiteración y reconocimientos la tarea del lector. Además, en sus obras se produce una suerte de miscelánea en cuanto a géneros literarios se refiere, ya que tiende a proponer un hibridismo entre el género narrativo de ficción y las recetas (*Afrodita*), entre la autobiografía y la ficción (*Paula*), entre el diario confesional de tipo referencial y la fantasía imaginativa, a ratos sobrenatural, de lo ficticio (*La casa de los espíritus*), entre el periodismo, la historia y la literatura (*De amor y de sombra*), entre la autobiografía, la historia y la imaginación lírica (*Retrato en sepia*), entre el diario, la biografía histórica y la fabulación (*Inés del alma mía*, para algunos, su mejor novela), entre el género picaresco, la reivindicación femenina, la realidad histórica y el folletín televisivo (*Los cuentos de Eva Luna*) o entre

Isabel Allende en
una firma de libros

la biografía con trasfondo histórico y la exaltación del amor
en la vejez, tal y como ocurre en su última novela publicada,
la vigésimo primera ya: *El amante japonés*. Además de esta característica mezcla entre lo real y lo ficticio, entre lo verosímil y lo
sobrenatural, entre géneros literarios, los finales de las exitosísimas
novelas de la escritora chilena (la última ha vuelto a ser superventas) tienden a ser abiertos y a reiterar, integrándolo, el título que
da nombre a la novela. Incluso, algunos personajes se pasean por
diferentes novelas, vertebrando un éxito sujeto a pocos cambios
toda vez que se ha dado con una fórmula que funciona a las mil
maravillas en el mercado. Otra peculiaridad de este tipo de obras
es que nacen ya con la vocación de ser adaptadas a la gran pan-
talla, extremo frecuentísimo en las novelas de la chilena asentada
en Estados Unidos. Por otra parte, las novelas de Isabel Allende
han sido capaces de construir una sólida y atractiva voz narradora
en femenino, tan llena de estereotipos como de reivindicaciones.
Mujeres con carácter que despliegan con palabras y obras el espacio de libertad escamoteado injustamente por una sociedad que
tradicionalmente ha sido construida desde un sistema patriarcal.
De esta forma, la imaginación, como el formato del diario, se
convierte en la corriente necesaria de subversión femenina, de
territorio en el que expresarse libremente con la intencionalidad
de transformar una realidad injusta. El ámbito de la invención,
pues, tanto en las protagonistas de sus novelas como en ella misma
deviene espacio de libertad transformador.

Entre otros elementos que hemos intentado compendiar
aquí, desde luego, las novelas de Isabel Allende promueven
una intensa empatía lectora. La identificación con los personajes (inclúyase al narrador como instancia ficticia) se consigue

con una construcción encomiable del universo emocional. Sirva como muestra este espléndido botón, extraído de *La casa de los espíritus*, novela paradigmática de su autora:

Trató de recordar el frío, el silencio y esa preciosa sensación de ser los dueños de la tierra, de tener veinte años y la vida por delante, de amarse tranquilos, ebrios de olor a bosque, y de amor, sin pasado, sin sospechar el futuro, con la única increíble riqueza de ese instante presente, en que se miraban, se olían, se besaban, se exploraban, envueltos en el murmullo del viento entre los árboles y el rumor cercano de las olas reventando contras las rocas al pie del acantilado, estallado en un fragor de espuma olorosa, y ellos dos, abrazados dentro del mismo poncho como siameses en un mismo pellejo, riéndose y jurando que sería para siempre, convencidos de que eran los únicos en todo el universo en haber descubierto el amor.

El virtuosismo de construir desde lo particular un discurso en sintonía con lo universal, de suerte que cada lector, y mayoritariamente todos los lectores, se encuentren identificados con el qué y con el cómo de la historia, resulta indiscutible. Hemos de suponer que también entre los *best seller* puede habitar en ocasiones la buena literatura. Lo que parece lejos de toda duda es que Isabel Allende es una escritora de *best seller*, no hay más que acudir a las estadísticas de las ventas de sus obras para corroborarlo.

69

¿LOS AUTORES HISPANOAMERICANOS MÁS CÉLEBRES SON LOS MÁS «EUROPEOS»?

Evidentemente, nos encontramos ante una pregunta de muy difícil respuesta, por varios motivos: uno de ellos pasaría por la consideración de autores «célebres» (¿a qué nos referiríamos con tal denominación? ¿Quizá a autores que han gozado de éxito de ventas? ¿A aquellos que han sido galardonados con prestigiosos premios? ¿Célebres en Hispanoamérica o en Europa?), otro tendría que ver con la consideración que podamos hacer de «europeos» (¿En cuanto a que residieron largo tiempo en Europa y se asimilaron más a este tipo de mentalidad? ¿Referido a que su escritura presenta una concepción europeísta?). Si entendemos por célebres aquellos autores cuya reputación ha rebasado las fronteras de Hispanoamérica tanto por la calidad de sus obras como por su repercusión, desde luego el fenómeno del *boom* hispanoamericano en España, que se hizo internacional, a partir de los años sesenta o setenta del siglo XX, constituiría un momento esencial al respecto.

En cuanto al hecho de que aquellos que gozaron de mayor celebridad hubieran de responder a ciertas características europeas, sería difícil pronunciarse, ya que se dan simultáneamente dos fenómenos que añadirían confusión. Por una parte, es evidente que fórmulas como la del realismo mágico o lo real maravilloso resultan muy atractivas en Europa, a pesar de que se desmarcan en su tratamiento del enfoque clásico y optan por mostrar un carácter singular, de idiosincrasia americana, si se quiere. Es decir, por una parte, parecería celebrarse el tono caracterizador de lo americano, su rasgo identificador en oposición a la cosmovisión europea. Pero, por otra parte, resulta innegable que toda la narrativa hispanoamericana que condujo a sus autores hacia la celebridad se encuentra poderosamente influida por la narrativa europea, sin la que no podríamos entender aquella, sencillamente. Así, las narraciones de Vargas Llosa, Fuentes, Cortázar, Onetti, García Márquez, Carpentier y un sabrosísimo etcétera serían incomprensibles sin las aportaciones literarias de Joyce, Proust o Kafka, por referir indiscutibles líneas de influencia directa en las obras de escritores hispanoamericanos.

Por consiguiente, podríamos afirmar que los autores más celebrados internacionalmente, consciente o inconscientemente, encontrarían la fórmula de su repercusión universal al llevar a cabo una reinterpretación americana singular desde ciertos presupuestos artísticos europeos. Desde luego, a pesar de que muchos de estos autores residieron o residen durante muchísimo tiempo en ciudades europeas (Julio Cortázar y París, Carlos Fuentes y Londres, Mario Vargas Llosa y Madrid, Borges y Suiza, Alejo Carpentier y París, etc.), en sus obras se valoró sobremanera el acento americano, la peculiar cosmovisión de una literatura, la hispanoamericana, que a partir del *boom* se hizo internacional. Desde luego, de ello dio buena cuenta la concesión de los galardones más prestigiosos en Europa a autores hispanoamericanos.

70

¿QUÉ REPERCUSIONES LITERARIAS TUVIERON TANTO LAS DESERCIONES COMO EL APOYO INFLEXIBLE Y EL RESPALDO VACILANTE POR PARTE DE LOS ESCRITORES HISPANOAMERICANOS RESPECTO A LA REVOLUCIÓN CUBANA?

Es obvio que la Revolución cubana tuvo una influencia definitiva en la literatura cubana; concretamente, dio dos tendencias fundamentales: la narrativa de la revolución y la narrativa situada fuera de ella. Hemos de admitir que el modelo de narración impulsado por Fernández Retamar o por Carpentier (con un tono épico) no tuvo el éxito ni la resonancia en la literatura hispanoamerica del que gozaron las narraciones de Lezama Lima, de Reinaldo Arenas, Severo Sarduy o Guillermo Cabrera Infante. Desde luego, han sido consideradas como mejores o, al menos, como más prestigiosas, las novelas escritas desde fuera de la adhesión incondicional a la revolución cubana.

El triunfo de la revolución cubana supuso una auténtica agitación de la vida cultural e intelectual de Hispanoamérica. Muy pronto mostraron su apoyo la mayoría de los escritores hispanoamericanos, hasta el punto de que el fenómeno del *boom* vino a asociarse con el apoyo a la revolución como elemento aglutinante del grupo. Aunque su compromiso es evidente, muchos de estos autores deciden no integrar la Revolución cubana en sus obras, o hacerlo de manera sumamente tangencial, como en el caso de Julio Cortázar, quien —salvo en su cuento *Reunión*— apenas introduce nada al respecto en el ámbito de lo ficticio. Lo que resulta evidente es el entusiasmo inicial con el que Gabriel García Márquez, Mario Vargas Llosa, Carlos Fuentes, Pablo Neruda y muchos otros autores acogen la revolución de 1959. En todo caso, sea desde la adhesión, desde la distancia o desde el rechazo a la revolución o al régimen que se inauguró después de esta, se trata de autores que no están dispuestos, en general, a dedicar su obra a una causa, sino mantenerla fiel a sí misma, en defensa de una manera de entender la escritura desde el compromiso estético y no desde el político. El encarcelamiento del poeta Heberto Padilla y de su mujer supuso un distanciamiento por parte de muchos

Imagen de Ernesto Guevara,
conocido como El Che, uno
de los representantes por
antonomasia de la revolución
cubana.

intelectuales. No se supieron las razones concretas, pero todo el mundo sabía que Padilla era un hombre de la izquierda ideológica y, si había hecho alguna crítica, era desde ese presupuesto ideológico. Según Fidel, Padilla era un mentiroso y una persona demasiado ambiciosa. El propio poeta cubano escribiría una sentida carta de arrepentimiento que tenía todo el aspecto de haber sido redactada bajo coacción. Muchos de los escritores e intelectuales hispanoamericanos, que habían apoyado de manera entusiasta la revolución, entendieron este encarcelamiento como una lucha de poder pésimamente gestionada. Además, Fidel formuló por aquel entonces (principio de los años setenta) durísimas críticas hacia los autores hispanoamericanos que se habían asentado en Europa; hasta el punto de prohibirles la entrada a Cuba. Este desafecto se acrecería cuando en los años ochenta se produjo un auténtico éxodo de escritores, artistas, intelectuales y profesionales honestos que, hartos del paraje cultural, de la falta de posibilidades artísticas (tachadas de antirrevolucionarias si no se ajustaban a vaya usted a saber qué patrones preconcebidos), decidieron abandonar el país para poder crear su literatura en libertad, extremo que no les parecía posible en el momento que atravesaba su patria.

Estos hechos, unidos a que la adhesión a la Revolución cubana llevaba en ocasiones a los autores a enemistarse con otros escritores de ideología diferente y al hecho de que en los años sesenta el régimen mostrara su total identificación con el marxismo-leninismo provocaron el que muchos escritores sintieran una gran desafecto hacia la isla caribeña que había despertado la ilusión del cambio social. De hecho, la mayoría de los escritores se descuelgan; a pesar de que muchos de ellos habían realizado constantes visitas, invitados por la Casa de las Américas, para participar en tertulias literarias y artísticas, sintieron tal distanciamiento que dejaron de visitar Cuba. De los primeros intelectuales que mostraron su apoyo y entusiasmo iniciales, nos referimos sobre todo a los autores del *boom*, quizá solo Cortázar y García Márquez siguieron apoyando la revolución, a pesar de que la obra de ambos vivía alejada del compromiso político férreo (solo reflejado anecdóticamente en algún relato residual), más porosa a la propia estética literaria: a lo fantástico la obra del primero, al realismo mágico la del segundo. Aun así, el propio Cortázar, que siempre mostró su apoyo a Fidel y al Che Guevara, aunque no mostró específicamente su ensalzamiento al régimen en sí, defendió la literatura como un territorio tan transformador como el político, ya que le parecía

[...] peligroso, además de falso, situar los «actos culturales» tan por debajo de los «actos políticos». Pocos dudarán de mi convicción de que Fidel Castro o Che Guevara han dado las pautas de nuestro auténtico destino latinoamericano; pero de ninguna manera estoy dispuesto a admitir que los *Poemas humanos* o *Cien años de soledad* sean respuestas inferiores, en el plano cultural a esas respuestas políticas.

Muchos autores se exiliaron, engrosando las filas de opositores o desafectos al régimen de Cuba: Reinaldo Arenas, Padilla, Lezama Lima, Severo Sarduy, Antonio Benítez Rojo, Norberto Fuentes, José Triana, Guillermo Cabrera Infante... En realidad, podemos decir que la obra de los que mostraron desafecto pudo quitarse el asfixiante encorsetamiento que imponía Fidel, necesitada de autonomía y libertad, como cualquier manifestación artística y, por qué no decirlo, humana, y los pocos que permanecieron fieles a la revolución dejaron que su obra transcurriera por diferentes derroteros a los relacionados estrictamente con el compromiso político. En todo caso, la necesidad de unir o no literatura y revolución resultó harto polémica. Ello hubo de reflejarse, entre otros acontecimientos, en la publicación de *Literatura en la revolución y revolución en la literatura*, obra publicada en 1970 que recoge los puntos de vista de Óscar Collazos, Julio Cortázar y Mario Vargas Llosa. Mientras que el colombiano Collazos pide un compromiso por parte de los escritores del *boom* con la realidad hispanoamericana (obsesionados, a su entender, con las técnicas narrativas europeas y norteamericanas), Llosa y Cortázar defienden la libertad creadora, necesaria en la construcción revolucionaria, para Julio.

En definitiva, la obra de los que mostraron adhesión quedó condenada al agotamiento, en su imposición por defender y hacer permanente didáctica de la causa revolucionaria, y las obras de los autores que mostraron su alejamiento, cuando no su oposición, pudieron desenvolverse desde la libertad creadora. Quizá cuando la literatura no se basa en la libertad de sí misma, llega al estancamiento y a la asfixia.

VIII

HISTORIA Y LITERATURA HISPANOAMERICANAS

71

¿HAY ICONOS DE LA LITERATURA HOMOSEXUAL EN LA LITERATURA CUBANA?

Resulta imprescindible explicar, antes de nada, el encaje que esta pregunta encuentra en el bloque temático que nos ocupa. Evidentemente, tiene su razón de ser. Justo en la pregunta anterior nos hemos ocupado del régimen cubano y de las restricciones que impuso tanto a las obras como a los autores de las mismas. Pues bien, una de las facetas que persiguió el castrismo fue precisamente la de la homosexualidad. Hay dos autores cubanos homosexuales que, si no iconos de la homosexualidad, desde luego se convirtieron en escritores de resonancia internacional; nos referimos a Severo Sarduy y a Reinaldo Arenas. Sin lugar a dudas, se han convertido ambos en ejemplo de una literatura combativa, de resistencia, escrita desde la homosexualidad. No vamos a entrar aquí en si existe o no una literatura homosexual (que, en todo caso, no solo nos parece un exceso de parcelamiento, sino una pobreza crítica y un empequeñecimiento de las obras literarias, reducidas a otras cuestiones circunstanciales), pero es evidente que tanto Arenas como Sarduy lo eran y se sabía sobradamente, lo que los convirtió en iconos. Como puede comprobarse, no se ha mencionado a Lezama Lima, a quien el régimen acusó de tener amistades homosexuales (se ha dicho que él, a pesar de estar casado, lo fue; algunos han llegado a tildarlo de «homosexual casto»), pero que, desde luego, no ha sido visto como icono homosexual (a pesar de que hay muchos trabajos sobre la homosexualidad en sus obras; piénsese, verbigracia, en los artículos y monografías acerca de la homosexualidad en su celebérrima novela *Paradiso*). En todo caso, antes de la represión que vivieron Arenas o Sarduy por su orientación sexual, habría que mencionar la figura de Virgilio Piñera. Desgraciadamente, Virgilio Piñera, singular narrador, ya vivió en carne propia la persecución por su homosexualidad. Ello lo condujo a una permanente sensación de miedo que el propio autor vivía como arbitrario. De hecho, llegó a decir: «Yo quiero decir que tengo mucho miedo. No sé por qué tengo ese miedo pero es eso todo lo que tengo que decir».

De esta manera, el régimen convertía en disidente a aquellos que no se clasificaban bajo las directrices de la oficialidad. Cualquier persona que no compartía la ideología única o la concepción sexual única dimanada del poder sentía miedo. Virgilio Piñera, ensayista, dramaturgo, narrador y poeta gozó de cierta resonancia internacional (parece que se trata de un valor al alza) y se quedó en Cuba tras la revolución hasta su propia muerte, acontecida en 1979. En el género dramático es conocido por su carácter pionero en el «teatro del absurdo» (para algunos críticos, incluso con una apuesta anterior a la de Ionesco) y precisamente su última obra fue teatral: *Dos viejos pánicos* (1968). Esta obra demuestra la singularidad del autor, que más que las influencias de Lezama o Carpentier, acusa las de Beckett o Macedonio Fernández. También destacó como poeta y, como no podía ser de otra manera, indagó además en los límites mismos del género con una propuesta poética enraizada en el existencialismo grotesco y fantástico representada por su poemario *La isla en peso*. El curioso y absurdo hecho de que el genial autor cubano (su singularidad lo alinea con un Juan Carlos Onetti o un Felisberto Hernández) tuviese ciertos textos en la nevera quedó patente en una de sus más interesantes colecciones de relatos: *Cuentos fríos*. En ellos, da cuenta de su carácter visionario, pues ya incorpora auténticos microrrelatos que anticipan el fragmentarismo, la condensación expresiva y el gusto por lo breve que caracterizará a la narrativa posterior. Merece la pena, dentro de esta obra, reproducir *En el insomnio*, fantástico, creativo, lúcido y estremecedor:

El hombre se acuesta temprano. No puede conciliar el sueño. Da vueltas, como es lógico, en la cama. Se enreda entre las sábanas. Enciende un cigarrillo. Lee un poco. Vuelve a apagar la luz. Pero no puede dormir. A las tres de la madrugada se levanta. Despierta al amigo de al lado y le confía que no puede dormir. Le pide consejo. El amigo le aconseja que haga un pequeño paseo a fin de cansarse un poco. Que en seguida tome una taza de tilo y que apague la luz. Hace todo esto. No logra dormir. Se vuelve a levantar. Esta vez acude al médico. Como siempre sucede, el médico habla mucho pero el hombre no se duerme. A las seis de la mañana carga un revólver y se levanta la tapa de los sesos. El hombre está muerto pero no ha podido quedarse dormido. El insomnio es una cosa muy persistente.

A pesar de su homosexualidad declarada, Virgilio no pudo convertirse en un icono homosexual, puesto que quizá no reivindicó su tendencia sexual en la línea en que lo hicieron Reinaldo Arenas o Severo Sarduy. Tanto la obra como la vida de Reinaldo Arenas se encuentran signadas por la homosexualidad. Finalmente, Reinaldo encontró en su sexualidad la reivindicación disidente, la posición de enfrentamiento, desde la frontalidad, al régimen. A partir de 2008, Raúl Castro ha puesto en marcha ciertas medidas que dejan de demonizar la homosexualidad o el cambio de sexo, pero en buena medida ello se debe precisamente a la infatigable y trágica lucha de disidentes como Piñera, Arenas o Sarduy. A pesar de que la obra de Reinaldo se encuentra impregnada de la concepción patriarcal reinante, aparece la homosexualidad como reivindicación de una libertad innegociable. Su autobiografía *Antes que anochezca*, ya mítica gracias a la adaptación cinematográfica protagonizada por Javier Bardem, es una buena muestra, como también lo es *Otra vez el mar* o la apuesta del autor cubano por un teatro experimental, que suponía una clara oposición en contra del régimen. El caso de Severo Sarduy admite parangón con el de Reinaldo Arenas, no en vano el autor se reveló (y se rebeló) con su novela *Cobra*, puro fetichismo del lenguaje en un ejercicio de paroxismo neobarroco en el que aparece un burdel para homosexuales.

En definitiva, al menos podemos señalar la existencia, entre otras figuras, de Reinaldo Arenas y de Severo Sarduy, inspiradas en los antecedentes de Virgilio Piñera, que se convirtieron en iconos de la homosexualidad como reivindicación de la libertad en frontal oposición a un régimen que los perseguía. Estos autores han generado toda una literatura disidente que rompe una lanza a favor de los marginados; piénsese en una novela como la de *La guaracha del Macho Camacho*, del puertorriqueño Luis Rafael Sánchez, toda una carnavalización del lenguaje plagada de musicalidad y de subversión.

72

¿QUÉ RELACIÓN EXISTE ENTRE EL RENCOR O LA VENGANZA EN LA NARRATIVA DE JUAN RULFO, ESCRITOR DE *PEDRO PÁRAMO*, Y LA REVOLUCIÓN MEXICANA?

La Revolución mexicana marcó a Juan Rulfo desde su infancia, ya que, durante el estallido de la llamada Guerra de los cristeros, que prolongó los siete años de contienda que se venían sucediendo en México, asistió al asesinato de su padre por parte de aquellos. Así pues, tanto la Revolución mexicana como la Guerra de los cristeros mostraron al narrador mexicano a qué saben la venganza, el rencor y la muerte. El conflicto mexicano conllevó medio millón de muertos y el cambio de pertenencia de las tierras a otros dueños, sin que ello supusiese ningún beneficio para el campesino mexicano. Aunque la producción literaria de Juan Nepomuceno Carlos Pérez Rulfo Vizcaíno no es extensa (sus obras completas se reducen a un volumen que contiene la colección de cuentos de *El llano en llamas* y su novela, ya un clásico, *Pedro Páramo*), encontramos tanto en sus cuentos como en su famosísima novela de carácter experimental un tratamiento del rencor, de la venganza y de la muerte directamente inspirado en los acontecimientos que acompañaron y sucedieron a la Revolución mexicana. En este sentido, es absolutamente reseñable la caracterización del personaje de Pedro Páramo, padre de Juan Preciado, protagonista de la célebre novela que se desarrolla en Comala. Tanto es así que este personaje es descrito por el narrador como «un rencor vivo». Es más, la propia etopeya del personaje se carga de violencia y de rencor, ese dolor silencioso, esa elipsis de la rabia:

—¿A dónde va usted? —le pregunté.

—Voy para abajo, señor.

—¿Conoce un lugar llamado Comala?

—Para allá mismo voy.

Y lo seguí. Fui tras él tratando de emparejarme a su paso, hasta que pareció darse cuenta de que lo seguía disminuyó la prisa de su carrera. Después los dos íbamos tan pegados que casi nos tocábamos los hombros.

—Yo también soy hijo de Pedro Páramo —me dijo.

Una bandada de cuervos pasó cruzando el cielo vacío, haciendo cuar, cuar, cuar.

Después de trastumbar los cerros, bajamos cada vez más. Habíamos dejado el aire caliente allá arriba y nos íbamos hundiendo en el puro calor sin aire. Todo parecía estar como en espera de algo.

—Hace calor aquí —dije.

—Sí, y esto no es nada —me contestó el otro—. Cálmese. Ya lo sentirá más fuerte cuando lleguemos a Comala. Aquello está sobre las brasas de la tierra, en la mera boca del infierno. Con decirle que muchos de los que allí se mueren, al llegar al infierno regresan por su cobija.

—¿Conoce usted a Pedro Páramo? —le pregunté.

Me atreví a hacerlo porque vi en sus ojos una gota de confianza.

—¿Quién es? —volví a preguntar.

—Un rencor vivo —me contestó él.

Parece innecesario recordar que esta genial descripción, se le perdona la extensión por su carácter esclarecedor y por su factura magistral, le debe mucho a los trágicos y dolorosos acontecimientos del México de aquella época. De hecho, en *Pedro Páramo* asistimos a la venganza y la violencia asociadas con el poder.

Esa violencia y esa venganza que inspiraron en el jalisqueño aquellos atroces sucesos quedan reflejadas en otros escritos. Es el caso, por poner otro ejemplo, de «¡Diles que no me maten!», relato originariamente publicado en la revista *América* en 1951 y, después, contenido en *El llano en llamas*. Se trata de un relato en el que aparece la súplica desatendida y la violencia, desde el desahucio de la sentimentalidad. Sigue estremeciendo la perspectiva

Fotografía del mexicano Juan Rulfo, cuya vida y obra se encuentran profundamente marcadas por la Revolución mexicana.

grotesca, distanciada, con la que se relata el fusilamiento. El narrador parece animalizar a los personajes o convertirlos en objetos. Tras emborracharlo, para que no le duelan los tiros, fusilan al protagonista del cuento: Juvencio Nava, asesinado por un ajuste de cuentas que rebosa venganza rural y rencor sin digerir. Así se narra el desenlace:

Ahora, por fin, se había apaciguado. Estaba allí arrinconado al pie del horcón. Había venido su hijo Justino y su hijo Justino se había ido y había vuelto y ahora otra vez venía.

Lo echó encima del burro. Lo apretaló bien apretado al aparejo para que no se fuese a caer por el camino. Le metió su cabeza dentro de un costal para que no diera mala impresión. Y luego le hizo pelos al burro y se fueron, arrebiatados, de prisa, para llegar a Palo de Venado todavía con tiempo para arreglar el velorio del difunto.

—Tu nuera y los nietos te extrañarán —iba diciéndole—. Te mirarán a la cara y creerán que no eres tú. Se les afigurará que te ha comido el coyote cuando te vean con esa cara tan llena de boquetes por tanto tiro de gracia como te dieron.

La venganza encarnizada, la estudiada y estática inquietud del hijo ante el cruento ajusticiamiento (expresada magistralmente desde lo lingüístico mediante una sucesión cíclica de conjunciones copulativas de ida y vuelta permanente) de su padre encuentran un catalizador literario para una experiencia atroz que se convierte en vívida a cada momento. A pesar de que podemos rastrear la venganza y el rencor en otras muestras del autor mexicano, que se explican desde su trágica vivencia relacionada con los acontecimientos históricos de aquel entonces, las obras que hemos abordado en esta cuestión dan buena cuenta de que la Revolución mexicana y la Guerra de los cristeros no solo proporcionaron la temática de la venganza, del rencor y de la muerte, sino una peculiarísima manera de enfocarlas.

73

¿QUIÉN PUEDE SER Y QUÉ REPRESENTA *EL AHOGADO MÁS HERMOSO DEL MUNDO* DESCRITO POR GARCÍA MÁRQUEZ?

En primer lugar, merece la pena poner de manifiesto la enorme calidad de un relato como el que proponemos en esta cuestión. Es evidente que el propio nobel colombiano fomenta la interpretación simbólica de este personaje habitado por la técnica del realismo mágico, ya que se trata de un ser gigantesco encontrado por unos niños mientras jugaban en la playa. Esta exégesis se la proporcionaría el aire mítico del propio relato, que en buena medida se consigue desde la exageración. La hipérbole, esa figura retórica que se basa en la exageración desmesurada, como manera de enfocar el tratamiento del protagonista, el gigante Esteban, le confiere un tono legendario a la narración que propicia la dimensión mítica. Por otra parte, no podemos obviar la inspiración bíblica de un personaje como Esteban; el primer mártir cristiano, cuya ejemplaridad se convierte en modélica para la comunidad. Esteban enseñó con su muerte, a la que le otorga un carácter didáctico.

Por otra parte, si consideramos la poderosa mezcla que el relato presenta entre historia y realismo mágico, y la relacionamos directamente con el contexto en el que se produce este relato (lo publica Gabriel García Márquez en 1972, junto a otras narraciones breves, bajo el título general de *La increíble y triste historia de la Cándida Eréndira y de su abuela desalmada*, tras numerosas visitas a la Cuba revolucionaria y tras el trágico asesinato del Che Guevara), sin olvidar la connotación de Esteban como el que inaugura una época de cambio, no parece descabellado relacionar al protagonista, venido de fuera, con la figura del argentino Ernesto Che Guevara (la paronomasia entre Esteban y Ernesto constituiría otro motivo favorable). Esteban, el mártir, es apedreado ante el dolor de Pablo; da la sensación de que Gabo, convertido a la revolución de manera fervorosa, se identifique con Pablo ante el asesinato por parte del pueblo de quien habría de liberarlo. Para Pablo, Esteban será el modelo a imitar, igual que para Márquez la figura del Che. De hecho, la presencia mítica del gigante cambia a sus habitantes, quienes empiezan a soñar a lo grande gracias a la ejemplaridad de Esteban. Además, conviene recordar también que Esteban, bautizado míticamente en el propio relato, puede relacionarse con el mito hispanoamericano de Estevanico, el primer esclavo llegado a América desde África, de carácter legendario según las fuentes históricas, al que se le atribuían poderes sobredimensionados. Este protagonista pasivo del relato también podría provenir de una deidad azteca, e incluso haber encontrado su inspiración ficticia en un personaje como el de Dulcinea que, desde su absoluto fantástico sin correspondencia con una realidad reconocible, opera una auténtica transformación en su entorno, deviniendo demiurgo mágico de toda la narración.

Que este relato legendario pudiera entenderse como pasar por el tamiz del realismo mágico el hecho histórico de la Revolución cubana y la personalidad ejemplar del Che parece lejos de toda duda. En el cuento, se aborda la necesidad de que un extranjero venga a cambiar nuestra mentalidad, contaminada por la cosmovisión rutinaria. El comandante Guevara era un argentino en la Revolución cubana y, al final de sus días, un extranjero en Bolivia. A pesar de su condición foránea, como la de Esteban, los oriundos se consideran parientes, lo consideran suyo. Por si todas estas coincidencias fueran pocas, al final del relato se alude al inmenso vacío de ese pueblecito pesquero que devuelve al mar el gigante que vino de él; aunque la ausencia es de desproporcionadas dimensiones, su presencia ya ha cambiado al pueblo. Se trata, precisamente, de un pueblo situado en el Caribe:

> Pero también sabían que todo sería diferente desde entonces, que sus casas iban a tener las puertas más anchas, los techos más altos, los pisos más firmes, para que el recuerdo de Esteban pudiera andar por todas partes sin tropezar con los travesaños, y que nadie se atreviera a susurrar en el futuro ya murió el bobo grande, qué

lástima, ya murió el tonto hermoso, porque ellos iban a pintar
las fachadas de colores alegres para eternizar la memoria de
Esteban, y se iban a romper el espinazo excavando manantiales
en las piedras y sembrando flores en los acantilados, para que
los amaneceres de los años venturos los pasajeros de los grandes
barcos despertaran sofocados por un olor de jardines en altamar,
y el capitán tuviera que bajar de su alcázar con su uniforme de
gala, con su astrolabio, su estrella polar y su ristra de medallas
de guerra, y señalando el promontorio de rosas en el horizonte
del Caribe dijera en catorce idiomas: miren allá, donde el viento
es ahora tan manso que se queda a dormir debajo de las camas,
allá, donde el sol brilla tanto que no saben hacia dónde girar los
girasoles, sí, allá, es el pueblo de Esteban.

Desaparece Esteban, pero en el pueblo anida la utopía, ese
sueño prospectivo que se basa en la imaginación mágica y que
precisa de la historia como fuente de inspiración y como re-
cipiente necesario. Lo legendario ha hecho su trabajo; el pueblo
necesita ampliar las infraestructuras para la nueva dimensión de
los sueños (a lo grande) y las mujeres encuentran enclenques a
sus maridos, a la luz del nuevo modelo que enciende sus deseos.
Con todo, las relaciones estrechas entre este relato y la mentalidad
revolucionaria (y la revolución cubana, de manera singular) no
agotan ni mucho menos las posibles interpretaciones de un texto
que, de facto, encuentra su enorme riqueza en la multiplicidad
de lecturas, en ningún caso excluyentes, sino sumamente conno-
tativas en la yuxtaposición genial promovida por una narración
majestuosa, tan mítica que es capaz de abarcarlo todo.

74

¿QUÉ PAPEL DESEMPEÑAN LOS CRONOPIOS DE CORTÁZAR EN EL MAYO DEL 68?

Este apasionante bloque versa acerca de las fértiles relaciones entre la historia y la literatura. Hasta aquí, se han abordado sobre
todo las incidencias de la historia en la literatura, pero también
nos encontramos con casos que operan de manera inversa. Este es
uno de ellos. Los simpáticos cronopios de Julio Cortázar vieron

la luz en el volumen *Historia de cronopios y de famas* en una década absolutamente frenética para Julio. En los sesenta, publicó *Rayuela*, formó parte del mediático fenómeno del *boom* hispanoamericano, vieron la luz otras dos novelas (*Los premios* y *62, modelo para armar*), terminó dos volúmenes de cuentos (el que nos ocupa y *Todos los fuegos, el fuego*), sacó dos libros únicos, caracterizados por el almanaque y la miscelánea (*La vuelta al día en ochenta mundos* y *Último round*) y, en lo personal, se instala en París y decide separarse de Aurora Bernárdez. Además, la Revolución cubana le había impelido a la necesidad de un mayor y más evidente compromiso político. Ello se demuestra, en parte, en su apoyo y colaboración con el Mayo del 68 francés. Y es que no solo su personalidad se sumó a una revolución (para muchos, burguesa), sino que fabricó todo un mito que encajaría a las mil maravillas con el espíritu del Mayo del 68. El propio Julio explicó en una entrevista cómo surgieron estos simpáticos personajes:

> Esto pasó poco tiempo después de mi llegada a Francia. Yo estaba una noche en el teatro *des Champs Elysées*, había un concierto que me interesaba mucho, yo estaba solo, en lo más alto del teatro porque era lo más barato. Hubo un entreacto y toda la gente salió, a fumar y demás. Yo no tuve ganas de salir y me quedé sentado en mi butaca, y de golpe me encontré con el teatro vacío, había quedado muy poca gente, todos estaban afuera. Yo estaba sentado y de golpe vi (aunque esto de ver no sé si hay que tomarlo en un sentido directamente sensorial o fue una visión de otro tipo, la visión que podés tener cuando cerrás los ojos o cuando evocás alguna cosa y la ves con la memoria) en el aire de la sala del teatro, vi flotar unos objetos cuyo color era verde, como si fueran globitos, globos verdes que se desplazaban en torno mío. Pero, insisto, eso no era una cosa tangible, no era que yo los estuviera «viendo» tal cual. Aunque de alguna manera sí los estaba viendo. Y junto con la aparición de esos objetos verdes, que parecían inflados como globitos o como sapos o algo así, vino la noción de que esos eran los cronopios. La palabra vino simultáneamente con la visión.

Estos personajes inventados por el autor, en oposición a los famas, se caracterizan por su idealismo, su ausencia de practicidad frente al materialismo imperante, su carácter artístico e imaginativo, su carácter improvisador y su rebeldía estética. Los críticos, como el autor supo después, buscaron interpretaciones de todo

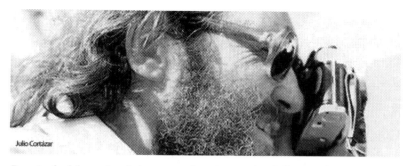

Julio Cortázar

La mirada del creador de los cronopios, el argentino Julio Cortázar, no solo es una de las más originales y creativas de las letras hispanoamericanas, sino de la literatura universal.

tipo para explicar la invención de estos seres de ficción. Entre ellas, la interpretación temporal, que aduce la etimología de *Cronos* en la creación del término (extremo que, por otra parte, desmintió el autor, quien expresó por activa y por pasiva que el nombre le llegó de manera fortuita y azarosa junto a la misma «visión» imaginativa y que, por lo tanto, se había acuñado el vocablo sin responder a ningún tipo de razonamiento lógico o intelectual). Sí admitió que los famas —pragmáticos, calculadores, nada imaginativos ni alegres— surgieron por oposición a los cronopios, al tiempo que implementó una instancia intermedia que comunicaría las esfera de ambos tipos de personajes: las esperanzas.

Evidentemente, el Mayo del 68, un movimiento eminentemente estudiantil, que pretende subvertir un mundo caduco y previsible, encuentra en estos personajes puramente nuevos una fuente de inspiración inestimable, unida al apoyo explícito de un escritor que ya había adquirido resonancia internacional. Si uno de los lemas del movimiento es el de «La imaginación al poder», de ahí a «los cronopios al poder» hay solo un paso. Los jóvenes del 68, cuya revuelta careció de una cabeza visible y de unos efectos concretos, encontró en los cronopios la irracionalidad, la novedad, la revolución que daban por agotadas los viejos sistemas caducos, empezando por una invención del lenguaje que sí dejaría cierto aliento de transformación cultural. Sin duda, el universo de los cronopios promovía de manera especialísima el cuestionamiento de todo, incluso el de la supuesta realidad acartonada que los mayores pretendían imponer a los jóvenes franceses de aquel Mayo del 68.

Incluso, muchos quisieron ver en una de las *Historias de cronopios y de famas* una declarada intención de Cortázar por incorporar a los cronopios a las revueltas parisinas de aquel momento, a las que el propio autor se sumó. Se trata del brevísimo texto titulado «Inconvenientes en los servicios públicos». Véase el caso para que juzgue cada lector:

Vea lo que pasa cuando se confía en los cronopios. Apenas lo habían nombrado Director General de Radiodifusión, este cronopio llamó a unos traductores de la calle San Martín y les hizo traducir todos los textos, avisos y canciones al rumano, lengua no muy popular en la Argentina.

A las ocho de la mañana los famas empezaron a encender sus receptores, deseosos de escuchar los boletines así como los anuncios del Geniol y del Aceite Cocinero que es de todos el primero. Y los escucharon, pero en rumano, de modo que solamente entendían la marca del producto.

Profundamente asombrados, los famas sacudían los receptores pero todo seguía en rumano, hasta el tango *Esta noche me emborracho*, y el teléfono de la Dirección General de Radiodifusión estaba atendido por una señorita que contestaba en rumano a las clamorosas reclamaciones, con lo cual se fomentaba una confusión padre.

Enterado de esto el Superior Gobierno mandó a fusilar al cronopio que así mancillaba las tradiciones de la patria. Por desgracia el pelotón estaba formado por cronopios conscriptos, que en vez de tirar sobre el ex Director General lo hicieron sobre la muchedumbre congregada en la Plaza de Mayo, con tan buena puntería que bajaron a seis oficiales de marina y a un farmacéutico. Acudió un pelotón de famas, el cronopio fue debidamente fusilado, y en su reemplazo se designó a un distinguido autor de canciones folclóricas y de un ensayo sobre la materia gris. Este fama restableció el idioma nacional en la radiotelefonía, pero pasó que los famas habían perdido la confianza y casi no encendían los receptores. Muchos famas, pesimistas por naturaleza, habían comprado diccionarios y manuales de rumano, así como vidas del rey Carol y de la señora Lupescu. El rumano se puso de moda a pesar de la cólera del Superior Gobierno, y a la tumba del cronopio iban furtivamente delegaciones que dejaban caer sus lágrimas y sus tarjetas donde proliferaban nombres conocidos en Bucarest, ciudad de filatelistas y atentados.

Si no de una manera literal, desde luego sí parece que el texto apueste por una revolución lingüística, por un derrocamiento de lo caduco y lo oficial, y por cierto espaldarazo a un caos imaginativo que generase un nuevo orden de cosas. Él solía negar la intención.

75

¿QUÉ OBRA LITERARIA CONSTITUYE EL ORIGEN DE LA NOVELA HISPANOAMERICANA DEL TIRANO?

Antes de responder a la cuestión, resulta importante aclarar que para esta famosísima novela hispanoamericana se ha acuñado el término de «novela del dictador», y el concepto de la novela del tirano vendría dado por el origen mismo de este subgénero narrativo. Este tipo de novela, desde luego, es una perfecta muestra del excepcional maridaje que se establece entre literatura e historia. En el caso concreto que nos ocupa, la creación de este tipo de obras resulta inseparable del fenómeno histórico que se dio en algunos países hispanoamericanos con el advenimiento de la independencia. Si bien algunos países optaron por regímenes democráticos, muchos otros se vieron incursos en sistemas dictatoriales. Sin duda, tal y como recuerdan algunos críticos, esta novela no existiría si estuviera resuelta la tensión entre la rebelión de las masas y la dilución del individuo. A pesar de que parece evidente que este tipo de discursos literarios coinciden con la exaltación de la masa frente a la figura del individuo, casi desaparecida, lo cierto y verdad es que se ocupaban de reflejar la vinculación de este con las masas. Sin embargo, no se trata de un enfoque en el que el individuo someta a la multitud, sino de que un grupo humano crea esa figura como necesaria, generada por una condición sumisa. Para que esta figura tenga al mismo tiempo la autonomía que demanda y se diluya como corresponde a la tensión que pretende representarse, el narrador suele desaparecer en la narración y deja hablar a los personajes, promoviendo un discurso que se caracteriza por el hibridismo entre el género dramático y el narrativo. En todo caso, el asunto de la voz narradora como mecanismo en la novela del dictador

Cubierta de la primera edición de *Tirano Banderas*, publicada en 1926 y origen de toda una tendencia novelística en la literatura hispanoamericana, cuya vigencia llega a nuestros días.

lo abordaremos de manera monográfica en la siguiente cuestión.

Lo que merece poner de relieve en esta cuestión es el hecho de que, a pesar de que podemos encontrar antecedentes, la llamada «novela de dictador» promueve unas fertilísimas relaciones entre historia y literatura, hasta el punto de que las presenta fundidas y confundidas. En este mismo sentido se pronunció nuestro gallego universal: Ramón María del Valle-Inclán. A este formidable autor, pionero de las vanguardias con su apuesta por el esperpento (rayano, si no creador, del expresionismo), se le debe la primera novela del dictador hispanoamericana, aunque se tratase de un autor español; nos referimos a la obra *Tirano Banderas: novela de tierra caliente*. Esta apasionante novela constituye el punto de partida de un subgénero narrativo que resulta riquísimo y crucial en la literatura hispanoamericana: la novela de dictador.

Evidentemente, los precedentes más inmediatos pueden rastrearse en la novela indigenista, pero la creación valleinclaniana de la novela no podría comprenderse sin la historia, en este caso concreto, sin la experiencia mexicana del autor gallego y sin la conocida figura de un tirano como Primo de Rivera en España. De hecho, el propio Ramón María llegaría a manifestarse, en una entrevista que concedió a Martínez Sierra, en los siguientes términos:

Creo que la novela camina paralelamente con la historia y los movimientos políticos. En esta hora de socialismo y comunismo, no me parece que pueda ser el individuo humano héroe principal de la sociedad, sino los grupos sociales. La historia y la novela se inclinan con la misma curiosidad sobre el fenómeno de las multitudes.

Al hablar de las multitudes, aunque parezca paradójico, surge la figura del tirano, que encuentra exclusivamente su sentido en una masa sumisa. Sin lugar a dudas, la novela de Valle-Inclán inaugura un subgénero narrativo y una manera de escribirlo. Así, llaman poderosamente la atención su fragmentarismo, absoluta y rabiosamente actual, su carácter cinematográfico (la adaptación no se hizo esperar), su fuerza esperpéntica y su riqueza verbal. De las obras que continuaron la estela de la del gallego hablaremos después, en la cuestión correspondiente.

Se trata de la novela por la que sintió predilección el propio autor, que ambienta los hechos en Santa Fe de Tierra Firme, un lugar que podría ser cualquier lugar de Hispanoamérica. A la visión cinematográfica, se le une el carácter dramático y novelesco, con lo que propone una simbiosis genérica heterogénea que incardina a la obra en plena modernidad. Ese mismo hibridismo lo encontramos en un universo lingüístico de una riqueza indescriptible (desde el habla del español europeo con sus variantes —sobre todo del gallego, claro— hasta las riquísimas variedades dialectales del español de América). Esta amalgama proteica, en verdad, vemos cómo va orquestándose en su rebelión contra el tirano, quien lejos de identificarse con uno concretamente, Santos Banderas, representa por extensión a todos los tiranos. Es más, el propio Valle-Inclán llegó a decir que este personaje presentaba rasgos «del doctor Francia, de Rosas, de Melgarejo, de López y de don Porfirio». Con ello, la novela desborda la referencia concreta para radiografiar cualquier tiranía en cualquier país del mundo. De esta forma, desde la renovación y el experimentalismo, Valle-Inclán inaugura un nuevo tipo de novela que, tal y como abordaremos en las cuestiones siguientes, no solo presenta una serie de características identificativas, sino que da buena cuenta del protagonismo histórico de la colectividad, fruto de la cual surge la figura del tirano.

76

¿CUÁL ES LA MEJOR VOZ NARRADORA PARA LA NOVELA DEL DICTADOR?

Ciertamente, tal y como intentaremos abordar en la siguiente cuestión, la cantidad de novelas que podemos adscribir a este subgénero narrativo arroja múltiples posibilidades en lo que se refiere a la voz narradora. Si asumimos la clasificación de la novela del dictador en los tres períodos que sostiene Sharon Keefe, nos encontramos con que precisamente la voz narradora se convierte en un elemento identificador de la evolución misma. Las primeras novelas de este subgénero (en estado embrionario y publicadas durante el último tercio del siglo XIX y principios del siglo XX) optaron por un narrador omnisciente, identificado con la narrativa decimonónica, que planteaba lo acontecido haciendo uso de la tercera persona. Si por una parte se gana en una perspectiva globalizadora, totalizadora del conjunto (que casa bien con la perspectiva tiránica del dictador), por otra, se pierde en renovación y originalidad, adoptando el modelo de voz narradora más sujeto a la tradición. Sería precisamente la novela de Valle-Inclán, con la que arranca el segundo período, con la que nos encontraríamos un cambio significativo al respecto. Y es que, sin renunciar al narrador en tercera persona, la impronta cinematográfica y teatral va fijando una enunciación primera de un personaje que se dirige a un tú. Este predominio del diálogo, coincidente con una intencionalidad novelística de tipo estético, hará fraguar la primera persona en la voz narradora de este tipo de novelas cuando las cultiven los autores del denominado *boom* hispanoamericano. Carpentier, García Márquez o Vargas Llosa, en una concepción artística del discurso novelesco, sin olvidar la soberbia aportación del paraguayo Augusto Roa Bastos, profundizan en la narración en primera persona, en la que el poder omnímodo del tirano toma también el poder de contar la historia.

Ello permitía que el tirano se apoderase del discurso y que escribiese la historia a su gusto, imponiendo su versión incluso al lector cuando la ironía del escritor no arruinaba los planes de la voz narradora. Esta etapa agota el recurso de la novela del dictador en primera persona, ya que lo profundiza hasta límites insospechados y le confiere todo tipo de matices (desde la apropiación del discurso hasta la hondura psicológica, plagada de patologías y delirios). Esta voz narradora les permite a los protagonistas de las novelas contar sus experiencias en primera persona, con el carácter literal y figurado que quiera dársele a la expresión, y mostrar los sucesos y acontecimientos desde adentro. Tiene todo el interés el hecho de que la voz narradora en primera persona se convierta en un resorte para indagar en el propio acontecimiento del narrador, en la esencia que palpita en el lenguaje literario que dibuja la magia de la ficción (cuyo maridaje con la historia, en este tipo de novelas, es inexcusable). En este sentido, como muestra de voz excepcional de la voz del dictador en primera persona, vale la pena reproducir un fragmento elocuentísimo de la novela del dictador *Yo, el supremo* de Augusto Roa Bastos:

> Eres mi secretario ex-cretante. Escribes lo que te dicto como si tú mismo hablaras por mí en secreto al papel. Quiero que en las palabras que escribes haya algo que me pertenezca. No te estoy dictando un cuenticulario de nimiedades. Historias de entretén-y-miento. No estoy dictándote uno de esos novelones en que el escritor presume el carácter sagrado de la literatura. Falsos sacerdotes de la letra escrita hacen de sus obras ceremonias letradas. En ellas, los personajes fantasean con la realidad o fantasean con el lenguaje.
>
> Aparentemente celebran el oficio revestidos de suprema autoridad, mas turbándose ante las figuras salidas de sus manos que creen crear. De donde el oficio se torna vicio. Quien pretende relatar su vida se pierde en lo inmediato. Únicamente se puede hablar de otro. El Yo solo se manifiesta a través de Él. Yo no me hablo a mí. Me escucho a través de Él. Estoy encerrado en un árbol.

Este fabuloso fragmento muestra cómo el uso de la primera persona en esta novela adquiere tanto un carácter metaficcional como de indagación en las relaciones entre discurso y poder. Por último, en las novelas del dictador o de la dictadura posteriores parece que se regrese a una tercera persona, cuando no al multiperspectivismo narrativo, que presta su voz a diferentes narradores en una misma novela o que se ocupa de diferentes personajes paralelamente.

De alguna manera, a pesar de que nos encontramos con diversas voces narradoras en la llamada «novela del dictador», parece que con la novela de Valle-Inclán, que hemos abordado en la cuestión anterior, se inaugura una nueva voz que los autores del *boom* llevan a su máxima expresión literaria.

77

¿QUÉ NOVELAS DEL DICTADOR DE LA LITERATURA HISPANOAMERICANA HAY QUE LEER?

Como ya anticipábamos en cuestiones anteriores, la denominada «novela del dictador» surge en la literatura hispanoamericana durante el siglo XIX, de la mano de la exaltación nacionalista del Romanticismo. Con la independencia de los países hispanoamericanos, llega la inestabilidad política, que se resuelve entre la anarquía y la dictadura de un caudillo. La incultura de las masas y el fervor nacionalista aúpan al poder a este tipo de personajes que deciden construir un régimen político hecho a su medida. Toda creación literaria presenta una relación determinada con el contexto histórico referencial en el que se produce; evidentemente, en el caso de este tipo de novelas, los vínculos son estrechísimos. Las constantes, reiteradas y extendidísimas dictaduras de los países hispanoamericanos otorgan un copiosísimo material novelesco desde la emancipación de estos durante el siglo XIX y con cierta pujanza en el transcurso del siglo XX. Y es que la historia de Hispanoamérica, desde los primeros decenios del siglo XIX, se puede contar a través de sus numerosísimas dictaduras, tanto civiles como militares.

Hay que recordar que, aunque la producción de este tipo de novelas es abundante, en realidad se siguen leyendo solo unas cuantas. El lector, por lo general, ha optado más por las novelas de este subgénero que se escribieron en el siglo XX (sobre todo) y en el siglo XXI, a pesar de que este tipo de novela como tal surgiese el siglo XIX con títulos como *Facundo*, de Domingo Faustino Sarmiento, *Amalia* de José Mármol o con una narración como *El matadero* de Esteban Echeverría. Con estilo decimonónico y cierto halo costumbrista, se manifiestan estas obras inaugurales de la novela del dictador como novelas políticas inspiradas en la figura del tirano. Sin embargo, el subgénero surge, en realidad, con la novela de Ramón María del Valle-Inclán, de la que nos hemos ocupado con anterioridad y que proviene del impacto que supuso para el autor gallego la convulsa realidad política mexicana.

Desde luego, entre las novelas que no deberían dejar de leerse se encuentran: *El señor Presidente*, del guatemalteco Miguel Ángel Asturias; *Yo, el Supremo*, del paraguayo Augusto Roa Bastos; *El recurso del Método*, del cubano Alejo Carpentier; *El dictador suicida*, del boliviano Augusto Céspedes; *La tempestad y la sombra*, del también boliviano Néstor Taboada Terán; *Oficio de difuntos*, del venezolano Arturo Uslar Pietri; *El otoño del Patriarca*, del colombiano Gabriel García Márquez y *La fiesta del Chivo*, del peruano Mario Vargas Llosa.

El arranque de la genial novela del nobel guatemalteco sigue resultándonos tan estremecedor como virtuoso en el uso magistral de la aliteración y de la onomatopeya:

¡Alumbra, lumbre de alumbre, Luzbel de piedralumbre! Como zumbido de oídos persistía el rumor de las campanas a la oración, maldoblestar de la luz en la sombra, de la sombra en la luz. ¡Alumbra, lumbre de alumbre, Luzbel de piedralumbre, sobre la podredumbre! ¡Alumbra, lumbre de alumbre, sobre la podredumbre, Luzbel de piedralumbre! ¡Alumbra, alumbra, lumbre de alumbre…, alumbre…, alumbra…, alumbra, lumbre de alumbre…, alumbre…, alumbra…, alumbra, lumbre de alumbre…, alumbra, alumbre…!

Los pordioseros se arrastraban por las cocinas del mercado, perdidos en la sombra de la Catedral helada, de paso hacia la Plaza de Armas, a lo largo de calles tan anchas como mares, en la ciudad que se iba quedando atrás íngrima y sola.

El manejo ficcional de la mentira por parte del escritor, emulando ese mismo uso por parte del dictador, y el mestizaje entre la fantasía y la historia, en general, hacen de esta novela una obra única de un orfebre de la lengua literaria tan significativa por el fondo como por la forma de las palabras, cuyos significantes se muestran preñados de sentido. La novela del paraguayo, de inigualable factura, propone un dictador universal y sempiterno, casi con autonomía como ente respecto de su inspiración: el doctor Rodríguez de Francia, dictador Perpetuo del Paraguay. Por su parte, el nobel colombiano llegó a dedicar, según él mismo nos hizo saber, diez años a leer biografías de dictadores para escribir *El otoño del patriarca*, novela en la que da vida a un dictador que representa el crisol de tiranos de Hispanoamérica. La novela de Vargas Llosa también se inscribe en esta tendencia, y propone una recreación de los últimos días del dictador Rafael Leónidas Trujillo, que impuso su terrorífico régimen en la República Dominicana durante treintaiún años. Quizá la mayor novedad respecto al género venga dada por el multiperspectivismo que surge de tres planos narrativos simultáneos.

En definitiva, y en palabras de Juan Carlos García: «El dictador ha sido un mal que le ha hecho muy bien al arte de contar». No en vano, el dictador ha sido una figura que ha aparecido constantemente en la literatura hispanoamericana, y que forma parte de su memoria colectiva, de la definición de su identidad propia, de su historia y de sus manifestaciones artísticas como reflexión acerca del poder absoluto, lleno de gloria y de derrota, de heroísmo y de podredumbre; ese culto histriónico de la individualidad surgido de la colectividad, de las masas desesperadas por encontrar la esperanza. Entre las sombras y la fantasía, emerge el tirano como vertebrador de este tipo de novelas que nos obligan a preguntarnos, una vez más, si la realidad no vuelve a superar a la ficción.

78

¿ESPAÑA, APARTA DE MÍ ESTE CÁLIZ ES EL PARTICULAR GUERNICA DEL POETA INTERNACIONAL CÉSAR VALLEJO?

Este famoso poema del descomunal poeta peruano se encuentra indisociablemente unido a los trágicos acontecimientos de la España guerracivilista. Así, nos situamos, una vez más, ante una perfecta simbiosis entre historia y literatura. En esta ocasión, nos encontramos ante una colección de quince poemas que constituyen la primera publicación póstuma del autor, quien —por lo que parece— dejó la obra preparada para su publicación. De hecho, la primera edición se convirtió en una auténtica *rara avis* confeccionada por Manuel Altolaguirre, miembro del grupo poético del 27 y excepcional impresor. A pesar de lo morboso de la anécdota y de que desde luego el papel no fuera de la mejor

Guernica, de Pablo Picasso, uno de los cuadros más famosos de la historia. 1937. Museo Reina Sofía de Madrid. Reproduce el horror ante el bombardeo de la aviación alemana que ayudó al general Franco sobre esta localidad vasca. Todo un símbolo.

calidad, no parece cierto el extendido y literario rumor de que el libro se confeccionó con el uniforme de un militar franquista. Es evidente que fue una obra que significó un aliento para el bando republicano, aunque no constituya la típica exaltación épica de la contienda.

César Vallejo refleja más bien el desastre, el caos de la guerra en un escenario con dimensiones épicas. Así, sobre todo, el autor muestra el sacrificio, enraizado en el ámbito de lo religioso, de quien se entrega a la causa para liberar a la humanidad. Como Jesucristo (la alusión religiosa a la Biblia es evidentísima desde el título mismo), los soldados republicanos lucharán por la causa a modo de mártires de la democracia. Al debatirse entre la ausencia de sufrimiento o de asunción de este para la salvación de los demás, como recogen los Evangelios, al decir poético de Vallejo los soldados republicanos optan por el martirio. En todo caso, lo que resulta trascendental no es tanto la temática histórica de la obra (con todo lo que tiene de relevante), sino el enfoque desde el que se trata el asunto. No es, pues, una exaltación de la batalla, es el testimonio alucinado y dolorido de quien observa el desgarramiento de la tragedia, caótica, entrópica, casi geométrica en su desorden. Es esta perspectiva la que permite establecer vasos comunicantes entre el poemario que abordamos y el Guernica de Picasso, quien por cierto retrató célebremente al autor peruano. El mismo dolor, el mismo desgajamiento humano, la misma animalización geométrica desbocada, las mismas tonalidades apagadas en los triángulos doloridos, apenas iluminados por una bombilla solitaria, la misma piedad religiosa de una madre que sostiene a un hijo en desmayo y martirio aparecen tanto en la genial obra pictórica picassiana como en el conjunto de poemas escritos en 1937. No solo se dibuja este cuadro en cuanto a la representación poética, que sin duda:

¡Porque en España matan, otros matan
al niño, a su juguete que se para,
a la madre Rosenda esplendorosa,
al viejo Adán que hablaba en alta voz con su caballo
y al perro que dormía en la escalera.
Matan al libro, tiran a sus verbos auxiliares,
a su indefensa página primera!
Matan el caso exacto de la estatua,
al sabio, a su bastón, a su colega,
al barbero de al lado —me cortó posiblemente,
pero buen hombre y, luego, infortunado;
al mendigo que ayer cantaba enfrente,
a la enfermera que hoy pasó llorando,
al sacerdote a cuestas con la altura tenaz de sus rodillas...

(Esta muerte indiscriminada de la inocencia, de la humanidad desestructurada casa en sus tonos sombríos y blancos —a ratos, como el miedo— con la inmortal obra picassiana), sino que, además, también aparece Guernica en el segundo poema del libro, dedicado a las batallas, ya de una manera concreta:

Mas desde aquí, más tarde,
desde el punto de vista de esta tierra,
desde el duelo al que fluye el bien satánico,
se ve la gran batalla de Guernica.
¡Lid a priori, fuera de la cuenta,
lid en paz, lid de las almas débiles
contra los cuerpos débiles, lid en que el niño pega,
sin que le diga nadie que pegara,
bajo su atroz diptongo
y bajo su habilísimo pañal,
y en que la madre pega con su grito, con el dorso de una lágrima
y en el que el enfermo pega con su mal, con su pastilla y su hijo
y en que el anciano pega

con sus canas, sus siglos y su palo
y en que pega el presbítero con dios!
¡Tácitos defensores de Guernica!
¡oh, débiles!
¡oh, suaves ofendidos
que os eleváis, crecéis,
y llenáis de poderosos débiles el mundo!

Desde la unión de la historia y de la literatura, la poesía eleva
su voz trágica, tan desgarrada y dolorida como el *Guernica* de
Picasso en todo el desorden geométrico y mísero de la condición
destructiva de los seres humanos.

79

¿QUÉ PAPEL DESEMPEÑA LA HISTORIA EN LA NARRATIVA HISPANOAMERICANA DEL LLAMADO *POSBOOM*?

Si admitimos la existencia de una generación del *boom* hispanoamericano, fenómeno del que nos ocupamos en otras cuestiones,
y, por lo tanto, la posibilidad de una generación que los suceda,
podríamos entender que se trate de un grupo de escritores
cuya propuesta en cuanto a la incorporación literaria de la historia difiere de las interpretaciones anteriores. Si en el caso de
la generación del *boom* la historia se utiliza como macrodiscurso
totalizador enraizado en la utopía, en el caso del *posboom* se convierte en una tendencia novelística, la de su vertiente histórica,
que da voz a personajes marginados del discurso histórico y que
se mezcla con otros discursos a modo del pastiche característico
de la posmodernidad. Incluso, hay una tendencia a que el discurso
se interrogue acerca de su propia construcción y desarrollo. Este
tipo de narraciones, que parecen desplazarse de lo público a lo
privado, de lo colectivo a lo individual y que incluyen referencias
culturalistas típicas del posmodernismo, además de dar cabida al
argot y a los registros marginales del idioma parecen decantarse
por una mezcla de la historia con las vicisitudes individuales e
intranscendentes de lo anecdótico. Los propios escritores del

posboom dicen renunciar al discurso mítico de un García Márquez o al discurso totalizador, en general, de cualquier autor y apostar más por la cotidianidad. Así, la historia en las novelas de estos autores se mezcla hasta tal punto con la ficción que puede llegar a ser suplantada por esta, sin olvidar el torrente de contaminación que ejerce el aire ensayístico sobre el discurso novelístico en cuestión, incidiendo en la figura del individuo en crisis y, consiguientemente, en la individualidad como sustitución de la idea de colectivo. Queda patente mediante esta nueva tendencia que se privilegia la historia frente a otras opciones, pues parece que los narradores se interesan más por la realidad como fuente de inspiración. Este cierto retorno a la realidad no debemos concebirlo como una manera de acusar la tradicionalidad, sino de asentar la referencialidad.

Ya los autores considerados como de transición hacia el *posboom* (Manuel Puig, Severo Sarduy, David Viñas o Mario Benedetti, entre otros) renunciaban al sentido esteticista de los autores anteriores y mostraban cierto hastío respecto al realismo mágico. Convierten la historia en un discurso polifónico que se entremezcla con lo cotidiano en una suerte de pastiche. Esta nueva novela histórica se convierte en sello particular de esta generación de escritores. También es de notar en este tipo de narrativa el discurso nacional de cada país y no tanto el intento de un discurso global, más continental.

Quizá un ejemplo representativo de este tratamiento histórico culturalista sea el de Antonio Skármeta, uno de los máximos exponentes de los sucesores del *boom*. En su novela *Soñé que la nieve ardía*, publicada en 1975, aparece la cultura popular mediante la inclusión del mundo del fútbol; en este fragmento pueden encontrarse los rasgos principales que hemos ido señalando:

> Cuando el dueño de la pensión introdujo a Arturo en el living asiéndolo orgulloso del codo, la sonrisa del joven quedó a la deriva entre los floreros con violetas frescas, y la mecedora de la anciana que pendiente de los labios del negro había suspendido el crochet, y por el piano con el clavijero abierto que el Gordo hacía vibrar impaciente en la parte aguda, sonriendo con desesperación, y entonces el joven recogió la sonrisa que había ensayado y se agarró fuerte de la pelota como si fuera un poste, y al frente estaba la foto del presidente con sus gruesos carrillos y anteojos de profesor provinciano y el orgulloso pecho de

palomo con la cinta tricolor condecorándoselo y más al flanco, una de Jesús a punto de caer y en el mismo sentido las espumosas bailarinas rosas y azules que untaban sus piececitos en la barra o flectaban las rodillas bajo un pollerón amariposado, y volvió la mirada al dueño que miraba y oía los gritos de los muchachos como a un coro de ángeles y le tironeó del saco y Don Manuel lo miró pero apenas ampliando la sonrisa y le guiñó el ojo de que se aguantara y el Negro avanzó hasta el Guatón.

En similar registro se manifiestan los autores que escriben a partir de la segunda mitad de la década del noventa, cuando se produce la entrega profusa de importantes premios a los autores posteriores al *boom*. Por ejemplo, le conceden el Premio Herralde tanto a Jaime Bayly como a Roberto Bolaño; el Primavera, a Ignacio Padilla; el Alfaguara, a Sergio Ramírez, Eliseo Alberto, Elena Poniatowska, Tomás Eloy Martínez o Xavier Velasco; el Biblioteca Breve de Seix Barral, a Jorge Volpi y Mario Mendoza, etc.

En definitiva, podemos hablar de un tratamiento novedoso respecto a la historia, ya que los novelistas renuncian a un discurso global y mítico, enraizados en la historia como anclaje referencial que se confunde tanto con lo cotidiano como con el culturalismo marcadamente posmoderno.

80

¿Conoces las mejores novelas de la revolución?

Aunque encontramos revoluciones en distintos países hispanoamericanos, entendemos por «novelas de la revolución» el conjunto de obras narrativas que se refieren a la Revolución mexicana, concretamente. No debemos confundirlas con las denominadas «novelas revolucionarias», que también se ocupan de la Revolución mexicana, pero están relatadas por autores que estuvieron presentes en el acontecimiento. En esta cuestión, hacemos mención a las narraciones que se ocupan tanto de los hechos bélicos como sociales de este hito acontecido en

México desde el 20 de noviembre de 1910 hasta el 21 de mayo de 1920, es decir, durante nueve años y medio de una contienda que convulsionó el país y que lo determinó definitivamente, hasta el punto de que su incidencia permanece en nuestros días. En el estado de la cuestión conceptual, resulta relevante recordar las palabras del crítico Antonio Castro Leal, que llega a afirmar a este respecto:

> Se entiende por novela de la Revolución mexicana el conjunto de obras narrativas, de una extensión mayor que el simple cuento largo, inspiradas en las acciones militares y populares, así como en los cambios políticos y sociales que trajeron consigo los diversos movimientos (pacíficos y violentos) de la Revolución.

De esta manera, resulta inevitable referirse a la novela fundacional (si obviamos las precursoras que la preceden): *Los de abajo*, de Mariano Azuela, publicada como libro en 1916 y la primera que se inspira en estos hechos históricos (aunque algunos críticos señalan, también de su autoría, como inaugural *Andrés Pérez, maderista*, publicada en 1911).

Esta obra paradigmática se ocupa de la evolución política y social desde los últimos momentos de Porfirio hasta que se consolidan las instituciones surgidas del movimiento, vista desde una óptica nacionalista. Las novelas que están escritas por autores que participaron de los hechos tienen más un tono de memoria que de novela, más de vindicación que de fabulación. Sin lugar a dudas, la novela fue el género literario por excelencia para

Los de abajo, de Mariano Azuela, novela pionera de la Revolución mexicana

dar cuenta de los hechos de la Revolución mexicana. En gran medida, se trataba de reflejar el carácter cotidiano de la contienda, las vicisitudes de los combatientes. El impacto del hecho histórico hubo de causar honda impresión en un grupo de escritores que se dedicaron a reflejar sus circunstancias. Tras Azuela, podemos hablar de otros autores: Martín Luis Guzmán o Francisco Luis Urquizo, entre otros. El primero puede considerarse pionero de esta tendencia, junto con Azuela, y para algunos es el novelista de mayor talento estético de los escritores que cultivaron este tipo de novela; luchó junto a los hombres de Pancho Villa y dejó en *El águila y la serpiente* el tono memorial del que hablamos antes, dado su carácter autobiográfico y el hecho de que recoge los avatares acontecidos en México desde 1913 a 1915.

A través de la ficción, asistimos a un testimonio de violencia, de barbarie y de muerte. Un año después publicó otra novela que se incardinaría también en esta tipología: *La sombra del caudillo*. En cuanto al segundo, militar, escritor e historiador mexicano, que en *Tropa vieja* deja testimonio de la vida cuartelera de principios de siglo, justo antes del levantamiento de Madero. Aunque desde el punto de vista de renovación literaria no supone aportes con respecto a la novela decimonónica, hay que valorar el reflejo vivo de las costumbres y de la época en la que se produjeron los acontecimientos. Es importante recordar que los hechos históricos que modificarían las estructuras del porfiriato sugirieron una temática a los escritores que les valdría para enfatizar la novela mexicana no solo en el marco de la literatura hispanoamericana, sino en la literatura universal. Posteriormente, habría que mencionar a José Vasconcelos y su contribución a esta narrativa con dos novelas en las que relata su infancia y juventud, marcada por la dictadura de Porfirio Díaz y el surgimiento de la revolución, con toda la violencia que conllevó: *El Ulises criollo* y *La tormenta*, ambas publicadas en 1936. Presentan un lirismo sumamente creativo y un tono vehemente que disculpan la imprecisión general en los datos. O a Gregorio López y Fuentes, que aunque escribió varias novelas, destacó por *El indio*, publicada en 1935 y reconocida con el Premio Nacional de Literatura.

Aunque no hay un acuerdo en el período de duración en cuanto a este tipo de novelística, podemos considerar su arranque con Azuela y su fin, quizá, con la novela de Carlos Fuentes *La muerte de Artemio Cruz*, de 1962. En cuanto a una posible división en períodos, tendríamos la posibilidad de delimitar una primera generación (Azuela, Vasconcelos y Guzmán), una segunda (Urquizo, Gregorio López), una tercera (Maurico Magdaleno y José Revueltas) y una cuarta (Juan José Arreola y Juan Rulfo, al que vinculamos con los acontecimientos históricos de la Revolución mexicana en otra cuestión). En todo caso, queda patente que los autores de este tipo de novelas quieren expresar el dolor que supone encontrarse inmersos en una guerra, por eso tienden a adoptar el modelo autobiográfico para abordar las grandes figuras de la revolución: Pancho Villa y Emiliano Zapata. Nos hemos centrado en la novelas de la revolución que podemos considerar como novelas revolucionarias, ya que fueron escritas por autores que presenciaron los hechos que relatan.

Como conclusión, no debemos olvidar que la novela de la Revolución mexicana constituye, paralelamente al muralismo mexicano, una de las aportaciones de la literatura hispanoamericana a la cultura universal.

CUENTISTAS

81

¿CUÁLES SON LOS CUENTISTAS MÁS ORIGINALES Y MENOS CONOCIDOS POR EL GRAN PÚBLICO?

Evidentemente, resulta complejísimo en el breve espacio de esta cuestión atender todas las particularidades de un género narrativo tan especial para la literatura hispanoamericana como el cuento. La complicación es aún mayor cuando se pretende incidir en la producción de autores menos conocidos por el gran público y, sin embargo, determinantes en la configuración de la originalidad del género. Sea como fuere, hemos de aprovechar esta cuestión para referirnos a autores cuyas producciones literarias no dejan indiferente a ningún lector. Dadas las circunstancias, abordaremos algunos autores esenciales que ocupan, mayoritariamente, el siglo XX. Es cierto que el cuento como género se va gestando en la literatura hispanoamericana durante el siglo XIX, como intentaremos abordar en algunas cuestiones, más adelante, pero, desde luego, alcanza su dimensión universal en el siglo XX.

Uno de esos autores únicos que no gozan de la popularidad que merecerían, a nuestro juicio, es el genial peruano Julio

Ramón Ribeyro. Hombre de naturaleza timidísima y de una humildad casi enfermiza, que sin duda colaboró en su desconocimiento por parte del gran público, es uno de los mejores cuentistas de la literatura hispanoamericana y, sin exageraciones, de la literatura universal. La originalidad de sus cuentos es alabada por todos y absolutamente reconocida por escritores y lectores interesados. Su mayor producción fue la cuentística, aunque también destacó en la novela, el ensayo y el género de las memorias, con su genial *La tentación del fracaso*, todo un paradigma de los diarios desde la perspectiva literaria. De hecho, su primera publicación sería precisamente una colección de cuentos: *Los gallinazos sin plumas*, considerada como uno de los mejores ejemplos de este género narrativo. Sin embargo, su volumen más conocido (reúne 87 cuentos) es *La palabra del mudo*, cuyo magnífico oxímoron, por lo demás connotativo hasta el escándalo, da buena cuenta del sello personalísimo de este autor. Esa palabra que no puede ser dicha es la especialidad del singular escritor. Entre los cuentos inolvidables, hay que destacar «La insignia», en el que el protagonista, ante el hallazgo de un alfiler para solapas, entra en una organización que desconoce por completo. Y es que sus relatos tienen esa rara capacidad de presentar cierto estilo periclitado, cuasi decimonónico, al mismo tiempo que suenan modernísimos, de actualidad permanente (extremo que acontece solo ante los clásicos, como el hecho de encerrar inagotables significados). Es, además, un lenguaje lleno de naturalidad, de ironía y de finísimo humorismo; tal y como podemos comprobar en «Doblaje», un cuento que aborda de manera genial el tema del doble que todos podemos tener en las antípodas y la dificultad que entraña dar con él, puesto que con nuestro movimiento provocamos el suyo (¿o es al revés?). O «Silvio en El Rosedal», un cuento único que, a través de la metáfora, vuela hacia ámbitos filosóficos y existenciales del máximo interés; lúcido, doliente y genial. En fin, desde «El libro en blanco», «Los eucaliptos», «Ridder y el pisapapeles», «Los jacarandás», «El ropero, los viejos y la muerte», «El polvo del saber», «El carrusel», hasta «Surf», último relato, que dejó inédito, nos encontramos ante una obra única digna de permanente reivindicación.

Del gran Roberto Arlt, narrador imprescindible, nos ocuparemos de manera monográfica algunas cuestiones más adelante. De su compatriota argentino Osvaldo Lamborghini, nos hemos ocupado por otros motivos, válidos para este. Autor maldito indiscutible, sus cuentos han pasado de la transgresión a convertirse en

Roberto Arlt (primero
por la izquierda),
junto a Francisco Luis
Bernárdez y Roberto
Ledesma en 1930

clásicos. Sus cuentos, como sus novelas, se encuentran recogidos en el célebre volumen de *Novelas y cuentos*. Sus cuentos muestran ese desbordamiento del lenguaje, ese histrionismo rupturista que caracteriza a este singular autor.

Olvidado por el gran público, merece también la pena recordar al gran cuentista centroamericano, salvadoreño para más señas, Salvador Salazar Arrué, aunque poco popular, más conocido por Salarrué. El profundo sabor local, la literatura rural, lo ha convertido en el autor de El Salvador más representativo del siglo XX. Sus *Cuentos de barro*, entre otras muchas producciones, constituyen un claro ejemplo de cómo se pueden integrar las lenguas indígenas, el tono conversacional y el estilo nada académico en relatos de toda la consideración.

Como tampoco debemos dejar pasar por alto la figura del uruguayo Felisberto Hernández, del que se dijo algo en otras cuestiones. A pesar de tratarse de un autor originalísimo y lleno de complejidad, sigue resultando desconocido para el gran público. Aunque hay una cuestión referida a la evolución del cuento fantástico hispanoamericano en la que resulta una cita obligada, le dedicaremos unas líneas. Aquí la originalidad viene dada claramente, porque nos encontramos ante un autor que no se parece a nadie. Sin embargo, su especialísima visión de la realidad, su peculiar concepción de lo fantástico, sí se convertirían en la base necesaria para autores hispanoamericanos sumamente célebres. El juego permanente del autor uruguayo con el lector, piénsese verbigracia en su colección *Nadie encendía las lámparas* podría incardinarse en el ámbito de las vanguardias, que también dotarían a su estilo de transgresión y de cierta irreverencia. Este aire ya comenzaría en su primera colección (*Primeras invenciones*), profundamente impregnado por las vanguardias, cuyo influjo se hace patente en la fragmentariedad, en las desconexiones permanentes de sentido y en una innegable concepción lúdica del hecho literario. Imprescindible.

O Rodolfo Fogwill, el cuentista argentino que se hizo célebre como publicista, pero a quien su etiqueta de autor maldito le pudo limitar un tanto en cuanto a resultar conocido por el gran público allende sus propias fronteras. Su carácter provocador y permanentemente transgresor lo convierten en un narrador excepcional. Hasta el punto de que se le ha considerado el sucesor de escritores como Borges o Cortázar desde la nueva perspectiva de la posmodernidad. De este autor, merecen ser recordados cuentos como «Japonés», «Música», «Restos diurnos» o «Los pasajeros del tren de la noche», que destacan tanto por su maestría formal como por su novedosa propuesta de la posmodernidad.

Evidentemente, la lista es mucho más larga, pero vale la pena incidir en algunos nombres que, a pesar de no ser muy conocidos por el gran público, resultan sumamente originales.

82

¿QUÉ SEMEJANZAS Y QUÉ DIFERENCIAS SE PUEDEN ESTABLECER ENTRE EL CUADRO DE COSTUMBRES Y EL CUENTO HISPANOAMERICANO?

Aunque para muchos críticos el cuadro de costumbres representa el antecedente, el germen del género cuentístico, no dejamos de estar en un terreno resbaladizo. En este sentido, son ya muy famosos los trabajos críticos al respecto por parte de Enrique Pupo-Walker, quien sin negar la influencia que aquel haya podido ejercer sobre este, expone sus dudas razonables en torno a que pueda establecerse una continuidad válida desde el cuadro de costumbres hasta el cuento literario, tomando en consideración la posibilidad de que, en realidad, dibujen sus propios recorridos. A pesar de que puedan presentar elementos diferenciadores, el propio hecho de que resulta harto complejo deslindar estos dos tipos de narraciones podría apuntar al carácter pionero de los cuadros de costumbres como textos que ganarían dinamismo y perderían anquilosamiento mediante la hegemonía de la ficción y la ruptura de un marco referencial reconocible y plástico conferido por el cuento. Estas contaminaciones entre subgéneros narrativos no son exclusivas de la literatura hispanoamericana, pues en la literatura española también se daría un fenómeno similar (no podemos olvidar que en múltiples antologías del cuento español se incluyen cuadros de costumbres). Desde luego, sí parece que en la literatura hispanoamericana encontramos con mayor anterioridad cuadros de costumbres que cuentos literarios, aceptando que las barreras entre ambos pueden difuminarse en según qué textos. Intentar fijar una narración que se sirviera del detallismo y de la descripción en general pudo contribuir decisivamente en la aparición de un género como el cuento.

Pese a que en la práctica puede resultar complejo el deslinde de ambos géneros narrativos, desde el ámbito teórico sí podrían establecerse diferencias. Así, el cuadro de costumbres se basa necesariamente en un marco verídico, mientras que el cuento no tiene por qué. Otra de las diferencias esenciales tiene que ver con la aparición del autor; en el cuadro de costumbres elimina el efecto estético, en tanto en cuanto no hablamos de una instancia ficticia como la del narrador de los cuentos, sino de la voz del propio autor. Por otra parte, la brevedad, cierta condensación narrativa, la relación de sucesos y acontecimientos, así como la inspiración (más o menos transformada) en el entorno conocido constituyen puntos de contacto entre ambas composiciones.

A este panorama lleno de complejidad, se añadiría también la proximidad con otros subgéneros como las tradiciones o las leyendas. En todo caso, parece que un elemento fundamental sería el de la intencionalidad estética, presupuesta en el caso del cuento y opcional en la variedad de subgéneros que se deben más a la representatividad o a la referencialidad. Gran parte de las dificultades en cuanto a la delimitación de subgéneros surge, a nuestro parecer, de la enorme transcendencia que adquiere el costumbrismo en Hispanoamérica a partir de 1830. Aun así, no debemos olvidar que las raíces del cuento hispanoamericano se encuentran, en realidad, en las crónicas y en las narraciones de época colonial. Con todo, antes de su auge definitivo como obra artística de primer orden, durante el siglo XIX experimentó un especial impulso. Se consideran como los primeros cuentos hispanoamericanos los de José María de Heredia, los *Cuentos orientales*, publicados entre 1829 y 1832, y de cuya originalidad se albergan muchísimas dudas, puesto que para muchos críticos se trata de traducciones. El papel que desempeñaron los periódicos como soporte esencial de este género contribuye también a la confusión con otros géneros narrativos breves que utilizaban en este mismo canal de difusión. En esta misma línea, podríamos situar la coincidencia de la estética romántica y realista con el origen del cuento, ya que determinarían —reforzadas por el afán independentista— la necesidad de reflejar en las narraciones, al margen de su índole, una exaltación regionalista del entorno.

Hemos de admitir que resulta complicado posicionarse cuando la crítica se divide entre los que consideran que el cuadro de costumbres se entrega en la causa del origen del cuento y los que, por el contrario, consideran que hablamos de dos géneros diferentes que corren suertes dispares, paralelas si se quiere, pero nunca coincidentes. Lo cierto y verdad es que la literatura hispanoamericana, bajo la influencia del costumbrismo de la literatura española (Mesonero Romanos, Estébanez Calderón y Larra —aunque desborde el género con sus excelsas producciones—), presenta costumbristas de todo punto entusiastas, como es el caso de Caicedo Rojas, Guillermo Prieto, Jotabeche (seudónimo de José Joaquín Vallejo), José M.ª Vergara y Vergara, o José Sixto Álvarez, más conocido como Fray Mocho. Estos textos nacen determinados por el cultivo que tuvieron en la literatura española y, por lo tanto, además del predominio de lo mostrativo y del detallismo descriptivo, se caracterizan por el estatismo y su afán moralizador. Su peculiaridad, pues, consiste en que se incluyen elementos que no contribuyen a la tensión narrativa, extremo fundacional del género cuentístico que nos recordará Horacio Quiroga.

En definitiva, sin negar las influencias que se produjeron entre los diferentes subgéneros narrativos en el siglo XIX (piénsese de manera especialísima, ya en los albores del cuento, en «El matadero» de Esteban Echeverría, un texto literario cuya adscripción al subgénero narrativo cuento parece ineludible y que, al mismo tiempo, presenta evidentes concomitancias con el cuadro de costumbres, puesto que refleja de manera veraz y sumamente referencial el entorno en el que acontece) y singularmente entre el cuento y el cuadro de costumbres, parece razonable entender que, dado que sus propósitos divergen, no deben asimilarse de manera necesaria.

83

¿CUANDO DESPERTÓ, EL DINOSAURIO TODAVÍA ESTABA ALLÍ?

Augusto Monterroso, guatemalteco, es el autor del microrrelato conformado por las palabras de la cuestión que nos ocupa, pero sin formularla entre signos de interrogación, sino como aseveración connotativa y con el título de *El dinosaurio*. A este cuento se le considera como el más corto de la historia, con sus siete palabras (aunque se vio superado por el del mexicano Luis Felipe Lomelí, que quiso proponer un microrrelato todavía más breve y que tituló *El emigrante*: («—¿Olvida usted algo? —¡Ojalá!»), además de ser «el culpable» del reconocimiento universal de este escritor, que desempeña un papel crucial en la narrativa hispanoamericana, de manera especial en el cuento, y más concretamente en el microrrelato, porque su labor es pionera, a pesar de sus insignes antecedentes.

Este narrador excepcional ya dio muestras de su indiscutible originalidad cuando publicó su primer título: *Obras completas*, la colección de narraciones breves en la que se incluye el texto literario con el que formulamos la cuestión. La apuesta de Monterroso resulta, por lo demás, de enorme riqueza para la literatura hispanoamericana. La mezcla de humorismo y seriedad, el carácter lúdico y el permanente tono paródico y antiacademicista suponen una aportación única. No solo indaga en la condensación expresiva máxima, sino también en la elocuencia de la elipsis, de lo que se omite y dibuja toda una dimensión connotativa. Ello sucede con el microrrelato en cuestión. Ahora bien, no debemos olvidar la crítica al imperialismo sin la canalización de la literatura social, claro. Nos referimos a un relato como «Mr. Tylor», protagonista cuya avaricia lo conducirá a la fatalidad. O un relato como «El eclipse», en el que mediante un humor aparentemente ingenuo, se incluye la sabiduría de los mayas en cuanto a fenómenos astronómicos. O «La vaca», texto metanarrativo que contraviene las supuestas características formales del género y que ensalza la nadería casi desde una perspectiva surrealista. O el propio relato de «Obras completas» que cierra este volumen, cuento originalísimo cuya intertextualidad ficcional parece enraizarse en un Borges pasado por el tamiz de la posmodernidad.

Un buen ejemplo de la producción irónica, de la sonrisa perspicaz instalada en el terreno de lo corrosivo es el de «La rana que quería ser una rana auténtica»:

Había una vez una rana que quería ser una rana auténtica, y todos los días se esforzaba en ello.

Al principio se compró un espejo en el que se miraba largamente buscando su ansiada autenticidad. Unas veces parecía encontrarla y otras no, según el humor de ese día o de la hora, hasta que se cansó de esto y guardó el espejo en un baúl.

Por fin pensó que la única forma de conocer su propio valor estaba en la opinión de la gente, y comenzó a peinarse y a vestirse y a desvestirse (cuando no le quedaba otro recurso) para saber si los demás la aprobaban y reconocían que era una rana auténtica.

Un día observó que lo que más admiraban de ella era su cuerpo, especialmente sus piernas, de manera que se dedicó a hacer sentadillas y a saltar para tener unas ancas cada vez mejores, y sentía que todos la aplaudían.

Y así seguía haciendo esfuerzos hasta que, dispuesta a cualquier cosa para lograr que la consideraran una rana auténtica, se dejaba arrancar las ancas, y los otros se las comían, y ella todavía alcanzaba a oír con amargura cuando decían que qué buena rana, que parecía pollo.

Tanto el microrrelato que encabeza esta cuestión como la producción cuentística de este autor, en general, tienen la virtud de metamorfosear la mera anécdota en pensamiento lúcido, en metáfora subversiva o en genial ejercicio de imaginación. Así, el dinosaurio sigue acompañándonos para recordarnos que buena parte de la magia de la literatura reside en la capacidad de activar al mismo tiempo diversas interpretaciones, de promover sentidos que, incluso, pueden llegar a resultar irreconciliables; tampoco podemos olvidar la curiosa seriedad de la que el guatemalteco, afincado en México, dota al juego. Esta concepción del juego y del azar como elementos vitales de la narración aunados a una invitación permanente a la vitalidad ha resultado sumamente productiva en la literatura, y de manera especial en la hispanoamericana, que le concede carta de naturaleza con el concurso de las vanguardias. Además, Augusto Monterroso se convierte en uno de los responsables de que al hecho literario se le sacuda la solemnidad para apostar por un carácter tan lúdico como lúcido.

84

¿ES INDISCUTIBLE EL DECÁLOGO DEL PERFECTO CUENTISTA DE QUIROGA?

Pocos se atreverían a discutir que este decálogo, que a pesar de las modas actualmente vigentes sí que consta de diez normas —ni más ni menos—, ha sido fundacional del género y ha recogido una receta única no solo para la creación de cuentos, sino para la validación de los mismos por parte de los lectores. Es más, podríamos afirmar sin temor que el autor de este decálogo inaugura, con toda la modernidad que ello supone, el cuento hispanoamericano del siglo XX, ventilando este género de la literatura hispanoamericana en las corrientes europeas y norteamericanas. De hecho, los grandes cuentistas hispanoamericanos del siglo XX, universalmente conocidos, beben de estas fuentes. Desde luego, este trágico uruguayo reflejó en sus cuentos, mejor que en ninguna otra parte, todo su virtuosismo en la narración breve. Sin embargo, si hay una teoría elucidadora respecto al cuento, esa es la del decálogo que nos ocupa en esta cuestión.

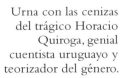

Urna con las cenizas del trágico Horacio Quiroga, genial cuentista uruguayo y teorizador del género.

Pese a todo lo antedicho, conviene recordar que toda teoría es refutable (incluso esta) y, con mayor motivo, discutible. Que no le neguemos a este ejercicio del gran Quiroga su modernidad y su acierto, no significa que tengamos que asumirlo a modo de los diez mandamientos. La mayoría de los cuentistas y críticos han ensalzado por su acierto esta enumeración de características que podrían exigírsele a cualquier cuento que se precie de serlo. Con todo, ha habido corrientes que han llegado a discutir el decálogo horaciano; entre las más destacadas, se encuentra la escritora argentina Silvina Bullrich.

Antes de entrar en su discusión, resulta esencial conocer el texto al que nos referimos, publicado en 1927, en la revista bonaerense *El Hogar*.

I

Cree en un maestro —Poe, Maupassant, Kipling, Chéjov— como en Dios mismo.

II

Cree que tu arte es una cima inaccesible. No sueñes en domarla. Cuando puedas hacerlo, lo conseguirás sin saberlo tú mismo.

III

Resiste cuanto puedas a la imitación, pero imita si el influjo es demasiado fuerte. Más que ninguna otra cosa, el desarrollo de la personalidad es una larga paciencia.

IV

Ten fe ciega no en tu capacidad para el triunfo, sino en el ardor con que lo deseas. Ama a tu arte como a tu novia, dándole todo tu corazón.

V

No empieces a escribir sin saber desde la primera palabra adónde vas. En un cuento bien logrado, las tres primeras líneas tienen casi la importancia de las tres últimas.

VI

Si quieres expresar con exactitud esta circunstancia: «Desde el río soplaba el viento frío», no hay en lengua humana más palabras que las apuntadas para expresarla. Una vez dueño de tus palabras, no te preocupes de observar si son entre sí consonantes o asonantes.

VII

No adjetives sin necesidad. Inútiles serán cuantas colas de color adhieras a un sustantivo débil. Si hallas el que es preciso, él solo tendrá un color incomparable. Pero hay que hallarlo.

VIII

Toma a tus personajes de la mano y llévalos firmemente hasta el final, sin ver otra cosa que el camino que les trazaste. No te distraigas viendo tú lo que ellos no pueden o no les importa ver. No abuses del lector. Un cuento es una novela depurada de ripios. Ten esto por una verdad absoluta, aunque no lo sea.

IX

No escribas bajo el imperio de la emoción. Déjala morir, y evócala luego. Si eres capaz entonces de revivirla tal cual fue, has llegado en arte a la mitad del camino.

X

No pienses en tus amigos al escribir, ni en la impresión que hará tu historia. Cuenta como si tu relato no tuviera interés más que para el pequeño ambiente de tus personajes, de los que pudiste haber sido uno. No de otro modo se obtiene la vida del cuento.

FIN

Silvina se somete a la disciplina de poner en tela de juicio cada uno de los diez preceptos que conforman este documento. Si en el primero encuentra que el autor debe volar y, por lo tanto, no debe encadenarse sin concesiones a ninguna influencia, respecto del segundo, entiende que el autor debe comprometerse con expresar algo nuevo, algo no dicho por nadie. Asimismo, el tercero lo ve contradictorio con los anteriores, cuestiona y matiza el cuarto y el quinto, afea la rima estilística del sexto, exalta el adjetivo en contraposición al séptimo, apunta cierta debilidad en el octavo en cuanto a su expresión, no discute el noveno, aunque lo completa, y minimiza la validez del último, por entender que se sobreentiende y que no resulta operativo.

Ciertamente, otras manifestaciones de críticos y de autores han venido a matizar alguno de estos supuestos (por ejemplo, Julio Cortázar, gran seguidor de Quiroga, por otra parte, admitió siempre en sus entrevistas que, en realidad, es el cuento el que le ronda a él y no viceversa, contraviniendo de algún modo, o al menos matizando, la opinión que transmite el decálogo en cuanto a que el autor sabe en todo momento hacia dónde lleva el cuento). Lo que sí queda claro es que, con todo lo discutible que el decálogo pueda tener, prefigura la concepción del cuento como mecanismo artístico de precisión, augurando la excelencia del género en el ámbito de la literatura hispanoamericana con indudable proyección internacional.

85

¿Cómo podemos considerar a Roberto Arlt autor imprescindible para entender la narrativa del *boom*?

Quizá el argentino Roberto Arlt haya sido recuperado en parte del total desconocimiento, aunque no goce de la popularidad que merecería. Toda una corriente de la narrativa hispanoamericana se encuentra en deuda con el legado que este genial escritor dejó, ya que sentó las bases de una literatura despojada de solemnidades y que otorgó valor literario tanto al argot como al tono conversacional y al aire de lo absolutamente coloquial. Sin embargo, su faceta menos conocida es la de cuentista, en la que a nuestro juicio destacó más. No resulta sencillo emitir una consideración de Arlt como escritor, pues resulta sumamente polifacético. Por una parte, parece indiscutible su afán por reflejar cierta realidad sórdida, por arrastrar un pesimismo genético. En este orden de cosas, se le podría relacionar con un Pío Baroja. Pero, por otro lado, incorpora una concepción subversiva y experimental que lo mete de lleno en la experiencia de las vanguardias; por tanto, tal y como sostienen algunos críticos, nos las habemos con un Baroja vanguardista, todo un hallazgo. Aunque se hizo conocido en Argentina por sus crónicas, por sus estampas plásticas de *Aguafuertes porteñas*, que recogen fidedignamente la evolución y desarrollo de Buenos Aires, incorporando un hálito existencialista a la fiebre del progreso, tanto la crítica como los lectores destacan su perfil sobresaliente como cuentista. Y es que uno de los elementos fundamentales de la prosa arltiana es hacerse eco de la voz de los marginados, de los desterrados por el desarrollismo frenético. Además, la modernidad de estas estampas es evidente, como todo en Arlt, pues apuesta por una integración caleidoscópica de lenguajes al apostar por lo pictórico y lo fotográfico incorporados al hecho literario. Este extremo se vincula de manera directa con el fragmentarismo, promovido por los movimientos de las vanguardias y asimilados por el autor que nos ocupa.

Ya en su primera colección de cuentos (*El jorobadito*, publicada en 1933), da voz y liberación a los marginados a través de una narrativa subversiva que hará las veces de acicate para los narradores de los sesenta, agrupados en torno al denominado *boom*. Se convierte en inspiración por su radical novedad respecto a la narrativa tradicional, que había anquilosado el lenguaje literario. La genial inclusión de lo marginal no solo se apropia de la construcción de los personajes, sino que conquista la propia voz del narrador, instancia maldita, aislada, sardónica y profundamente subversiva. Además, el tratamiento del narrador adquiere una significación que se incardina en el virtuosismo artístico del género, que tanto seducirá a los autores del *boom* hispanoamericano. Concretamente, este tratamiento especialísimo podemos comprobarlo en el cuento que da nombre a la colección. En él, se acusa al narrador de homicidio y se lo considera loco, por lo que merece el aislamiento. Sin embargo, el narrador se ocupará de hacer valer su palabra para demostrar que, en realidad, el loco es el jorobadito, cuya perversidad, animalidad y deformidad merecían el asesinato. Todo ello aparece trufado de una sordidez y un aire surrealista, habitado por el absurdo, peculiarísimos. Para muestra, valga este botón en el que el narrador confiesa sin ambages el asesinato cometido contra Rigoletto, conocido como «el jorobadito»:

> Retorcerle el pescuezo al jorobadito ha sido de mi parte un acto más ruinoso e imprudente para mis intereses que atentar contra la existencia de un benefactor de la humanidad. Se han echado sobre mí la policía, los jueces y los periódicos. Y esta es la hora en que aún me pregunto (considerando los rigores de la justicia) si Rigoletto no estaba llamado a ser un capitán de hombres, un genio, o un filántropo. De otra forma no se explican las crueldades de la ley para vengar los fueros de un insigne piojoso, al cual, para pagarle de su insolencia, resultaran insuficientes todos los puntapiés que pudieran suministrarle en el trasero, una brigada de personas bien nacidas. No se me oculta que sucesos peores

ocurren sobre el planeta, pero esta no es una razón para que yo deje de mirar con angustia las leprosas paredes del calabozo donde estoy alojado a espera de un destino peor.

La otra gran colección de cuentos, *El criador de gorilas*, vino publicándose en los periódicos entre 1936 y 1937. Fue la última publicación del autor, que los reunió en 1941. Poco se han ocupado críticos, escritores y lectores de este conjunto de relatos, considerados fallidos. Nacen de su experiencia en África y de su porosidad para con el exotismo en general. Para muchos, incluida su hija Mirta Arlt (auténtica valedora de la obra de su padre), se trata de un conjunto de narraciones que pretendió subsanar los errores de utilización del idioma que le achacaban permanentemente. Quizá la corrección y el instinto que animó la redacción de estos cuentos acabaron, por otra parte, con la frescura, la espontaneidad y la modernidad que se convierten en el sello personal de su prosa.

Por lo tanto, la propia caracterización de la narrativa de Arlt pasa por considerarla como precursora de la del *boom*, ya que el escritor argentino aborda con maestría la crisis existencial de la modernidad, indagando tanto en lo marginal como en lo maldito; Poe y Baudelaire se convirtieron en la mejor inspiración para una obra instalada permanentemente en la más rabiosa (tanto como el juguete con el que armó su primera novela) actualidad. No en vano, y salvando las distancias, se ha comparado la influencia que ejerció Roberto Arlt con la que supusiera, incluso, un Jorge Luis Borges.

86

¿HAY ALGUNA RELACIÓN ENTRE LOS CUENTOS DE BIOY CASARES Y EL GÉNERO POLICIACO?

Simplemente atendiendo a sus propias palabras, podemos responder afirmativamente a esta cuestión. Adolfo Bioy Casares fue un lector precoz que quedó impresionado por sus lecturas de género fantástico y policiaco, espoleadas por la honda huella que dejó en él *Pinocho*, de Carlo Collodi, todo un descubrimiento tempranísimo.

Adolfo Bioy Casares
(1914-1999),
gran apasionado
del género policiaco

De ahí, a devorar los relatos de Arthur Conan Doyle o Edgar
Allan Poe y, poco tiempo después, a visitar los grandes clásicos
universales, sin olvidar ni los españoles ni los argentinos. De hecho, de argumentos policiales departía ampliamente con su gran
amigo Jorge Luis Borges, con quien llegó a compartir una publicación que se adscribe al género policiaco y con quien manten-
dría una duradera y estrecha relación de amistad, que comenzaría
en 1932, en casa de Victoria Ocampo.

Este vínculo especial entre ambos, en parte, se debió a las
afinidades literarias, entre las que se cuenta de manera especial
la inclinación que ambos mostraron hacia el género fantástico
y el policial. Respecto a este último, hay que decir que diri-
gieron al alimón una colección que pretendía la difusión de
este género (además de títulos de otras literaturas, se animaron
a publicar literatura nacional que tuviera relación con este
género; entre otros, las obras policiacas de autores como el propio Adolfo Bioy Casares, Silvina Ocampo o Manuel Peyrou).
Incluso, como adelantábamos con anterioridad, publicaron
bajo un seudónimo común (H. Bustos Domecq) *Seis problemas
para don Isidro Parodi*, compuesta por piezas aparentemente inde-
pendientes que hunden sus raíces en la tradición cuentística
detectivesca y obra inaugural del género en la literatura argentina. En estos cuentos, la relación con el género policiaco es

Jorge Luis Borges y Adolfo Bioy Casares en el café La Biela, en el barrio de La Recoleta, Buenos Aires (fotografía de Felipe Díaz Pardo)

absolutamente evidente, pero aunque en otros casos se diluya más, no deja de ser una constante en la creación literaria de su autor. La idea de la intriga, de la tensión narrativa que propugna lo policial, hubo de causar enorme impresión en el autor argentino, que concedió grandísima importancia a la manera de contar los hechos. Ello no solo lo identificamos en su narrativa breve, sino que se hace eco también en sus novelas. De manera paradigmática podemos pensar en su novela más célebre: *La invención de Morell*, cuya impronta del género policiaco, como del fantástico, parece incontestable.

Sumamente ilustrativo puede resultar a este respecto este fragmento que proponemos a continuación y que pertenece al cuento *El caso de los viejitos voladores*, cuyo propio título ya nos sumerge de lleno en lo policiaco, en lo detectivesco; asimismo, este ejemplo se convierte en una muestra del tratamiento paródico, al que nos referiremos a modo de conclusión al final, que le confiere el autor al género en cuestión:

> La comisión bicameral, para peor, resultó demasiado numerosa para actuar con la agilidad y eficacia sugeridas. El diputado, que no daba el brazo a torcer, consiguió que la comisión delegara su cometido a un investigador profesional. Fue así como el caso de los viejos voladores llegó a esta oficina.
>
> Lo primero que hice fue preguntar al diputado en aviones de qué líneas viajó en mayo y en junio.
>
> «En Aerolíneas y en Líneas Aéreas Portuguesas» me contestó. Me presenté en ambas compañías, requerí las listas de pasajeros y no tardé en identificar al viejo en cuestión. Tenía que ser una de

las dos personas que figuraban en ambas listas; la otra era el diputado.

Proseguí las investigaciones, con resultados poco estimulantes al principio (la contestación variaba entre «Ni idea» y «El hombre me suena»), pero finalmente un adolescente me dijo: «Es una de las glorias de nuestra literatura». No sé cómo uno se mete de investigador: es tan raro todo. Bastó que yo recibiera la respuesta del menor, para que todos los interrogados, como si se hubieran parado en San Benito, me contestaran: «¿Todavía no lo sabe? Es una de las glorias de nuestra literatura».

Fui a la Sociedad de Escritores donde un socio joven confirmó en lo esencial la información.

Parece, pues, evidente que los cuentos de Adolfo Bioy Casares se vieron influidos por el género policial, ya que el autor lo admiró como indagación en la trama, obsesión que Bioy compartiría con el gran Borges, que también cultivó profusamente y con encomiable acierto este género en bastantes cuentos (entre ellos, se encuentran algunos de los más célebres, como *El jardín de los senderos que se bifurcan*, por poner un caso). Del mismo modo en que esta influencia parece indiscutible, tenemos que admitir que no tiende a basarse en este género de manera original, sino que generalmente opta por una reinterpretación paródica, humorística, muy personal que supone una incorporación recreada.

87

¿QUÉ TIPO DE CUENTISTA ES JORGE LUIS BORGES?

De uno de los autores de los que la crítica se ha ocupado con mayor interés es del argentino Jorge Luis Borges, considerado como un autor universal. Dentro de su producción literaria, vastísima y de una calidad extraordinaria, destacan de manera sobresaliente sus cuentos. A pesar de su riquísima variedad y de sus múltiples registros, podemos encontrar algún denominador común. Entre ellos, desde luego, habría que mencionar un carácter universalista pasado por un tamiz profundamente intelectual. Así, lo conceptual, lo abstracto, deviene demiurgo esencial de la cuentística del

Jorge Luis Borges, un narrador tan único como universal, en una imagen de 1983 (*revista Gente y la actualidad*, Buenos Aires).

eterno candidato al Premio Nobel, del que nos hemos ocupado en varias cuestiones por su especialísima relevancia. Tal y como señala Victoria Ocampo en *Visión de Jorge Luis Borges*, uno de los hechos que más llaman la atención en sus ensayos y en sus cuentos es la brevedad, ya que en la conversación siempre era un torrente que parecía no interrumpirse nunca.

Además, como cuentista, a Borges le obsesionó el *mise en abyme* o, dicho de otro modo, la técnica de las cajas chinas o las matrioskas, debido a que la ficción alberga a su vez otra ficción o la realidad se encuentra subsumida en otra y así sucesivamente. Este interés irrefrenable podría provenir de la constante intelectualidad de Borges, pero acomodada al propio hecho artístico; de suerte que la metaficción permanente y la utilización de la literatura para indagar en la esencia de la literatura misma termina confiriendo a sus narraciones cierto hálito filosófico que, en ocasiones, aporta cierto hermetismo significativo y considerable dificultad por parte de los lectores. Ello es fácilmente constatable tanto en sus ensayos como en sus cuentos, en los que explora los ámbitos de la ficción ahondándolos para comprender su esencia. Ejemplo paradigmático respecto de los cuentos es la publicación *Ficciones*, una colección que reúne las piezas de dos libros. El primero de ellos, *El jardín de los senderos que se bifurcan*, de 1941, está conformado por ocho relatos que delatan las inclinaciones de su autor. Así, incluye cuentos fantásticos (debilidad ineludible que traduce en un nuevo tratamiento de lo fantástico, medidamente cerebral, como en el caso de «La lotería en Babilonia» o «La biblioteca de Babel», donde también nos demuestra su gran interés por la Biblia y por la intertextualidad), un cuento policial (ya se dijo algo respecto a su obsesión por el género, compartida con su gran amigo Adolfo Bioy Casares; aquí, convierte en un cuento su irrefrenable afición por el género: *El jardín de senderos que se bifurcan*, en el que asistiremos a un crimen que no comprenderemos hasta el final), unos relatos en los que se le proporciona un tratamiento de realidad a lo irreal (en «Las ruinas circulares» o «Pierre Menard, autor del Quijote», muestra fidedigna de la superposición de planos entre lo real y lo irreal e incluso entre las referencias bibliográficas existentes y las inventadas por el autor en una suerte de magma tan unificador como intelectualmente totalizador), o una exaltación de la brevedad desde el convencimiento de que, al fin y a la postre, casi todo está dicho y no merece la pena ser prolijo cuando siempre cabe la posibilidad de sintetizar incluso lo más extenso («Tlön, Uqbar, Orbis Tertius», «El acercamiento a Almostáin» y «Examen de la obra de Herbert Quain», que prefiguran *El Aleph*, publicado en 1949, ya que giran en torno a la idea de la condensación del todo en un punto).

Del segundo libro que forma parte de *Ficciones*, que lleva por título *Artificios*, una compilación de nueve relatos que se publicó en 1944, el propio autor destaca dos: «La muerte y la brújula», en el que propone un peculiar tratamiento del espacio y del tiempo, y «Funes el memorioso», genial metáfora del insomnio, de su primera edición, a la que añadió posteriormente tres cuentos más, que cierran los nueve en total. De estos últimos, ensalzó especialmente «El sur», cuento que llegó a considerar como el mejor de los que escribió. Desde luego, se trata de un cuento que concita los elementos autobiográficos con los temas característicos del autor: el tiempo, el destino, el sueño y la muerte, y que presenta la técnica de incluir un cuento dentro del cuento mismo, pluridimensionalidad caleidoscópica muy querida por el autor en un territorio literario que convierte en vital.

Sin embargo, el libro de cuentos más reconocido es el agrupado en *El Aleph*, publicado en 1949 y que recoge diecisiete piezas literarias. Aunque mantiene la sobriedad expresiva y el virtuosismo lingüístico de la colección anterior, aquí ahonda en los intersticios irracionales que presenta la propia cotidianeidad. Especial mención merecen «Emma Zunz», de un virtuosismo narrativo indescriptible; «El inmortal», por el trabajo que le supuso al autor —confesado por él mismo—; o «El Aleph», que además de canalizar las principales preocupaciones y temáticas del autor, desvela sus influencias literarias, por lo demás riquísimas, que pasan en buena parte por la literatura anglosajona y norteamericana, sin olvidar la incidencia interesantísima de la cábala en sus escritos. En cuanto a la influencia de otros escritores, conviene citar al menos a Chesterton, De Quincey, Kafka (determinante), Kipling, Conrad, Carlyle, Stevenson, Shaw, León Bloy, Milton, Keats... A ellos hay que sumar la incidencia evidente de grandes obras como la Biblia, los cuentos de *Las mil y una noches* o la inmortal novela de Miguel de Cervantes y de pensamientos filosóficos (la importancia de Schopenhauer es vital, en este sentido), singularmente ingleses, por los que sintió auténtica devoción (Berkeley, Hume o William James, entre otros). De todo el torrente lector de Borges (apabullante) y, por ende, de sus numerosísimas influencias podemos concluir que este argentino universal se sintió como un escritor anglosajón que escribía en español. Resulta muy complicado, no solo en la literatura hispanoamericana, sino en la universal, encontrar relatos tan magníficamente construidos y tan soberbiamente expresados.

A pesar de que se trata de textos que buscan un lector exigente, que no puede conformarse con lo anecdótico, pues incluso esto, en cualquiera de los relatos borgianos, deviene reflexión intelectualizada, se hacen adictivos en gran medida por el virtuoso ejercicio idiomático que proponen y constituyen una referencia inexcusable en la literatura universal, además de todo un magisterio de resonancias internacionales. La crítica coincide en afirmar que la sublime prosa de Borges constituye uno de los ejemplos más impresionantes en lo que toca a su tratamiento lingüístico, capaz de encumbrar el español hasta la excelsitud.

Ese uso magistral de nuestro idioma, acompañado de una apuesta literaria meditada y cerebral, y espoleado por la idea de la totalidad en la unidad, del todo en una parte, parece aventurar el gran descubrimiento de las redes digitales, en cuyos límites se encierra la totalidad de este genial visionario que se quedó ciego: el Aleph.

88

¿Es Julio Cortázar uno de los cuentistas más originales?

Esta cuestión solo puede encontrar una respuesta afirmativa. De hecho, precisamente, si hay un elemento que hace de los cuentos cortazarianos unas producciones siempre actuales, ese es precisamente el de su originalidad, su singularidad única basada en el ensalzamiento de la imaginación. Aquí, en la medida de lo posible, intentaremos atender su producción cuentística, cuyos trabajos críticos son abundantísimos, y sus reflexiones teóricas en torno al género, a las que se les ha presentado muy escasa atención y que, sin embargo, constituyen también un enfoque original que nos desvela aspectos del cuento definitivos.

Resulta evidente que la novedad del gran Julio es la que le garantiza un permanente interés por parte de los lectores. Además, es una originalidad pretendida, permanentemente buscada. En vida llegó a publicar ocho volúmenes de cuentos, sin contar con las prosas breves de las curiosísimas *Historias de cronopios y de famas*, los textos agrupados en la obra *Un tal Lucas* o los pocos cuentos que se incluyen en misceláneas, a modo de almanaques, en *La vuelta al día en ochenta mundos* y *Último round*. Ciertamente, todas estas producciones demuestran que el único rótulo que no le queda pequeño a su autor, si es que hay que poner uno, es de originalísimo. Desde luego que fue un narrador experimental, pero desborda esta clasificación. Sin lugar a dudas, tenemos que hablar de un escritor que cultivó profusamente lo fantástico, pero también fue mucho más allá. Es evidente que lo lúdico ocupa un lugar esencial en su obra, sin embargo no es lo único. El *jazz* fue siempre su gran pasión y llenó de música su escritura, hasta tal punto que llegó a afirmar que si algo que él había escrito no tenía ese ritmo musical, lo destruía, no le servía como texto literario. Y, con todo, sus textos superan también una reducción a este extremo. Todo esto, en realidad, nos acerca más de lo que pensamos a una auténtica radiografía de un escritor auténtico que, por cierto, a pesar de ser un indiscutible intelectual, siempre negó que lo fuera. En la célebre entrevista que le concedió al reputado periodista Joaquín Soler Serrano, llegó a admitir que él no era un intelectual; que él era incapaz de, mediante la operación sobre ideas, crear un silogismo que, a su vez, supusiera la creación de otro. Claro que esta explicación solo podría darla un intelectual. Evidentemente, a pesar de su radical novedad, ninguna obra surge de la nada. El propio Cortázar decía siempre que sus dioses se encontraban en la Tierra, en ningún otro sitio. Sus referentes pertenecían a todo tipo de manifestaciones artísticas, incluso filosóficas, y en las literarias se refirió a autores de diversa índole, como Julio Verne, Roberto Arlt, Mallarmé, Edgar Allan Poe, Felisberto Hernández, Lautréamont, Jean Cocteau, Macedonio Fernández, Jorge Luis Borges, Hugo Wast, Lucio V. Mansilla o Virginia Woolf, entre otros. A ellos, hemos de añadir los que ha señalado la crítica, como la gran influencia que ejerció sobre él la novela *Adán Buenosayres* de Leopoldo Marechal, los autores de literatura fantástica contemporánea o los escritores surrealistas. Asimismo, resultan trascendentales en su obra el absurdo, el azar, el lirismo, cierto esoterismo, la fotografía y el *jazz*. Por múltiples razones, Julio alabó en numerosas ocasiones la poesía de Federico García Lorca. En verdad, se trata de una poesía que inspira lo más hondo de la producción literaria de Cortázar: por una parte, el profundo lirismo surrealista del autor y, por otra, su capacidad rebosante de duende, llena de misterio. Ambas maravillas llevaron al granadino a escribir unos versos en *Poeta en Nueva York* que el autor de *Rayuela* recordaría siempre:

> Quiero llorar porque me da la gana,
> como lloran los niños del último banco,
> porque yo no soy un poeta, ni un hombre, ni una hoja,
> pero sí un pulso herido que ronda las cosas del otro lado.

Hemos destacado este último verso porque resulta vital en la creación cortazariana. En este autor, ni la concepción de la literatura es la habitual, ni lo es su idea de la realidad. Nos ofrece una realidad en la que, a modo de cuña, interviene de manera permanente e inesperada la irracionalidad, lo sobrenatural como una parte constitutiva más que solo es perceptible por quien no se limita a quedarse con la perspectiva plana de la realidad, sino que se asoma al otro lado de las cosas, que deja entornadas varias puertas que conducen a una realidad azarosa, multiforme e inexplicable. Así pues, la misma personalísima intuición que espoleó a Federico García Lorca sirvió de acicate a la escritura cortazariana. Todo ello da buena cuenta de la clave de los cuentos de Julio, que fluyen en los intersticios. Además, mostró hondo entusiasmo por la teoría de Roger Caillois, quien insistía en que la literatura fantástica no podía surgir del autor de una forma deliberada, sino que se escurría entre sus intenciones —como recordaría Vargas Llosa al escribir sobre Cortázar— por obra de fuerzas misteriosas o del azar. Por eso siempre dijo que, en realidad, de una forma un tanto misteriosa, los cuentos se escribían solos y él hacía las veces de un simple médium o, por eso mismo, afirmaba con entusiasmo que unas fotografías de su casa de París habían dibujado una grieta para asociarse ante la estupefacción del fantástico Julio. *Bestiario*, publicada en 1951, fue su primera colección de relatos, y aún hoy continúa suscitando enorme interés, pues sigue resultando absolutamente novedosa. «Casa tomada», «Carta a una señorita en París», «Ómnibus» o «Bestiario», entre otros relatos, delatan a un narrador original que nos propone una concepción totalmente distinta de lo fantástico y, por añadidura, de lo literario. Inolvidable al respecto, se erige la historia de los dos hermanos que son desplazados paulatinamente de su propia casa hasta que son expulsados definitivamente, en su genial «Casa tomada», leída y muy apreciada por el mismísimo Jorge Luis Borges. Después vendrían otras colecciones: en 1956, *Final del juego*; tres años después, *Las armas secretas*; en 1966, *Todos los fuegos el fuego*; en la década de los setenta: *Octaedro* y *Alguien que anda por ahí*; en 1980, *Queremos tanto a Glenda*; y, dos años antes de su muerte, *Deshoras*.

La mayoría de los críticos y de los lectores consideran que la faceta sobresaliente de este argentino del mundo es, precisamente, la cuentística; y muchos creen que los mejores cuentos del autor son los de su primera etapa. Lo cierto y verdad es que nos encontramos ante auténticas obras maestras del género; basta recordar relatos como «El perseguidor», «Las babas del diablo», «Cartas de mamá», «Axolotl», «La noche boca arriba», las geniales instrucciones incluidas en *Historias de cronopios y de famas* (para llorar, para subir una escalera, para dar cuerda a un reloj…), «La autopista del sur», las disparatadas y lúcidas historias de *Un tal Lucas* o «Continuidad de los parques», un relato incluido en *Final del juego* que utiliza la ficción para abordar la esencia de la ficción misma. De esta manera, el protagonista del relato lee una novela y el hecho mismo de la ficción lo convierte en personaje trágico. Literatura y vida, tal y como las concebía Cortázar, se entremezclan, se funden para confundirse. Este relato se convierte en gozne excepcional para abordar, siquiera brevemente, el perfil teórico de este escritor argentino en lo atinente al cuento. Y es que su originalidad también aparece en su faceta de teórico acerca del género: en sus misceláneas a modo de almanaques (*La vuelta al día en ochenta mundos* y *Último round*), explica de manera muy creativa la esencia del cuento, proponiendo una lucidísima comparación con la novela mediante dos metáforas geniales: la de las imágenes artísticas y la del boxeo. En cuanto a la primera, considera el cuento como una fotografía y la novela como una película, ya que el cuento se caracteriza por la impresión estudiada de una imagen y la novela por la sucesión de imágenes a lo largo de un tiempo que fluye dinámicamente; y por lo que respecta a la segunda, el cuento lo asocia a la victoria de un combate por KO y la novela como un combate ganado por puntos, debido a que el cuento debe producir un efecto único, para el que se orquestan todas las partes y la novela va ganando al lector poco a poco, de manera paulatina, dosificada. Además de la plasticidad del ejemplo, el hallazgo reside en que esta teoría acercaría el cuento mucho más a la poesía que a la novela. Desde luego, en él se cumplió: empezó como poeta (su lirismo lo acompañó siempre) y se consagró como cuentista, profundamente cercano, con esa prosa humanísima del gran conversador.

89

¿CUÁL ES LA TRAYECTORIA DEL CUENTO FANTÁSTICO HISPANOAMERICANO?

No es objeto de este volumen dirimir las diferencias de lo fantástico con otros conceptos afines como el realismo mágico o lo real maravilloso, pues ello precisaría de un tono y de una extensión que no se ajustan a los propósitos de este libro. Entendemos, pues, lo fantástico de manera laxa, como esa cuña de lo sobrenatural capaz de cuestionar la lógica cotidiana. Ello conlleva necesariamente su distinción con respecto a lo maravilloso, dado que este último no supone ningún tipo de cuestionamiento, sino que dibuja un mundo autónomo que no compromete al consuetudinario. Por el contrario, lo fantástico implica una vacilación (ya lo

Nadie encendía las lámparas, del uruguayo
Felisberto Hernández, constituye
una colección de cuentos fantásticos
necesaria para comprender el cultivo
del cuento en la actualidad.

Felisberto Hernández

Edición Dominio Público

sostuvo Todorov), una manera de violentar la tranquilidad de
la supuesta lógica rutinaria. Por este motivo, el cuento fantástico
adquiere inevitablemente un carácter subversivo, crítico, corrosivo,
contestatario del que prescinde lo maravilloso. El hecho de que
en un contexto de total normalidad acontezca inopinadamente
un suceso inexplicable cuestiona nuestra relación con la realidad;
sin embargo, si se crea una realidad paralela, autónomamente
construida con normas y personajes diferentes a lo conocido,
pero que en ningún momento coincide, aparece o cuestiona el
diario acontecer, hallamos la esfera de lo maravilloso (como, por
ejemplo, lo feérico, relacionado directamente con el mundo de
las hadas). Hecha esta salvedad conceptual, y recordando el papel
absolutamente central que ocupa lo fantástico en el género cuentístico de la literatura hispanoamericana, es momento de proponer
sucintamente la trayectoria del mismo. Precisamente, de los tres
autores de los que nos hemos ocupado en las preguntas anteriores
constituyen ejemplos paradigmáticos en la literatura universal en
cuanto al cultivo del cuento fantástico: Bioy Casares (y sus *Historias
fantásticas*), Borges y Cortázar (estos dos últimos cultivan con profusión y con maestría el cuento fantástico). Aunque los primeros
intentos aceptables se producen en la literatura hispanoamericana
a finales del siglo xix (con las producciones de Rubén Darío o
de Leopoldo Lugones), su eclosión llega con el siglo xx de
mano de la estética modernista y mundonovista. A pesar de que
alcanza su culmen con Borges, este último no se entendería sin las

contribuciones de Amado Nervo, Virgilio Piñera (su cuento fantástico del «Insomnio» sigue resultando estremecedor —aparece reproducido en la cuestión n.º 72—), el antecitado Leopoldo Lugones (con *Las fuerzas extrañas*), Alfonso Reyes, Felisberto Hernández u Horacio Quiroga.

Ellos son los antecedentes de los grandes cultores del cuento fantástico, cuyos textos supondrán incluso una novedosa aportación que ha venido a denominarse «lo neofantástico», que entre otros tratamientos novedosos tendría que ver con una interpretación de lo fantástico desde lo metafísico. Además de los clásicos hispanoamericanos de la literatura fantástica, que encontrarían su horquilla de las vanguardias al *boom*, podemos hablar de otros autores que consolidan el género, como José Emilio Pacheco, Luis Arturo Ramos, Francisco Tario o Juan José Arreola, que llegó a estremecernos con «La migala» y a abundar en novedosas aportaciones al género:

La migala discurre libremente por la casa, pero mi capacidad de horror no disminuye.

El día en que Beatriz y yo entramos en aquella barraca inmunda de la feria callejera, me di cuenta de que la repulsiva alimaña era lo más atroz que podía depararme el destino. Peor que el desprecio y la conmiseración brillando de pronto en una clara mirada.

Unos días más tarde volví para comprar la migala, y el sorprendido saltimbanqui me dio algunos informes acerca de sus costumbres y su alimentación extraña. Entonces comprendí que tenía en las manos, de una vez por todas, la amenaza total, la máxima dosis de terror que mi espíritu podía soportar. Recuerdo mi paso tembloroso, vacilante, cuando de regreso a la casa sentía el peso leve y denso de la araña, ese peso del cual podía descontar, con seguridad, el de la caja de madera en que la llevaba, como si fueran dos pesos totalmente diferentes: el de la madera inocente y el del impuro y ponzoñoso animal que tiraba de mí como un lastre definitivo. Dentro de aquella caja iba el infierno personal que instalaría en mi casa para destruir, para anular al otro, el descomunal infierno de los hombres.

La noche memorable en que solté a la migala en mi departamento y la vi correr como un cangrejo y ocultarse bajo un mueble ha sido el principio de una vida indescriptible. Desde entonces, cada uno de los instantes de que dispongo ha sido recorrido por los pasos de la araña, que llena la casa con su presencia invisible. Todas las noches tiemblo en espera de la picadura mortal.

Muchas veces despierto con el cuerpo helado, tenso, inmóvil, porque el sueño ha creado para mí, con precisión, el paso cosquilleante de la aralia sobre mi piel, su peso indefinible, su consistencia de entraña. Sin embargo, siempre amanece. Estoy vivo y mi alma inútilmente se apresta y se perfecciona. Hay días en que pienso que la migala ha desaparecido, que se ha extraviado o que ha muerto. Pero no hago nada para comprobarlo. Dejo siempre que el azar me vuelva a poner frente a ella, al salir del baño, o mientras me desvisto para echarme en la cama. A veces el silencio de la noche me trae el eco de sus pasos, que he aprendido a oír, aunque sé que son imperceptibles. Muchos días encuentro intacto el alimento que he dejado la víspera. Cuando desaparece, no sé si lo ha devorado la migala o algún otro inocente huésped de la casa. He llegado a pensar también que acaso estoy siendo víctima de una superchería y que me hallo a merced de una falsa migala. Tal vez el saltimbanqui me ha engañado, haciéndome pagar un alto precio por un inofensivo y repugnante escarabajo.

Pero en realidad esto no tiene importancia, porque yo he consagrado a la migala con la certeza de mi muerte aplazada. En las horas más agudas del insomnio, cuando me pierdo en conjeturas y nada me tranquiliza, suele visitarme la migala. Se pasea embrolladamente por el cuarto y trata de subir con torpeza a las paredes. Se detiene, levanta su cabeza y mueve los palpos. Parece husmear, agitada, un invisible compañero.

Entonces, estremecido en mi soledad, acorralado por el pequeño monstruo, recuerdo que en otro tiempo yo soñaba en Beatriz y en su compañía imposible.

Este propio relato breve ofrece una de las claves de este novedoso enfoque al género: el de la vacilación entre que esté ocurriendo realmente algo extraordinario y que sea fruto de la imaginación, sin más. Todorov insistirá en que lo fantástico residiría en esa vacilación no resuelta que le queda al lector. Por otra parte, no queremos olvidarnos de las narradoras de cuentos fantásticos, como Elena Garro, Silvina Ocampo o Amparo Dávila.

En definitiva, el cuento fantástico hispanoamericano nace con la estética modernista, inspirado sobre todo en Poe y en

Hoffmann, y termina siendo tan autónomo y original que enriquece el propio concepto de lo fantástico añadiéndole nuevos matices significativos. Para disfrutar convenientemente de este tipo de cuento tan extraordinario en la literatura hispanoamericana conviene consultar, como especialmente recomendable, la *Antología del cuento fantástico hispanoamericano* del chileno Óscar Hahn, publicada en el año 2005.

90

¿QUÉ JOYAS DEL CUENTO INCLUYE LA *ANTOLOGÍA DEL CUENTO FANTÁSTICO* ORGANIZADA POR SILVINA OCAMPO, BORGES Y BIOY CASARES?

En primer lugar, y en consonancia con la cuestión anterior, hay que recordar la enorme importancia del cuento fantástico (y de lo fantástico en general, ya que aparece también en otros géneros literarios dentro del ámbito hispanoamericano). La antología por la que se pregunta fue publicada en 1940, y constituye un hito para el conocimiento, difusión y valoración de la literatura fantástica tanto en España como en Hispanoamérica. La antología incluye setenta y cinco textos de diversa índole, provenientes de la literatura universal. Son tan sumamente variados que algunos no son sino fragmentos de obras mayores, como el caso del extracto perteneciente al *Don Juan Tenorio* de José de Zorrilla.

En el prólogo, acompañado por una posdata al mismo —sumamente borgiano—, se propone una síntesis deliciosa acerca de la naturaleza de lo fantástico (para los antologuistas, consustancial al hombre y a sus miedos) y de su origen (se remonta a escritos chinos; en el caso de Europa y América, habría que esperar al siglo XIX y, concretamente, a que comenzase con la literatura inglesa, aunque se refieren precedentes desde el siglo XIV —con don Juan Manuel y su *Conde Lucanor* hasta los más inmediatos, ya en el siglo XIX, como la figura de Hoffmann). Posteriormente, y a modo de un Vladimir Propp en *La morfología del cuento*, se abordan las observaciones generales respecto a las características de lo fantástico, remarcando la importancia del ambiente y enumerando toda una variedad de resortes que promueven la aparición de lo

Adolfo Bioy Casares, Victoria Ocampo (hermana de la antologuista) y Jorge Luis Borges (primero por la derecha). Rambla de Mar del Plata, año 1935.

fantástico, y se sistematizan los diferentes argumentos fantásticos que aparecen en los textos antologados, así como la clasificación de los cuentos fantásticos según la explicación que sugiera a los hechos sobrenaturales propuestos. Antes de incorporar los textos, se abordan de manera escueta los criterios de selección (se habla de las omisiones inevitables y del criterio fundamental en la selección: el placer lector) y las causas que condujeron al resultado (una distendida charla entre los tres acerca del género fantástico y de los textos que más les habían epatado pertenecientes al mismo). A partir de entonces, se incorporan los textos, encabezados por el título y, en múltiples ocasiones, acompañados de una breve reseña de los aspectos fundamentales del autor del mismo, así como de sus obras principales.

Entre los textos, se encuentran múltiples joyas, como las escritas por los propios antologuistas, dignas de mención, o «Casa tomada» de Julio Cortázar. Además, de los muchos cuentos destacables, vale la pena recordar el texto genial de Jean Cocteau, titulado «El gesto de la muerte», convertido en un clásico universal del género:

Un joven jardinero persa dice a su príncipe:
—¡Sálvame! Encontré a la Muerte esta mañana. Me hizo un gesto de amenaza. Esta noche, por milagro, quisiera estar en Ispahán.

El bondadoso príncipe le presta sus caballos. Por la tarde, el príncipe encuentra a la Muerte y le pregunta:

311

—Esta mañana ¿por qué hiciste a nuestro jardinero un gesto de amenaza?

—No fue un gesto de amenaza —le responde— sino un gesto de sorpresa. Pues lo veía lejos de Ispahán esta mañana y debo tomarlo esta noche en Ispahán.

Se trata de una recreación, a su vez, de un texto judío y proveniente también de la tradición musulmana sufí, e incorporado a los celebérrimos cuentos de *Las mil y una noches*. Este fragmento fue incluido por su autor en la novela *Le Grand Écart*, publicada en 1923. No podemos dejar de mencionar impresionantes relatos como el de «La pata de mono», de W. W. Jacobs, una obra maestra del género que es capaz de concitar todos y cada uno de los supuestos que Freud atribuía a lo siniestro, al mismo tiempo que lleva hasta el paroxismo la interpretación todoroviana de la vacilación no resuelta entre una interpretación racional y una que habita lo sobrenatural. Imprescindible. Evidentemente, por descontado, hay que hablar de Poe, cuya maestría en el género es popularísima (Borges, Ocampo y Bioy se decantan por seleccionar «La verdad sobre el caso M. Valdemar»), de Kafka o de Kipling. En cuanto a la literatura hispanoamericana, que a fin de cuentas es la que concierne al volumen, se incluyen textos de Leopoldo Lugones, de Macedonio Fernández, de los argentinos José Bianco, Arturo Cancela y Pilar de Lusarreta, de la mexicana Elena Garro (su marido fue Octavio Paz), de Héctor Álvarez Murena, de Carlos Peralta, de Manuel Peyrou, de Juan Rodolfo Wilcock y de los seleccionadores de la obra que nos ocupa, a los que nos hemos referido con anterioridad.

Aunque la primera edición de esta antología se publicó en 1940, nos hemos referido en todo momento a la posterior (de 1965), en la que se incorporaron nuevos autores con sus respectivos textos. Lo que está fuera de toda duda es que se trata de una antología no solo de vocación universal, sino sempiterna, de ahí su condición de clásico.

MOVIMIENTOS ESTÉTICOS EN LA LITERATURA HISPANOAMERICANA

91

¿QUIÉNES SON LOS INICIADORES DEL MODERNISMO ANTES DEL GRAN RUBÉN DARÍO?

Como es sabido, el modernismo es un movimiento ecléctico, multiforme, dinámico, cambiante y, en muchas ocasiones, contradictorio. Además de esta problemática, surgen otras como la de la tendencia a obviar la prosa modernista y reducir el movimiento estético exclusivamente al género lírico, o la de considerar que el modernismo hispanoamericano empieza y se agota solo en la figura del inmenso Rubén Darío. Para dar cumplida respuesta a esta cuestión, se hace necesario interpretar un posible arranque del modernismo en Hispanoamérica para poder situar a sus precursores. Podríamos decir que el modernismo hispanoamericano supone el carpetazo definitivo al movimiento romántico, incorporando —al mismo tiempo— algunos de sus presupuestos. Esta nueva tendencia, que inauguró el modernismo, aceptaba la rima y perseguía la musicalidad, por una parte, renunciaba en gran medida a la hipertrofia del yo romántico y hundía sus raíces simultáneamente en los clásicos de la Antigüedad y en los autores más modernos. Lo que está claro es que el movimiento

modernista supuso una auténtica renovación del lenguaje literario, como también lo está que la misma se inicia con anterioridad
a Félix Rubén García Sarmiento, más conocido por su seudónimo: Rubén Darío. Como tampoco podemos negar que el poeta
nicaragüense hizo las veces de relaciones públicas del movimiento y
encabezó la internacionalización definitiva del modernismo. Sin
embargo, sería tan injusto como falso considerar que Darío surge de la nada, obviando todas las producciones y los autores que
promovieron el caldo de cultivo idóneo. Cuando nos referíamos
a ciertas problemáticas a la hora de abordar este movimiento estético, hacíamos mención al hecho de que los estudios parecen
considerar exclusivamente el género lírico y olvidan los demás
géneros; pues bien, precisamente, los primeros esfuerzos de los precursores modernistas se hicieron en prosa y en géneros diferentes
al lírico.

Como iniciadores de este movimiento, se suelen mencionar
dos cubanos (José Martí y Julián Casals) y un colombiano (José
Asunción Silva). A ellos podrían sumarse las figuras de tres
mexicanos que también convierten sus textos en pioneros de
un nuevo movimiento estético o que, al menos, constituyen una
transición evidente desde el posromanticismo hasta el modernismo: Justo Sierra, Agustín F. Cuenca y Manuel Gutiérrez Nájera.
Otros precursores que suelen engrosar la nómina son el uruguayo
José Enrique Rodó (que intentó teorizar sobre el movimiento en
el prólogo a *Prosas profanas* de Rubén Darío y en otros escritos
ensayísticos en los que abordó la estética), el peruano Manuel
González de Prada (cuyas innovaciones podemos apreciar en
Minúsculas y *Exóticas*, la primera de 1901 y la segunda de 1911),
o el mexicano Salvador Díaz Mirón (que comenzó cultivando
una estética romántica y evolucionó hacia cierta inclinación por
la perfección formal teñida de cierto pesimismo en *Lascas*, que
vio la luz durante el primer año del siglo XX). Tradicionalmente,
se sitúan las primeras manifestaciones modernistas en la literatura
hispanoamericana a partir de 1880, concretamente, en 1882 con
la publicación de los primeros versos de José Martí, reunidos en
Ismaelillo, libro de poemas dedicado a su hijo. Algunos críticos encuentran aquí el inicio del modernismo y de la modernidad de la
literatura hispanoamericana, que con el modernismo encontraría
su independencia, su auténtica identidad. Otros, por el contrario,
consideran que se trata de una vuelta a las formas métricas de la
literatura española en una línea tradicional. La verdad es que se

trata de un estilo diferente, de una apuesta por un tratamiento de la lengua literaria muy distinto al que le habían dado las estéticas romántica o realista. Por lo tanto, podríamos fijar los inicios del modernismo a finales del siglo XIX, al menos un lustro antes de la primera publicación de Rubén, en 1888, *Azul*... Antes de las primeras publicaciones de Darío no solo se había publicado una considerable obra de José Martí (entre ellas, la prosa brillantísima a la que tanto debe el nicaragüense), sino obra en prosa y en verso de Manuel Gutiérrez Nájera, considerado el iniciador del modernismo en México. Supone una superación del Romanticismo ayudado por su afrancesamiento literario, enraizado sobre todo en la tendencia parnasiana y en el decadentismo, tal y como testimonia este poema, que canta los placeres sinestésicamente —la sinestesia es el gran hallazgo modernista—, asociando la belleza femenina con el gusto de los vinos:

Las novias pasadas son copas vacías;
en ellas pusimos un poco de amor;
el néctar tomamos... huyeron los días...
¡Traed otras copas con nuevo licor!

Champán son las rubias de cutis de azalia;
Borgoña los labios de vivo carmín;
los ojos oscuros son vino de Italia,
los verdes y claros son vino de Rhin.

Las bocas de grana son húmedas fresas;
las negras pupilas escancian café;
son ojos azules las llamas traviesas
que trémulas corren como almas del té.

La copa se apura, la dicha se agota;
de un sorbo tomamos mujer y licor...
Dejemos las copas... Si queda una gota,
¡que beba el lacayo las heces de amor!

Este canto hedonista recuerda a poemas posteriores del Darío sofisticado y cantor de la carne y los placeres; merece la pena destacar sus cuentos, por ejemplo, los recogidos en la colección de *Cuentos de humo*. También con anterioridad a las publicaciones darianas, o al menos a una difusión de las mismas digna de mención, Julián del Casal había publicado sus *Hojas al viento* que, aunque presenta aún rasgos posrománticos, ya muestra una superación de lo anterior mediante un refinado decadentismo y una exaltación del exotismo en la línea del poeta maldito, del que participó con una muerte prematura y pendiente de aclarar (debía de tener algún tipo de enfermedad crónica similar a la tuberculosis, que pudo matarlo en coincidencia con una velada en la que, tras un incontenible e histriónico ataque de risa, falleció, un mes antes de cumplir los treinta años) y José Asunción Silva ya había escrito versos que, si bien temáticamente bebían de la tradición romántica, suponían ya una apuesta novedosa en cuanto al ritmo, la musicalidad y la expresión de emociones (también este autor se incardina en la del poeta maldito, pues se quitó la vida a los treinta y un años); su poema *Nocturno*, célebre, es una de las mejores muestras de la poesía modernista.

En conclusión, no podemos entender la magnífica poesía de Rubén Darío sin el precedente de otros escritores que le proporcionaron un camino de renovación que el genial poeta nicaragüense conduciría tanto a su perfección como a su difusión internacional.

92

¿CÓMO ES LA NOVELA REALISTA HISPANOAMERICANA?

En verdad, el problema en el caso de la literatura hispanoamericana comienza con la propia denominación. Nadie duda de que exista una novela realista, pero su delimitación no resulta ni mucho menos sencilla. Se trata de un tipo de novela que encontró su desarrollo durante los siglos XIX y XX, y que encuentra sus influencias en dos literaturas: la española, fundamentalmente, y la francesa. Tal y como aconteció en el caso del cuento, en torno a la creación de la novela realista hispanoamericana planea la alargada sombra del costumbrismo. Así, el costumbrismo de la literatura española, a través de Mesonero Romanos, Estébanez Calderón y Mariano José de Larra, germinaría en Hispanoamérica durante el período de la independencia y, revestido de estética romántica, devendría novela de corte realista. Por lo tanto, este tipo de novela en la literatura hispanoamericana se caracterizaría por su eclecticismo y por su dificultad de delimitación. Los límites difusos entre el Romanticismo y el realismo en este tipo de novelas se corroboran con las producciones novelísticas decimonónicas. Así, novelas como *María* de Jorge Isaacs, *Aves sin nido* de Clorinda Matto de Turner, *Clemencia* de Ignacio Altamirano y tantas otras (algunas de las cuales han sido objeto de reflexión en otras cuestiones), a pesar de incardinarse en el desarrollo del Romanticismo, participan ya de las características de la novela realista. A esto se une la relación del realismo con la técnica costumbrista, que podemos comprobar precisamente en la que se considera como primera novela realista hispanoamericana: *Martín Rivas*, del diplomático chileno Alberto Blest Gana, publicada en 1862 y considerada como la fundadora de la novela en Chile. Una novela que mezcla el historicismo costumbrista con cierta sensibilidad romántica. La fecha de publicación de esta novela nos impide pensar en una novela realista tardía, sobre todo si consideramos que en la literatura española es un fenómeno que se produce a partir de 1865. Por tanto, el origen de este tipo de novela realista en Hispanoamérica podemos relacionarlo con sus peculiares circunstancias históricas durante el siglo XIX, que exigieron a la literatura un altísimo grado de compromiso con la realidad social. Además, igual que en el surgimiento de la novela realista en otras literaturas, en el caso de la hispanoamericana también se relacionó de manera directa con la profusión del positivismo.

Paulatinamente, la novela hispanoamericana va renunciando a la carga romántica y extrema la referencialidad, la identificación del mundo novelístico con la realidad circundante. Ello nos da la clave del tránsito: el énfasis evidente en la mímesis, en la capacidad del arte como imitación de la naturaleza. El realismo se basa, pues, de manera singular en esa emulación del entorno, en la que no debemos entender ningún demérito artístico; de alguna manera, la *mímesis* entraña también *poiesis*, es decir, la imitación realista no renuncia a la creación estética, basada en la recreación mediante el detallismo y en la verosimilitud como demiurgo indiscutible. Por otra parte, otro de los elementos que muestran la evolución de este tipo de novela en el caso de la literatura hispanoamericana es que el afán crítico va convirtiéndose en elemento fundamental. Algunos críticos consideran que esta novela propiamente realista no llegaría hasta los años ochenta del siglo XIX y se extinguiría en torno a 1940 como tal, lo que no es óbice para que se entremezcle con la llegada del naturalismo. Si en sus orígenes se produce el concurso con el romanticismo y las tendencias costumbristas, en su extinción se encuentra diluida con la experimentación narrativa. A las novelas mencionadas, podríamos sumar a modo de inventario, ni mucho menos exhaustivo, *Cecilia Valdés*, de Cirilo Villaverde; *Sin rumbo*, de Eugenio Cambaceres; *El Zarco*, de Ignacio Altamirano; *La parcela*, de López Portillo y Rojas; *Moneda falsa*, de Emilio Rabasa; *La Calandria*, del mexicano Rafael Delgado; *Peonía*, de Romero García; *El sargento Felipe*, de Gonzalo Picón; *Inocentes o culpables*, de Juan Antonio Argerich; *Entre dos luces*, de Carlos María Ocantos; *Todo un pueblo*, de Miguel Eduardo Pardo; *La raza de Caín*, de Carlos Reyles. En todas ellas, se pone de manifiesto cómo son las novelas realistas hispanoamericanas: primacía de la referencialidad, carácter proteico, enfoque crítico, denuncia social, narrador omnisciente como garante del afán totalizador y pretensión de novela total (cuya influencia en la novelística posterior será trascendental). Además, canalizan el progresivo tratamiento de los personajes desde la idealización romántica hasta el reflejo de lo ordinario y común.

En definitiva, el gran reto respecto del estudio de la novela realista hispanoamericana reside en su eclecticismo, en que no se presenta en un estado puro, sino en connivencia con otras tendencias. Ello constituye un elemento característico de la novela que nos ocupa y nos proporciona la clave para identificarla: en realidad, tiene que ver con un determinado grado de intensidad sin renunciar a la aparición en la misma de otros movimientos estéticos.

93

¿EN QUÉ MEDIDA INFLUYE EL MODERNISMO HISPANOAMERICANO EN LA LITERATURA ESPAÑOLA?

El modernismo hispanoamericano influye determinantemente en la literatura española; algunos críticos, incluso, llegan a hablar del regreso de las carabelas, haciendo alusión al hecho de que con el surgimiento del modernismo en Hispanoamérica se invierten las tornas y es ahora cuando Hispanoamérica «desembarca» en España. Sea necesario o no el influjo del modernismo hispanoamericano para reinterpretar a lo hispánico la poesía simbolista y parnasiana de la vecina Francia, lo que resulta innegable es que la figura de Darío tuvo una enorme repercusión y que en su figura se concentró la incidencia del modernismo hispanoamericano en la literatura española. De esta manera, para muchos críticos y estudiosos, Rubén Darío llevaría el modernismo, entendido como movimiento originario de Hispanoamérica, a España, promoviendo una renovación en el lenguaje poético que al menos duraría quince años. El poeta nicaragüense portaría ese soplo de aire fresco haciéndolo coincidir en España con la denominada generación del 98 y promoviendo una renovación métrica cuyos antecedentes en cuanto a repercusiones, riqueza y calidad habría que buscar en la literatura de los siglos de oro españoles. Así, con Darío llegaría a España toda una panoplia de innovaciones que concernieron a todos los órdenes: la búsqueda de la plasticidad, el lenguaje preciosista, la sinestesia como recurso por excelencia (en su apuesta de invitación a los sentidos mediante su confusión e interrelación), las adaptaciones de la métrica grecolatina (recuérdense a este respecto composiciones como «La marcha triunfal» o «Salutación del optimista»), el léxico desusado y sugestivamente sensorial (especial mención merecen los vocablos esdrújulos: ósculo, náyade, liróforo, ánfora…; repárese también en la maestría de las aliteraciones: «La libélula vaga de una vaga ilusión»). Sin olvidar la resonancia sin precedentes que supusieron en la literatura española todos sus hallazgos en el campo de la métrica: inclusión del verso eneasílabo, los solemnes sonetos compuestos con versos alejandrinos, los endecasílabos de gaita gallega o las reinterpretaciones de la métrica clásica grecolatina a las que nos hemos referido con anterioridad. Respecto al gusto que el modernismo, y concretamente la poesía de Rubén Darío, mostró hacia las palabras poco frecuentadas y preferiblemente esdrújulas por su rara sonoridad en nuestro idioma (predominantemente llano en cuanto a su acentuación) vale la pena recordar una anécdota ilustrativa, aunque no se haya documentado. Como es sabido, uno de los poetas españoles en los que observamos una mayor incidencia de la poesía de Rubén Darío y de su magnética personalidad es el poeta almeriense Francisco Villaespesa. Al parecer, paseando con Unamuno, se sorprendió al descubrir una extraña planta que flotaba sobre las aguas; cuando se lo hizo saber al sabio Unamuno, este le respondió: «Los nenúfares de sus sonetos». Esto explica hasta qué punto el quehacer modernista que Darío

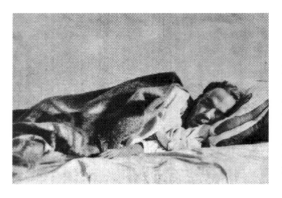

Estremecedora imagen, catalogada en el Archivo Rubén Darío de la Universidad Complutense de Madrid, que representa a un Rubén Darío moribundo.

introduce en España lleva a los poetas a dejarse hipnotizar por la sonoridad de los significantes, a pesar de desconocer profundamente sus significados (algo muy poético, por otra parte, ya que desde la desautomatización lingüística que propone el lenguaje literario, y de manera especial el género lírico, las palabras adquieren su sentido más por sus significantes que por sus significados). En todo caso, la lista de autores españoles influidos por la obra y por la persona de Rubén es extensa: Emilio Carrere, los hermanos Machado, Valle Inclán, Alejandro Sawa, Salvador Rueda o Juan Ramón Jiménez.

La primera vez que Rubén Darío viaja a España es en 1892, como representante de Nicaragua en la celebración del cuarto centenario del llamado «descubrimiento». Y ya en esta primera visita consigue concitar tanto los aplausos de escritores o temidísimos críticos (como es el caso de don Juan Valera) que cultivan una literatura que representa el estilo que pretende renovar el nicaragüense (Campoamor, Valera, Núñez de Arce o Marcelino Menéndez Pelayo) como autores que habían flirteado ya con renovaciones poéticas coincidentes con las del de Metapa (el caso paradigmático de Manuel Reina, poeta cordobés que le pide a Darío que colabore de alguna forma con su libro *En Tropel*). Este primer sentimiento de admiración prepararía el terreno para una literatura, la española, que durante un tiempo concedió el magisterio de sus derroteros poéticos al gran poeta que llegó de América: Rubén Darío.

Entre otros muchísimos (recuérdese la inclusión de Rubén Darío en obras de Valle Inclán), un testimonio claro de la enorme, profunda e innegable influencia que ejerció el modernismo hispanoamericano en la literatura española, y singularmente la figura

y la obra de Rubén Darío, es el poema que Antonio Machado
compuso con motivo de la muerte del de Metapa:

Si era toda en tu verso la armonía del mundo,
¿dónde fuiste, Darío, la armonía a buscar?
Jardinero de Hesperia, ruiseñor de los mares,
corazón asombrado de la música astral,

¿te ha llevado Dionysos de su mano al infierno
y con las nuevas rosas triunfantes volverás?
¿Te han herido buscando la soñada Florida,
la fuente de la eterna juventud, capitán?

Que en esta lengua madre la clara historia quede;
corazones de todas las Españas, llorad.
Rubén Darío ha muerto en sus tierras de Oro,
esta nueva nos vino atravesando el mar.

Pongamos, españoles, en un severo mármol,
su nombre, flauta y lira, y una inscripción no más:
Nadie esta lira pulse, si no es el mismo Apolo,
nadie esta flauta suene, si no es el mismo Pan.

En este emotivo poema, el célebre autor de *Soledades* da cuenta de que Darío llevó a España la novedad del modernismo
y, con ella, la profunda renovación de la lengua española, ese lugar
común de todos los hispanohablantes que conoció con el modernismo un preciosismo y unas cotas de calidad excepcionales.

Como hemos intentado demostrar, la sombra del modernismo
hispanoamericano, muy especialmente a través de la figura de
Darío, es alargadísima en la literatura española. Nos hemos centrado en la figura de mayor impacto mediático y en un momento
cronológico concreto (el coincidente con la estancia de Rubén
en España), pero es evidente que la influencia del modernismo
hispanoamericano en la literatura española ni se limita en exclusividad a la figura del nicaragüense (los vínculos de José Martí con
Unamuno y otros escritores españoles son también evidentes), ni
se limita al tiempo en que el genial poeta estuvo en España (recuérdese a este respecto la gran influencia del autor de *Azul...* en
los poetas de la generación del 27 o, más adelante, en los llamados
novísimos, ya en la década de los setenta de la poesía española). El
propio Gerardo Diego, miembro del grupo poético del 27, admitió

el influjo del nicaragüense con auténtico espíritu fraternal en la ya clásica *Antología poética del 27*, proponiendo los vasos comunicantes permanentes que unen las dos orillas:

Porque al doblar el cabo del novecientos ya sabéis que Rubén Darío el bueno volvió a nosotros con la poesía recién viva entre sus trémulas manos, y con ella la devoción a nuestro D. Luis [de Góngora], ya presentidamente saludado por los simbolistas franceses. El verso se hace verso, y la esclava sumisa se redime, poeta, bajo tu palabra.

Por otra parte, de esa unión entre las dos orillas también dio cuenta Darío, al rendir tributo a una España considerada como madre, en su poemario *Cantos de vida y esperanza*.

94

¿CUÁLES SON Y CÓMO SURGEN LAS PRINCIPALES VANGUARDIAS LITERARIAS HISPANOAMERICANAS?

Como ya se sabe, las vanguardias constituyen un movimiento artístico de primera magnitud y de un carácter internacional que vendría dado por la crisis que se origina durante el período de entreguerras del siglo XX. Originariamente, se trata de movimientos europeos que responden a la denominación de «avanzada militar», por lo que se les supone subversión, novedad, rebeldía y experimentalidad. Este carácter contestatario supone un ataque frontal al ideal de belleza, que se mantenía vivo con la llama del modernismo. El carácter globalizador que presentaron desde un primer momento coadyuvó a su rápida difusión y libertad de interpretación por parte de los autores de la literatura hispanoamericana. Como no podía ser de otra manera, América se mostró sumamente porosa a los movimientos vanguardistas europeos, al tiempo que cultivó los suyos propios desde su identidad y sus elementos autóctonos. De algunas de estas manifestaciones hemos dado cuenta en otras cuestiones (en la evolución de la poesía hispanoamericana del siglo XX se abordaron las vanguardias con bastante exhaustividad, aquí las trataremos al margen de consideraciones genéricas, de manera panorámica).

La crítica coincide en señalar la enorme riqueza que experimentó la literatura hispanoamericana desde 1910 hasta 1930, aproximadamente, con el advenimiento de las vanguardias. Por otra parte, en Hispanoamérica, a las razones de índole histórica relacionadas con la crisis de la modernidad y el cuestionamiento de la obra artística, se unen las de tipo literario, ya que la evolución dibujada por el modernismo, que propugnaba cierta autonomía de la obra artística, sería llevada al paroxismo por las vanguardias, que venían a promover una absoluta incomunicación entre el arte y su referente reconocible en la realidad o que los subvertían de manera escandalosa. En todo caso, y sin negar la evidente influencia de las vanguardias europeas en la literatura hispanoamericana (la visita de Marinetti a Buenos Aires constituyó una impronta evidentísima; antes de que Borges llevase el ultraísmo a Argentina había pasado por España; la influencia del surrealismo en los autores hispanoamericanos es obvia), se ha terminado por admitir el carácter autóctono y contemporáneo de las vanguardias americanas con respecto a la europeas. Al igual que en el caso de las vanguardias en Europa, las americanas utilizaron los canales de las revistas, los manifiestos, las proclamas y los actos públicos subversivos. Asimismo, como no podía ser de otra forma, se sumaron a la moda de los «ismos». Entre otros movimientos vanguardistas literarios vinculados directamente a la literatura hispanoamericana y originados por ella, mencionaremos el estridentismo mexicano, el creacionismo del chileno Vicente Huidobro, el euforismo, el diepalismo, el ultraísmo (característico de Argentina), el runrunismo de Chile, el noísmo y el atalayismo en Puerto Rico. A ellos se suman otros de menor entidad, que se abordaron en la cuestión de la poesía hispanoamericana del xx.

Esta cuestión conviene aprovecharla para incidir en el carácter autóctono de ciertas vanguardias hispanoamericanas y para reflexionar en torno a la repercusión que produjeron desde la perspectiva de calidad literaria. De la poesía se ha hablado bastante, sin embargo, hay que incidir en que los frutos, en este sentido, son absolutamente llamativos: a las figuras incontestables de Huidobro o Vallejo, se sumarían otras como la de Oliverio Girondo. El carácter rupturista y renovador de las vanguardias hispanoamericanas, como el de las europeas, se percibe claramente en el manifiesto creacionista del chileno Vicente Huidobro. Reproducimos un fragmento que ilustra la capacidad de innovación del creacionismo y su evidente vinculación con las vanguardias mediante la exaltación de la autonomía de la obra artística; en este caso, del poema:

Os diré qué entiendo por poema creado. Es un poema en el que cada parte constitutiva, y todo el conjunto, muestra un hecho nuevo, independiente del mundo externo, desligado de cualquiera otra realidad que no sea la propia, pues toma su puesto en el mundo como un fenómeno singular, aparte y distinto de los demás fenómenos. Dicho poema es algo que no puede existir sino en la cabeza del poeta. Y no es hermoso porque recuerde algo, no es hermoso porque nos recuerde cosas vistas, a su vez hermosas, ni porque describa hermosas cosas que podamos llegar a ver. Es hermoso en sí y no admite términos de comparación. Y tampoco puede concebírselo fuera del libro.

Nada se le parece en el mundo externo; hace real lo que no existe, es decir, se hace realidad a sí mismo. Crea lo maravilloso y le da vida propia. Crea situaciones extraordinarias que jamás podrán existir en el mundo objetivo, por lo que habrán de existir en el poema para que existan en alguna parte.

Cuando escribo: «El pájaro anida en el arco iris», os presento un hecho nuevo, algo que jamás habéis visto, que jamás veréis, y que sin embargo os gustaría mucho ver.

Un poeta debe decir aquellas cosas que nunca se dirían sin él.

Con todo, los movimientos de vanguardia hispanoamericana no se limitaron a la poesía, sino que también se relacionaron con la escritura en prosa, a pesar de la desatención crítica recibida. Hay que recordar que la prosa vanguardista hispanoamericana supone el despertar de prosistas posteriores como Juan Rulfo o Julio Cortázar.

En la prosa de vanguardia, podemos distinguir dos tipos de producciones: microrrelatos y poemas en prosa, por una parte, y prosas experimentales, lúdicas y visionarias, por otra. Entre los cultores del primer tipo, nos encontramos con la argentina Norah Lange, el venezolano José Antonio Ramos Sucre, los mexicanos Julio Torre, Arqueles Vela y Alfonso Reyes, el cubano Alfonso Hernández Catá, el colombiano Luis Vidales o el peruano Martín Adán. En cuanto a los del segundo tipo, los mencionados Oliverio Girondo y César Vallejo, Pablo Neruda, el uruguayo Felisberto Hernández, el guatemalteco Luis Cardoza y Aragón, el ecuatoriano Pablo Palacio o el chileno Juan Emar.

Un fragmento de *Espantapájaros* de Oliverio Girondo nos pondrá en situación:

Hay días en que yo no soy más que una patada, únicamente una patada. ¿Pasa una motocicleta? ¡Gol!... en la ventana de un quinto piso. ¿Se detiene una calva?... Allá va por el aire hasta ensartarse en algún pararrayos. ¿Un automóvil frena al llegar a una esquina? Instalado de una sola patada en alguna buhardilla.

¡Al traste con los frascos de las farmacias, con los artefactos de luz eléctrica, con los números de las puertas de calle! Cuando comienzo a dar patadas, es inútil que quiera contenerme. Necesito derrumbar las cornisas, los mingitorios, los tranvías. Necesito entrar —¡a patadas!— en los escaparates y sacar —¡a patadas!— todos los maniquíes a la calle. No logro tranquilizarme, estar contento, hasta que no destruyo las obras de salubridad, los edificios públicos. Nada me satisface tanto como hacer estallar, de una patada, los gasómetros y los arcos voltaicos. Preferiría morir antes que renunciar a que los faroles describan una trayectoria de cohete y caigan, patas arriba, entre los brazos de los árboles.

La ruptura, la violencia, la subversión, la independencia de la obra artística respecto de cualquier referente descriptivo de una realidad conocida, lo onírico, lo dinámico, la indagación de la naturaleza misma de la obra de arte, la total desautomatización del lenguaje. Pues eso, las vanguardias.

95

¿EL REALISMO MÁGICO HISPANOAMERICANO CONSTITUYE UN MOVIMIENTO ESTÉTICO?

Como hemos podido comprobar a lo largo y ancho de este volumen, el realismo mágico, que podría considerarse como un movimiento literario, representa por antonomasia la narrativa hispanoamericana más internacional. Este movimiento trataría de hacer pasar por cotidiano, por anodinamente habitual, algo realmente extraño, sobrenatural e inexplicable desde los mecanismos de la lógica conocidos por el ser humano. En realidad, es un tipo de tratamiento del entorno que se populariza en la literatura hispanoamericana a mediados de los años cincuenta del pasado siglo, y que supone una visión diferente de la realidad, en la que lo insólito convive de manera simultánea con lo común. De esta forma, encontramos evidentes puntos de contacto con lo fantástico, de lo que nos hemos ocupado unas cuestiones más atrás. Aunque el término no es originario de la literatura hispanoamericana, se ha identificado con ella. El venezolano Arturo Uslar Pietri, por lo que parece, fue el responsable de introducir el término en la literatura hispanoamericana, inspirado en el empleo de este concepto por parte del histriónico italiano Massimo Bontempelli, incardinado en los atrevimientos del surrealismo y convencido de que podría mostrarse lo subconsciente de la realidad, a pesar de operar desde la razón humana. Para él, hay un sentido mágico en las personas y en las cosas; el cometido de un escritor es, precisamente, dar cuenta de este peculiar sentido. Pese a que Bontempelli es el primero que dota al concepto de posibilidad referencial literaria (ya que el escritor italiano lo emplea para caracterizar sus propias novelas), el origen del término surge referido a un tipo singular de pintura que mostraba un tipo diferente de realidad, no convencional, y fue empleado por Franz Roh, crítico alemán. Es ya muy conocido el ensayo que Uslar Pietri dedicó al cuento venezolano, pues en él explica las entrañas del término y constituye el uso pionero del mismo en la literatura hispanoamericana: «Lo que vino a predominar en el cuento y a marcar su huella de una manera perdurable fue la consideración del hombre como misterio en medio de datos realistas. Una adivinación poética o una negación poética de la realidad. Lo que a falta de otra palabra podrá llamarse un realismo mágico».

Este concepto pronto vendría a solaparse con otro que casi al mismo tiempo acuñó el cubano Alejo Carpentier: «lo real maravilloso». Realmente, hay diferencias de enfoque desde un ámbito de especulación teórica: mientras que el realismo mágico pone el acento en lo ficticio, en la creación de una ambientación realista en la que surge, integrado, algo sobrenatural que transcurre junto a lo cotidiano y que tiene, como hemos comentado anteriormente, una dimensión internacional, «lo real maravilloso», por el contrario, es de naturaleza autóctona y pretende reflejar la realidad excesiva y barroca de América; de alguna manera, mientras que el realismo mágico se movería en la esfera de lo cultural, de lo artificial, en tanto en cuanto el narrador inventa y crea, hace ficción, en el caso de «lo real maravilloso» se limita a plasmar, casi genéticamente, una realidad que el propio americano vive en connivencia con lo insólito, lo inexplicable y que se encuentra enraizada de manera mítica en lo indígena y en lo africano. Sin embargo, en la práctica de los textos, muchas veces resultan difíciles de separar. Precisamente por este motivo, se suele proponer como primera novela de este movimiento estético *El reino de este mundo*, publicada por Alejo Carpentier en 1949. Desde luego, desde una perspectiva u otra, se trata de reflejar una realidad que no es convencional; en la que conviven lo explicable y lo inexplicable, lo corriente, y lo insólito. Sea como fuere, esta perspectiva enriquecida de la realidad se convirtió en sello de identidad de la literatura hispanoamericana y encontró su auge durante las décadas de los sesenta y de los setenta, coincidiendo con el *boom* hispanoamericano y sin negar los antecedentes en la propia literatura hispanoamericana, que se retrotraerían a las décadas de los treinta y de los cuarenta, con las novelas del ecuatoriano José de la Cuadra —que sería el primer cultor del realismo mágico en la literatura hispanoamericana— y con sus cuentos, entre los más celebres, el titulado «La tigra», en el que la magia y el embrujo conviven con Francisca, cuya belleza salvaje protagoniza este relato; con las novelas del también ecuatoriano Demetrio Aguilera Malta, con su novela *Don Goyo*, un campesino que resulta inseparable de los manglares; y, ya en los años cuarenta, con las novelas del costarricense José Marín Cañas, con su segunda novela (*Pedro Arnáez*), acerca de un minero.

Son muchas las obras y muy importantes los autores que cultivaron este tipo de movimiento estético y que promovieron su internacionalización. Entre los muchos ejemplos, podemos citar como destacables *Pedro Páramo* de Juan Rulfo, *El señor presidente* de Miguel Ángel Asturias, cuentos de Borges y de Cortázar, *Cien años de soledad* de Gabriel García Márquez (aunque cualquiera de sus novelas valdría; podemos considerarlo como el padre del realismo mágico), *Como agua para chocolate* de Laura Esquivel, *La casa de los espíritus* de Isabel Allende, *Conversación en la catedral* de Mario Vargas Llosa, *Las lanzas coloradas* de Uslar Pietri, *La muerte de Artemio Cruz* de Carlos Fuentes, etc.

En conclusión, el realismo mágico puede considerarse como un movimiento estético que además de identificar la literatura hispanoamericana, supuso la consagración de la misma a través de su internacionalización. De hecho, tal y como abordamos en otra cuestión, este realismo mágico tuvo ineludibles repercusiones en la literatura universal, toda vez que los cultores del mismo eran, por lo demás, soberbios narradores. Así, el realismo mágico casi se identifica intuitivamente con la literatura hispanoamericana.

96

¿CÓMO PODEMOS CARACTERIZAR EL ROMANTICISMO HISPANOAMERICANO?

Tal y como hemos manifestado en otras cuestiones, con el modernismo llegará la auténtica independencia de la literatura hispanoamericana, con lo que debemos entender que los movimientos anteriores se muestran más dependientes de su origen europeo. Es el caso del Romanticismo hispanoamericano que, aunque de evidente inspiración europea, buscó la originalidad y el genio nacional, espoleados por los sentimientos de independencia, y dejaron en un segundo plano la cuestiones formales y de índole estética. Así pues, privilegiaron una intensa subjetividad, la efusión de sentimientos y la exaltación de la libertad, potenciada por unas circunstancias históricas que la convertían en apremiante. El Romanticismo hispanoamericano encontró su inspiración estética tanto en la literatura española como en la francesa y se vehiculó a través de todos los géneros literarios. Las influencias obvias de este Romanticismo son Víctor Hugo, Lamartine, Espronceda, Zorrilla, Byron, Chateubriand... Tradicionalmente, se han señalado dos etapas fundamentales en el Romanticismo hispanoamericano: de 1830 a 1860 y desde 1860 hasta 1880, aproximadamente (la publicación en 1882 del *Ismaelillo* de José Martí supondría el advenimiento de un nuevo movimiento: el modernismo).

El movimiento romántico recibiría un especial impulso por parte del llamado grupo de los proscritos, los opositores en Argentina al dictador Juan Manuel Rosas. De hecho, el primer poeta romántico hispanoamericano podemos considerar que es el argentino Esteban Echeverría, incluso se dice que el primer romántico en lengua castellana, quien —tras entrar en contacto con París, donde estudió— publica un extenso poema, en forma de folleto, en 1832 acerca de los trágicos amores de Lisardo y Elvira. Quizá su obra cumbre, inserta en el Romanticismo, es *Rimas*, publicada en 1837. «La cautiva» es un poema en nueve cantos que forma parte de esta obra de 1837 y que fue recibido con regocijo; aúna la historia trágica de una pareja con una descripción anímica de la Pampa. Otros poetas románticos son José Mármol (más conocido por su novela romántica *Amalia*, de la que ya se dijo algo en este volumen), con *Cantos del peregrino* (1837) y *Armonías* (1851); Juan María Gutiérrez y sus *Poesías* (1867); Bartolomé Mitre y su volumen *Rimas* (1854); los mexicanos Fernando Calderón e Ignacio Rodríguez Galván; el uruguayo Adolfo Berro y su reivindicación de los desfavorecidos (el mendigo, el esclavo...); la conocida escritora cubana Gertrudis Gómez de Avellaneda, que cultivó todos los géneros y que publicó *Poesías* por vez primera en 1841, con un estilo grandilocuente, un tanto abusivo en lo emocional, pero con un manejo en las variedades métricas que anticipa las innovaciones modernistas... En la órbita de la poesía romántica, podríamos considerar también la poesía gauchesca, surgida en la cuenca del Plata y centrada en el campesino nómada, el gaucho, así como en el paisaje que lo define: la Pampa. Es un tipo de poesía narrativa que exalta la identidad y que encaja bien en la concepción romántica de la mezcla entre géneros literarios. Considerada como la obra inmortal de esta tendencia, es referencia obligada *Martín Fierro*, obra de José Hernández publicada en 1872.

Compuesta por veintitrés cantos, narra la historia de un forajido desertor que va de pendencia en pendencia y que, finalmente, huye a tierra de indios; este matrero no es otro que Martín Fierro, y su huida final provocará una segunda parte: *La vuelta de Martín Fierro*, publicada en 1879, que narra la vida entre los indios de nuestro protagonista, acompañado del sargento Cruz, que ya apareció en la primera parte. El Romanticismo proporcionó a su autor profundidad en el retrato psicológico del gaucho, que ya no se reduce al pintoresquismo y que promueve la defensa de los campesinos autóctonos ante unas leyes que los perjudican. Por otra parte, tiene ese idealismo melancólico romántico de la pérdida de un mundo destinado a su propia desaparición. En esta línea de sentido social y político, hay que hablar de autores como Hilario Ascasubi, Estanislao del Campo o Antonio Lussich. Como puede comprobarse, salvo en el caso de Esteban Echeverría y su influencia en el Río de la Plata (Juan Zorrilla de San Martín es considerado como el máximo representante de la poesía romántica uruguaya), el Romanticismo llega al resto de América con cierto retraso, ya en la segunda mitad del siglo XIX, a pesar de que podemos rastrear intentos románticos previos a Echeverría y, por lo tanto, anteriores a 1830 (estos amagos vendrían propiciados por la emotividad ante la contemplación del paisaje, como sucede en casos como el del venezolano Andrés Bello y su *Alocución a la poesía* o el del cubano José María Heredia).

En cuanto a la prosa, hemos ido diseminando información en diferentes cuestiones, pero no debemos olvidar la importancia de *El periquillo Sarniento* de Fernández de Lizardi, la figura de Domingo Faustino Sarmiento, José Mármol y su novela romántica, Jorge Isaacs y, rayano en el costumbrismo (si no sumergido en él), la figura del peruano Ricardo Palma, cultor —entre otras manifestaciones literarias— de tradiciones, subgénero narrativo por el que el Romanticismo sintió auténtica predilección habida cuenta de sus resonancias de índole histórica y nacional.

De meridiana inspiración europea, el Romanticismo hispanoamericano canaliza de manera excepcional las ansias de libertad e independencia de los países de Hispanoamérica. Se trata de un movimiento que no supone grandes dificultades en cuanto a su fecha de inicio (en torno a 1830), pero que resulta más complejo a la hora de fijar una posible finalización (para muchos críticos entre 1850 y 1860, cuando la cumbre del Romanticismo empieza a ceder al influjo de la cosmovisión del positivismo, a pesar de que a partir de 1845 ya se contamina de otras tendencias como el realismo o el naturalismo). Supone una reacción contra la mentalidad neoclásica, ya que opta por la mezcla de géneros literarios, promueve la polimetría y el poliestrofismo, y se caracteriza por teñir la descripción paisajística de emotividad, por la valoración de la temática política (y la reivindicación de las ideas de nacionalismo, libertad y progreso), por la idea del genio y del héroe, por la concepción de la mujer como heroína, por la inclinación hacia el amor trágico (el más romántico de los amores), por la exaltación del yo, por la aparición de lo sobrenatural, por el tono vehemente, y por el espiritualismo, la transcendencia y sus concomitancias con el costumbrismo. En todo caso, nos encontramos ante un movimiento estético que tiene la virtud de promover una reflexión identitaria que el modernismo hispanoamericano llevará a su máxima expresión, añadiendo a la independencia política la artística y cultural.

97

¿DE QUÉ MANERA SE DESARROLLA EL MOVIMIENTO BARROCO EN HISPANOAMÉRICA?

Si principiábamos hablando de la estrecha dependencia del Romanticismo con respecto a sus orígenes europeos, qué decir del Barroco hispanoamericano, cultivado en época colonial, durante la cual secedió también —en el decir del crítico Jean Franco— la colonización de la imaginación hispanoamericana.

La influencia de la literatura española en el Barroco hispanoamericano es absoluta; quizá como peculiaridad valga la pena señalar el hecho de que el continente americano se decantó más por la incidencia gongorina que por la quevedesca. En realidad, las características del Barroco hispanoamericano no disuenan de las de su inspiración, el Barroco español. Por ello, el pesimismo, la crisis, el desengaño, la aparición de contrarios, la desmesura respecto de los recursos empleados por el renacimiento, la angustia por la fugacidad de la vida y por la obsesiva idea de la muerte, el poder y la sugestión de la metáfora o la fusión de contrarios serán también las señas de identidad del Barroco en Hispanoamérica. Quizá el rasgo identificativo en el caso hispanoamericano provenga del choque cultural; así, su especificidad vendría dada por su mestizaje, tan genético como genésico en la literatura hispanoamericana. A pesar de que el Barroco llega a América desde España, es evidente que en Hispanoamérica encontró las condiciones propicias para arraigarse. El poder de la Iglesia, y particularmente de la Inquisición, pasa de España a la corte virreinal en la otra orilla; no en vano, los gobiernos en la América española dependían del gobierno central. Otra de las singularidades del Barroco americano la constituye su duración, ya que se desarrolla durante los siglos XVII y XVIII. Es evidente que, al optar preferentemente por la vía culterana, nos encontramos con una poesía a ratos hermética, compleja, que encuentra su acentuado extrañamiento en la profusión de hipérbatos, en el desorden sistemático del orden sintáctico lógico. Ello no significa, en ningún caso, que se renuncie al conceptismo. Además, esta división interesa más a la crítica que a los textos literarios barrocos, que buscan su complejidad donde les parece y que, en muchas ocasiones, aúna la complicación formal a

Concierto Barroco, de Alejo Carpentier, publicada en 1974. En esta obra, el autor despliega toda su erudición histórico-musical.

la conceptual (no debemos olvidar que la separación radical entre fondo y forma en el texto literario parece ya superada). Por otra parte, aunque en cuanto a su duración se presume una mayor extensión que en el caso europeo, junto a la dificultad de su delimitación, surge la teoría de que Hispanoamérica era barroca antes de la llegada del Barroco mismo (piénsese a este respecto en las teorías de Alejo Carpentier o en todo el magma conceptual que encuentra el barroquismo como elemento identificativo de lo hispanoamericano). Estas teorías vendrían a difuminar totalmente las delimitaciones del Barroco americano, pues se daría con anterioridad a la llegada del Barroco europeo y perdurarían incluso hasta nuestros días. El propio Alejo llegará a decir: «Nuestro arte fue siempre Barroco: desde la espléndida escultura precolombina y el de los códices hasta la mejor novelística actual de América, pasando por las catedrales y monasterios coloniales de nuestro continente».

Desde luego, alguna explicación habría que encontrar al tempranísimo y profundo arraigo del Barroco en Hispanoamérica, y esta bien podría ser el barroquismo de su propia idiosincrasia. Además, hubieron de darse otras circunstancias que fomentasen su rápido desarrollo como, por ejemplo, el ambiente de urbe (necesario para el movimiento estético en cuestión) o la necesidad retórica de cierto colorismo, musicalidad y virtuosismo retórico. Asimismo, se convierte en elemento esencial el desengaño, eso sí, traducido a lo hispanoamericano, con su propias características (basadas en la frustración de las esperanzas albergadas en el Nuevo Mundo). Este Barroco propio de América, impregnado de tremendo desengaño, se observa —desde el ámbito de lo metafísico— en la gran poeta mexicana del Barroco hispanoamericano:

sor Juana Inés de la Cruz, cuya figura y obra hemos abordado en otras cuestiones y que representa por antonomasia el Barroco literario americano; por su valor paradigmático, reproducimos aquí un soneto que la propia autora explica: «Procura desmentir los elogios que a un retrato de la poeta inscribió la verdad, que llama pasión»:

Este que ves, engaño colorido,
que, del arte ostentando los primores,
con falsos silogismos de colores
es cauteloso engaño del sentido;

este en quien la lisonja ha pretendido
excusar de los años los horrores
y venciendo del tiempo los rigores
triunfar de la vejez y del olvido:

es un vano artificio del cuidado;
es una flor al viento delicada;
es un resguardo inútil para el hado;

es una necia diligencia errada;
es un afán caduco, y, bien mirado,
es cadáver, es polvo, es sombra, es nada.

Este pesimismo existencial cuyo último verso es evidente paráfrasis del celebérrimo de Góngora («Mientras por competir con tu cabello»), es moneda corriente entre otros autores del Barroco hispanoamericano, como Mateo Rosas de Oquendo, Juan del Valle Caviedes o Esteban de Terralla. Sin embargo, la primera obra del Barroco hispanoamericano se la debemos a Bernardo de Balbuena y se trata de La grandeza mexicana, poema que aborda la Ciudad de México en tercetos encadenados. Para Luis Sanz de Medrano, el propio Inca Garcilaso de la Vega constituiría ya un ejemplo de transición al Barroco, además de mostrar la impronta indígena vital para la literatura hispanoamericana, cuya identidad no aparecería de manera generalizada hasta el siglo XX. A esta lista podrían añadirse los autores que en la América española siguen cultivando la estética barroca durante el siglo XVIII. Incluso, dada la confusión de límites y la naturaleza intrínsecamente barroca de la literatura hispanoamericana, es posible ensanchar la nómina hasta el exceso.

En todo caso, pese a que la influencia del Barroco español es determinante en la estética barroca hispanoamericana, no podemos olvidar la peculiaridad de este movimiento estético en Hispanoamérica; hasta tal punto que el barroquismo parece formar parte consustancial de la propia literatura hispanoamericana.

98

¿QUÉ RELACIÓN PODEMOS ESTABLECER ENTRE EL NATURALISMO Y EL CUENTO HISPANOAMERICANO?

Esta cuestión enlaza, de alguna manera, con la que afrontaba las similitudes y divergencias entre el cuento y el cuadro de costumbres, ya que este último, en su afán por el detallismo descriptivo, pudo caer en una estética extremada del realismo como la que promovió el naturalismo, aunque lo habitual es que cayese del lado romántico/realista, que en la literatura hispanoamericana se dio conjuntamente de forma mayoritaria. Además, es necesario señalar que el naturalismo en el caso de la literatura hispanoamericana no sustituyó al realismo, como aconteció en Europa de manera generalizada, sino que convivió con él. Los estudiosos encuentran los orígenes del subgénero narrativo del cuento en la propia literatura colonial, pero su auténtico desarrollo se produce durante el siglo XIX, coincidiendo con el Romanticismo, el costumbrismo, el realismo, el naturalismo y, ya a fines de siglo, con el modernismo.

Si bien nos encontramos con un número considerable de cuentos que se incardinan en el Romanticismo, en el costumbrismo, en el realismo o en el modernismo, no es ni mucho menos frecuente encontrarnos con cuentos que se relacionen de manera directa con el naturalismo. En realidad, no debe extrañarnos que esto sea así, ya que el naturalismo, que pretendía hacer del texto literario un estudio pseudocientífico y que se engolfaba en un detallismo extremo, plagado de descripciones minuciosísimas, necesita una extensión que desbordaba la del cuento para cultivar, con mucha frecuencia, la novela. Por lo tanto, para lograr la tesis determinista que pretendían, el cuento no era el género más adecuado.

Así, su relación con el cuento fue escasa, aunque contaba con el prestigioso antecedente de Maupassant. Por todo ello, podemos considerar a dos autores escritores de cuentos que podrían considerarse en la órbita naturalista: Javier de Viana (por ejemplo, en el cuento titulado *Los amores de Bentos Sagrera*, implementa tanto el determinismo como el darwinismo social dentro de una retórica naturalista), Augusto D'Halmar, un autor chileno que comienza cultivando cuentos dentro de la lógica naturalista y que evolucionará hacia el cuento fantástico (piénsese, como ejemplo de cuento naturalista, en *En provincia*, donde se presenta el adulterio como una necesidad lógica), Baldomero Lillo (quien gracias al naturalismo abrirá la vena del realismo social en Chile, con relatos como *La compuerta número 12* y *Sub sole*, en los que refleja una realidad que conocía bien, la de los mineros, y en los que hará uso de un detallismo descriptivo), Marías González García (puertorriqueño que, además de novelas, cultivó algunos cuentos entre el naturalismo y el criollismo) y Rómulo Gallegos (autor venezolano conocido sobre todo por sus novelas y por su tendencia estética inclinada hacia el realismo, pero que también cultivó los cuentos, como los compilados bajo el título *La rebelión*).

Además de estos escritores propiamente naturalistas, nos encontramos con algunos textos que presentan el naturalismo en connivencia con el realismo y, en ocasiones, también con el Romanticismo. Este hibridismo da buena cuenta de que estos movimientos estéticos en Hispanoamérica no se dan como en los países europeos (a excepción del maridaje entre realismo y naturalismo, que no es raro en la literatura española, aunque en otras literaturas este último sustituye al anterior), sino de manera mezclada, solapada. Es el caso de un relato que, a pesar de su consideración dentro del Romanticismo, la crítica considera con pasajes naturalistas; nos referimos a *El matadero* de Esteban Echeverría, en el que se incluye un fragmento como el siguiente, basado en el feísmo y en la extremación realista que refleja con crudeza lo que acontece:

> En efecto, el animal acosado por los gritos y sobre todo por dos picanas agudas que le espoleaban la cola, sintiendo flojo el lazo, arremetió bufando a la puerta, lanzando a entrambos lados una rojiza y fosfórica mirada. Diole el tirón el embalador sentando su caballo, desprendió el lazo de hasta, crujió por el aire un áspero

zumbido y al mismo tiempo se vio rodar desde lo alto de una horqueta del corral, como si un golpe de hacha lo hubiese dividido a cercén, una arteria un largo chorro de sangre. La huida del toro se relata con tal detallismo que la descripción cae en la técnica naturalista. En esta misma situación, podríamos encontrar algunos cuentos de Horacio Quiroga, que pendulan entre el naturalismo y el modernismo; un buen ejemplo de cuento naturalista en muchos aspectos es *La insolación*, en el que un narrador objetivo nos relata la muerte de Mr. Jones desde una perspectiva bifronte: la naturalista y la fantástica.

En definitiva, la relación entre el naturalismo y el cuento se hace compleja en el caso de la literatura hispanoamericana por dos principales motivos: por una parte, el característico hibridismo de los movimientos estéticos hispanoamericanos hace que resulte complicado encontrar un tratamiento naturalista en exclusividad y, por otra, el naturalismo no fue un movimiento estético que calase con demasiado entusiasmo entre los escritores hispanoamericanos y su incidencia parece detectarse sobre todo en Argentina y en Chile. En todo caso, con el naturalismo en la producción cuentística se ahondó en las técnicas realistas para reflejar el entorno; además, el feísmo, lo grotesco y lo degradado que presentan los naturalistas será material esencial para transformar en la literatura finisecular, que se fijará en los seres marginados para exaltarlos.

99

¿QUIÉN ES EL MÁXIMO REPRESENTANTE DEL LLAMADO INFRARREALISMO Y QUÉ REPERCUSIONES LITERARIAS SUPONE?

Podemos considerar que el autor más conocido perteneciente al infrarrealismo es el genial escritor chileno Roberto Bolaño, sin olvidar al escritor mexicano Mario Santiago Paspaquiaro, que fue el otro autor sobresaliente en esta tendencia. En verdad, Bolaño es su máximo representante sobre todo por el carácter autocrítico con el que analizó este movimiento y por la capacidad de transformación que demostró al proponer su evolución hacia el real visceralismo e incluirlo todo en una novela unánimemente aclamada: *Los detectives salvajes*, publicada en las postrimerías del siglo XX (1998). Aunque Roberto Bolaño nació en Chile, realmente entró en contacto con el infrarrealismo en México, a donde llegó tempranamente (contaba con quince años de edad). En todo caso, en la novela nos propone una ficcionalización de este movimiento. Hay que decir que el infrarrealismo surgió en México, entre los años 1975 y 1976, y que contó entre sus miembros con escritores como Mario Santiago, Ramón Méndez y Héctor Apolinar, todos ellos provenientes del taller de poesía de Juan Bañuelos.

El mismo Roberto Bolaño redactará un manifiesto en el que recogerá los preceptos del infrarrealismo, con el título *Déjenlo todo, nuevamente*. Claramente, este escritor autodidacta se inspira en los subversivos y provocadores manifiestos de vanguardia, incluso adopta el clásico sufijo de los «ismos». En este peculiar manifiesto se proclama que el escritor debe ser capaz de bucear en lo apariencial, puesto que la realidad cotidiana se oculta debajo. Una de las claves de este movimiento es el de la marginalidad, que es el lugar que le corresponde al infrarrealista. A continuación, reproducimos un fragmento del manifiesto en cuestión:

Una buena parte del mundo va naciendo y otra buena parte muriendo, y todos sabemos que todos tenemos que vivir o todos morir: en esto no hay término medio.

Chirico dice: es necesario que el pensamiento se aleje de todo lo que se llama lógica y buen sentido, que se aleje de todas las trabas humanas de modo tal que las cosas le aparezcan bajo un nuevo aspecto, como iluminadas por una constelación aparecida por primera vez. Los infrarrealistas dicen: vamos a meternos de cabeza en todas las trabas humanas, de modo tal que las cosas empiecen a moverse dentro de uno mismo, una visión alucinante del hombre.

—La Constelación del Bello Pájaro.

—Los infrarrealistas proponen al mundo el indigenismo: un indio loco y tímido.

—Un nuevo lirismo, que en América Latina comienza a crecer, a sustentarse en modos que no dejan de maravillarnos. La entrada en materia es ya la entrada en aventura: el poema como un viaje y el poeta como un héroe develador de héroes.

La ternura como un ejercicio de velocidad. Respiración y calor. La experiencia disparada, estructuras que se van devorando a sí mismas, contradicciones locas. Si el poeta está inmiscuido, el lector tendrá que inmiscuirse. Libros eróticos sin ortografía.

La aparición de Chirico en este texto nos ofrece otra de las claves del infrarrealismo, que es su carácter culturalista. De hecho, se trata de un movimiento que concita también a pintores y músicos. La metáfora se convierte en un recurso excepcional para penetrar la auténtica realidad que late debajo. Es fundamental que el poeta quede ligado a la cotidianidad y a la inmediatez; asimismo, queda de manifiesto que se trata de un movimiento incardinado en la posmodernidad, por cuanto ataca la cultura dominante. Esta vida marginal de sus cultores queda reflejada en la genial novela del chileno (que retrata esas vidas de alcohol y de situación al margen de cualquier forma de poder), así como la reinterpretación del infrarrealismo de los setenta en el real visceralismo de los años noventa. Los autores realvisceralistas se acogen al manifiesto infrarrealista y, por lo tanto, basan su estética en la sujeción a la vida cotidiana, a las vicisitudes históricas actuales. Evidentemente, esta última reinterpretación también se arraiga en la experiencia vanguardista; en concreto, se inspira en el estridentismo. Además, presenta la variante con respecto al infrarrealismo, del que surge, de insistir en la vehemencia de vivir como poetas y de atacar furibundamente a los poetas oficiales. En este sentido, Octavio Paz hizo las veces de cabeza de turco, hasta el punto de que en la novela que refleja la desesperanza y el espíritu decadente de un nuevo fin de siglo escrita por Bolaño, se llega a señalar que Octavio Paz es enemigo de los realvisceralistas; sin embargo, en la propia novela emergen voces críticas que pretenden reconocer algún mérito a Paz y que no comparten la obsesión del enfrentamiento. Precisamente, el ejercicio de autocrítica que promueve el escritor chileno hace que, en la propia novela, el personaje de Ulises Lima —*alter ego* del compañero infrarrealista cofundador del movimiento, Mario Santiago— haga las paces con un Octavio Paz imaginado, tras la concesión del Premio Nobel.

En cuanto a las repercusiones que supuso la obra y el ejemplo de Roberto Bolaño, impulsor del infrarrealismo y fidedigna muestra de la supervivencia de la literatura, hemos de decir que han venido a compararse con las que pudo ejercer

La Sala Roberto Bolaño en la Biblioteca Municipal de Blanes, localidad en la que vivió el autor chileno. Su influencia se demuestra, en este caso, en el hecho de que dé nombre a una institución cultural.

Borges (que junto a Cortázar, a su vez, son obvias influencias en el escritor chileno; por otra parte, no deja de ser contradictorio el hecho de que se utilice, ahora, la figura de Bolaño precisamente para reivindicar la de Jorge Luis Borges). Estas influencias no conciernen únicamente a la literatura hispanoamericana (piénsese en un escritor como Diego Trelles Paz), sino también a la española (Enrique Vila-Matas constituiría un caso paradigmático). Pero su gran influencia, de enorme magnitud, reside en el magisterio (él, que siempre estuvo lejos de pretenderlo) a la hora de mostrar lo que debe ser un escritor.

Nos encontramos, pues, con un movimiento literario que pretende aprehender la modernidad constantemente, fluyendo, reconsiderando sus propios presupuestos, mutando como la proteica y rabiosísima actualidad, tan cambiante. En este sentido, las vanguardias, en permanente revisión y búsqueda de la novedad, se convierten en fiel inspiración; al igual que el surrealismo, con su capacidad para indagar en las capas ocultas de la realidad. Roberto Bolaño nos dejó una lección magistral: cómo integrar literatura y vida, aunque fuera muriendo en el intento. Su novela póstuma 2666, un magno proyecto inconcluso, da buena cuenta de una influencia determinante en toda una generación.

100

¿Qué persiste en la novela actual hispanoamericana respecto de la novela de la primera década del siglo pasado?

Quizá el ensalzamiento de la historia, la revalorización del qué se cuente y no solo del cómo sería un elemento que continúa vigente. Precisamente, la narrativa más actual ensalza el devenir mismo de la narración, la capacidad de narrar hechos que acontecen, sin necesidad de que sean globalizadores o pretendidamente didácticos. De alguna forma, parece que en la novelística hispanoamericana del siglo XXI vuelve a privilegiarse el contenido novelesco. Por otra parte, a pesar de la superación de las barreras geográficas que promueve la actualidad, la novela hispanoamericana sigue valiendo como método de indagación identitaria. No obstante, la variedad de tendencias es más que evidente. En esta cuestión, no podemos desaprovechar la oportunidad para mencionar novelas hispanoamericanas de este siglo.

Así, y con el fin de no naufragar entre las muchísimas publicaciones, nos hemos decantado por tomar en consideración la opinión de los libreros tanto de Hispanoamérica como de España, que han elegido las novelas hispanoamericanas actuales que les parecen más recomendables.

Aunque su publicación anda ya un poco alejada en el tiempo, no debemos olvidar que *La fiesta del Chivo* de Mario Vargas Llosa fue una de las novelas que inauguró el siglo XXI. Como es sabido, y hemos abordado en la cuestión de la novela del dictador, esta obra forma parte de toda una novelística que trata el abuso de poder de las dictaduras en Hispanoamericana. En este caso, se aborda la tiranía en República Dominicana mediante un uso magistral del discurso narrativo. Junto a los autores del *boom* que han continuado marcando tendencia en la novelística actual, hay que mencionar a Gabriel García Márquez, quien con su *Memoria de mis putas tristes* aborda el género confesional a principios del siglo XXI (2004). En esta obra, el nobel colombiano recupera aspectos fundamentales de su biografía, como el hecho de haber ejercido la profesión de periodista o la consideración del amor como elemento que hace sentir vivo a un hombre de noventa

años. Dentro de la novelística actual, adquiere relevancia la reinterpretación histórica, o la ficcionalización anecdótica en torno
a grandes acontecimientos. En esta línea podríamos enmarcar *El
esposo divino* de Francisco Goldman, publicada en 2008; en ella, se
recrea la revolución en Guatemala. También con el marco de los
acontecimientos históricos, nos encontramos con *La hora azul* de
Alonso Cueto, publicada en 2005, en la que asistimos a una historia de amor con el trasfondo de Sendero Luminoso, sinónimo
de violencia en Perú. Este mismo contexto histórico aparecerá en
La Sangre de la Aurora de Claudia Salazar Jiménez, que publicó
en 2013 esta novela. En ella, refleja el terror que supusieron los
atroces conflictos entre el ejército y Sendero Luminoso; realmente estremecedora. Desde una mezcla de géneros que habita
la novela, Nélida Piñón, en su *Libro de horas*, publicado también en 2013, aborda la dictadura militar brasileña y las fértiles
relaciones de amistad entre los grandes de la narrativa hispanoamericana. También de recreación histórica, resulta recomendable
la novela de Leonardo Padura titulada *El hombre que amaba a los
perros*. En esta novela histórica, se abordan las figuras de Trotsky
y de Ramón Mercader, quien lo asesinó valiéndose de un piolet.
Por su parte, Elena Poniatowska nos propone *Leonora*, publicada
en 2011, en la que aborda una de las grandes personalidades del
siglo xx para homenajear las vanguardias y, de manera singular,
el surrealismo: Leonora Carrington.

En cuanto a cierto tipo de novelas *total*, multidiscursivas, vale
la pena destacar el gran proyecto novelesco de Bolaño: *2666*. Se
trata de una novela especialísima destinada a convertirse en un
clásico de la novela hispanoamericana; su influencia ya se ha
hecho notar, a pesar de su carácter póstumo e incompleto.

También plantea una temática variadísima *Tengo miedo torero*,
novela de Pedro Lemebel publicada a principios de este siglo,
todo un torrente narrativo sumamente seductor. Atractiva por
lo conmovedor, nos encontramos con la novela de Héctor Abad
Faciolince publicada en 2006: *El olvido que seremos*, cuya belleza se
mezcla con la ternura y con el dolor. Intimista y personal se nos
antoja *Formas de volver a casa*, una novela de Alejandro Zambra,
publicada en 2011, para proponer una sugestiva mirada acerca
de la memoria.

Las narradoras femeninas cobran una importancia vital en la
narrativa actual; entre las muchas, podemos destacar a Carmen
Boullosa, con *El complot de los románticos*, propuesta aventurera del

mundillo literario; o a Diamela Eltit, con *Mano de obra*, que muestra un meritorio trabajo con el lenguaje.

Evidentemente, hay otras tendencias, como la novela negra (con Bernardo Esquinca y su *Belleza roja*), o de componente metanarrativo (como *La sombra del licántropo* de Hugo Chaparro), de intriga (*El caso Voynich* de Daniel Guebel) y tantas otras, que vienen a demostrar la buenísima salud de la que goza la narrativa hispanoamericana actual.

BIBLIOGRAFÍA RECOMENDADA

(Por razones de extensión, se recogen, sobre todo, obras de carácter general o compilaciones de artículos)

ADORNO, Rolena. *De Guancane a Macondo: estudios de literatura hispanoamericana*. Sevilla: Renacimiento, 2008.

Atractivo recorrido que presta especial atención a la literatura colonial y a la contemporánea. El devenir se vertebra mediante la relación que se establece entre lugares imaginarios, ya sea en la literatura colonial o en la contemporánea.

BELLINI, Giuseppe. *Nueva historia de la literatura hispanoamericana*. Madrid: Castalia, 1997.

Imprescindible visión panorámica de la literatura hispanoamericana; tiene la virtud de proponer un interesante discurso diacrónico interrelacionado.

FERNÁNDEZ ARIZA, Guadalupe (coord.). *Literatura hispanoamericana del siglo XX: literatura y arte*. Málaga: Universidad, 2008.

Interesante conjunto de artículos que se ocupan de los fértiles vínculos entre escritores y, sobre todo, entre la literatura hispanoamericana y la pintura universal. Sumamente sugestivo.

FERNÁNDEZ RETAMAR, Roberto. *Para una teoría de la literatura hispanoamericana.* Santafé de Bogotá: Instituto Caro y Cuervo, 1995.

Un trabajo ya clásico. Desde una original y rigurosa perspectiva, se ocupa especialmente del inicio de la modernidad en la literatura hispanoamericana, sin renunciar a una panorámica anterior (el siglo XIX hasta sus postrimerías) y posterior (de las vanguardias en adelante). Esencial.

FRANCO, Jean. *Historia de la literatura hispanoamericana a partir de la independencia.* Barcelona: Ariel, 2005.

Una obra tan sintética como útil; su poder de síntesis no supone falta de rigurosidad.

GONZÁLEZ ECHEVERRÍA, Roberto. *Oye mi son: ensayos y testimonios sobre literatura hispanoamericana.* Sevilla: Renacimiento, 2008.

Este conjunto de artículos se ocupa de los principales autores, desde la época colonial hasta la actualidad. Especial mención merece su apuesta por indagar en las relaciones entre las dos orillas del Atlántico (incluye, por ejemplo, trabajos sobre Garcilaso o Cervantes).

—, y PUPO-WALKER, Enrique (eds.). *Historia de la literatura hispanoamericana.* Madrid: Gredos, 2006.

Una obra completísima que resulta imprescindible para quien pretenda profundizar.

LAGMANOVICH, David. *El microrrelato: teoría e historia.* Palencia: Menoscuarto, 2006.

Un clásico moderno ineludible para entender este subgénero narrativo tan importante para los escritores de Hispanoamérica.

LÓPEZ PARADA, Esperanza. *Una mirada al sesgo: Literatura hispanoamericana desde los márgenes.* Madrid: Iberoamericana; Vervuert: Frankfurt am Main, 1999.

Genial estudio desde una perspectiva oblicua que no solo se ocupa de los géneros híbridos de esta literatura (tan ricos como abundantes), sino de sus relaciones con la literatura universal.

MANGUEL, Alberto y GUADALUPI, Gianni. *Breve guía de lugares imaginarios*. Madrid: Alianza, 2004.

Imprescindible guía de utopías, distopías y lugares inventados por la ficción.

MARCO, Joaquín y GRACIA, Jordi. *La llegada de los bárbaros: la recepción de narrativa hispanoamericana en España, 1960-1981*. Barcelona: Edhasa, 2004.

Obra cuya monumentalidad no viene dada por su gran extensión, sino por el rigor y la amenidad de su amplísima coralidad de voces.

OVIEDO, José Miguel. *Breve historia del ensayo hispanoamericano*. Madrid: Alianza, 1991.

La brevedad de este trabajo no le resta ni lucidez ni elocuencia.

——, *Historia de la literatura hispanoamericana*. Madrid: Alianza, 2007.

Un clásico de la crítica.

PAZ, Octavio. *La llama doble: amor y erotismo*. Barcelona: Seix Barral, 2013.

Ensayo que aborda de manera profundamente lírica las relaciones entre el amor, el sexo y el erotismo.

——, *Sor Juana Inés de la Cruz o las trampas de la fe*. México: FCE, 2008.

Un trabajo tan pasional como apasionante de esta virtuosa del Barroco.

PEDRAZA JIMÉNEZ, Felipe B. (coord.). *Manual de literatura hispanoamericana*. Estella (Navarra): Cénlit Ediciones, 1991–2011.

Esencial y completísimo trabajo que reúne los artículos de los más prestigiosos especialistas.

Pedraza Jiménez, Felipe B. y Rodríguez, Milagros. *Historia esencial de la literatura española e hispanoamericana*. Madrid: Edaf, 2006.

Recoge los principales autores y las obras más importantes mediante una ordenación de movimientos estéticos. Hace dialogar a las dos orillas del Atlántico.

Piotrowski, Bogdan. *Ficción y valores en la literatura hispanoamericana: actas del IV Coloquio Internacional*. Bogotá: Universidad de La Sabana, 2009.

Fruto del coloquio celebrado en 2008, se propone una completa visión de los valores (el bien, la honestidad...) en la literatura hispanoamericana.

Poe, Karen. *Eros pervertido: la novela decadente en el modernismo hispanoamericano*. Madrid: Biblioteca Nueva, 2010.

Minucioso estudio de la novela finisecular que incide en una perspectiva psicologista.

Ponce, Néstor. *Memorias y cicatrices: estudios sobre literatura latinoamericana contemporánea*. Xalapa, Veracruz: Universidad Veracruzana, 2011.

Obra gozosa de leer, el autor es un escritor crítico que presenta tres partes: la literatura escrita en México, la hispanoamericana en general y la obra del poeta Juan Gelman. Original visión de los transterrados y novedad en el enfoque de lo canónico.

Rodríguez Monegal, Emir. *Narradores de esta América*. Caracas: Alfadil, 1992.

Trabajo esencial que aborda la narrativa hispanoamericana del siglo xx.

Sáinz de Medrano, Luis. *Historia de la literatura hispanoamericana. Hasta siglo xix incluido*. Madrid: Guadiana, 1976.

Estudio pionero lleno de erudición, como todos los que escribió este sabio.

—, *Historia de la literatura hispanoamericana desde el modernismo*. Madrid: Taurus, 1992.

Vale lo dicho en la referencia anterior.

VALENCIANO, Ana. «El romancero tradicional en la América de habla hispana», en *Anales de literatura hispanoamericana*, n.º 21 (1992).

Completísimo artículo, exhaustivo y sumamente recomendable. Aporta muchísimos datos de todo el interés.

YURKIEVICH, SAÚL. *Del arte pictórico al arte verbal*. México, D.F.: Bonilla Artigas Editores, Consejo Nacional para la Cultura y las Artes, Dirección General de Publicaciones, 2014.

Creativo estudio muy sugerente que supone una gran ayuda para comprender el arte hispanoamericano en general. Plástico y muy acertado.

BIBLIOGRAFÍA CONSULTADA

BELLINI, Giuseppe. *Idea de la mujer en la literatura hispanoamericana: de Colón al siglo XX*. Roma: Bulzoni, 2011.

CALVIÑO IGLESIAS, Julio. *La novela del dictador en Hispanoamérica*. Madrid: Ediciones Cultura Hispánica, 1985.

CASTRO LEAL, Antonio. *La novela de la revolución mexicana*. México: Aguilar, 1971.

COLOMBI, Beatriz (coord.). *Viajes, desplazamientos e interacciones culturales en la literatura latinoamericana: de la conquista a la modernidad*. Buenos Aires: Biblos, 2016.

FERNÁNDEZ RETAMAR, Roberto. *Pensamiento de nuestra América: autorreflexiones y propuestas*. Buenos Aires: CLACSO, 2006.

NAVARRO, Consuelo. *El mestizaje en la literatura latinoamericana*. Madrid: Pliegos, 2003.

ONÍS, Federico de. *Antología de la poesía española e hispanoamericana (1882-1932)*. Sevilla: Renacimiento, 2012.

PIOTROWSKI, Bogdan. *Miradas axiológicas a la literatura hispanoamericana: actas del II Coloquio Internacional*. Bogotá: Universidad de La Sabana, Instituto de Humanidades, Departamento de Lengua y Literatura, 2007.

Portuondo, José Antonio. *Ensayos de estética y teoría literaria*. La Habana: Letras Cubanas, 1986.

VV. AA. *Territorios de La Mancha: versiones y subversiones cervantinas en la literatura hispanoamericana: actas del VI Congreso Internacional de la Asociación Española de Estudios Literarios Hispanoamericanos*. Cuenca: Universidad de Castilla-La Mancha, 2007.

Yurkievich, Saúl. *Del arte pictórico al arte verbal*. México, D.F.: Bonilla Artigas Editores, Consejo Nacional para la Cultura y las Artes, Dirección General de Publicaciones, 2014.